Squid

Dirk Dithardt verfügt über mehr als zehn Jahre Berufserfahrung in der Systemadministration und ist heute bei der Niedersächsischen Landesverwaltung beschäftigt. Schwerpunkte seiner Arbeit sind Intranet- und Internetdienste, wie DNS, Web und Proxies. Im Besonderen beschäftigt er sich mit dem zentralen Proxyserver/Webfilter für die rund 2000 Dienststellen der Landesverwaltung und ihre 40.000 Nutzer. Auf seiner Website www.squidportal.de gibt er u.a. eine deutsche FAQ-Liste zu Squid heraus.

Dirk Dithardt

Squid

Administrationshandbuch zum Proxyserver

2., überarbeitete und erweiterte Auflage

Dirk Dithardt
mail@squidportal.de

Lektorat: René Schönfeldt
Copy-Editing: Sandra Gottmann, Münster
Satz: Ulrich Kilian, science & more redaktionsbüro
Herstellung: Birgit Bäuerlein
Umschlaggestaltung: Helmut Kraus, www.exclam.de
Druck und Bindung: Koninklijke Wöhrmann B.V., Zutphen, Niederlande

Bibliografische Information Der Deutschen Bibliothek
Die Deutsche Bibliothek verzeichnet diese Publikation in der Deutschen Nationalbibliografie;
detaillierte bibliografische Daten sind im Internet über <http://dnb.ddb.de> abrufbar.

ISBN 3-89864-317-4

2., überarbeitete und erweiterte Auflage 2006
Copyright © 2006 dpunkt.verlag GmbH
Ringstraße 19
69115 Heidelberg

Die vorliegende Publikation ist urheberrechtlich geschützt. Alle Rechte vorbehalten. Die Verwendung der Texte und Abbildungen, auch auszugsweise, ist ohne die schriftliche Zustimmung des Verlags urheberrechtswidrig und daher strafbar. Dies gilt insbesondere für die Vervielfältigung, Übersetzung oder die Verwendung in elektronischen Systemen.
Es wird darauf hingewiesen, dass die im Buch verwendeten Soft- und Hardware-Bezeichnungen sowie Markennamen und Produktbezeichnungen der jeweiligen Firmen im Allgemeinen warenzeichen-, marken- oder patentrechtlichem Schutz unterliegen.
Alle Angaben und Programme in diesem Buch wurden mit größter Sorgfalt kontrolliert. Weder Autor noch Verlag können jedoch für Schäden haftbar gemacht werden, die in Zusammenhang mit der Verwendung dieses Buches stehen.
5 4 3 2 1 0

Vorwort

Dieses Handbuch besteht im Wesentlichen aus vier Teilen:

- Im ersten Teil wird eine allgemeine Einführung in die Logik und Technik von Proxyservern gegeben. Die zugrunde liegenden Protokolle sowie die grundsätzliche Arbeitsweise von Proxyservern werden kurz erläutert.
- Im zweiten Teil werden die nötigen Kenntnisse zur Installation, Konfiguration und Administration eines Squid-Proxyservers vermittelt.
- Der dritte Teil gibt Ihnen einen kurzen Überblick über externe Hilfsprogramme und Erweiterungen rund um Squid sowie Hinweise zur Konfiguration von Clients.
- Der vierte Teil (Anhang) dient als Nachschlagewerk, z. B. zu Status- und Fehlercodes, Protokolltypen und RFCs.

Vorausgesetzt werden im Folgenden grundsätzliche Kenntnisse über das Netzwerkprotokoll TCP/IP, das Internet und Kenntnisse in der Administration eines Linux-/Unix-Servers.

Dieses Handbuch richtet sich damit in erster Linie an Linux-/Unix-Administratoren, die einen (Squid-)Proxyserver installieren möchten. Für Leser ohne Vorkenntnisse in Linux/Unix ist allenfalls dieser erste Teil geeignet.

Inhaltsverzeichnis

Vorwort v

I Einführung · 1

1 Grundlagen 3
1.1   Das World Wide Web 3
    1.1.1   Der (Web-)Browser 6
    1.1.2   Der Webserver 6
    1.1.3   Der URL 7
    1.1.4   Das HTTP 7
    1.1.5   Die Kommunikation 8

2 Prinzip eines Proxys 11
2.1   Was ist ein Proxy? 11
2.2   Warum brauche ich einen Proxy? 11
2.3   Cache-Proxy 12
    2.3.1   Warum einen Cache-Proxy einsetzen? 13
    2.3.2   Warum keinen Cache-Proxy einsetzen? 13
2.4   Das Cache-Verhalten beeinflussen 15
    2.4.1   Webserver 15
    2.4.2   Webautoren 15
    2.4.3   Client 16
    2.4.4   Interessenkonflikt 16
2.5   Cache-Proxy-Verbund 17
2.6   Internet Cache Protocol (ICP) 19
2.7   Cache Digests 20
2.8   Cache Array Routing Protocol (CARP) 21
2.9   Web Cache Control Protocol (WCCP) 22
2.10 Hypertext Caching Protocol (HTCP) 22

3 Squid Proxy ... 23
3.1 Warum Squid? ... 23
3.2 Entwicklung von Squid ... 24
3.3 Cache-Verhalten von Squid ... 24

II Squid: Installation, Konfiguration, Betrieb ... 27

4 Squid-Installation ... 29
4.1 Grundüberlegungen zur Installation ... 29
    4.1.1 Hardwareanforderungen ... 31
    4.1.2 Betriebssystem ... 34
4.2 Quellen ... 34
4.3 Installation vom Quellcode ... 35
4.4 Installation von fertigen (Binary-)Paketen ... 37

5 Konfiguration des Proxys (squid.conf) ... 39
5.1 Netzwerkoptionen ... 40
5.2 Routing-Optionen zu anderen Proxys ... 43
5.3 Cache-Optionen ... 47
5.4 Verzeichnisse und Pfadnamen ... 50
5.5 Optionen für externe Programme ... 55
5.6 Optionen zur Optimierung des Proxys ... 63
5.7 Timeouts ... 66
5.8 Optionen für Zugriffskontrollen ... 68
5.9 Administrative Optionen ... 69
5.10 Optionen zur Proxy-Registrierung ... 71
5.11 HTTPD-Accelerator-Optionen ... 71
5.12 Sonstige Optionen ... 73
5.13 Delay-Pool-Optionen ... 82
5.14 Weitere Optionen ... 83
5.15 Mindestkonfiguration für ein laufendes System ... 92

6 Access-Listen ... 95
6.1 Aufbau von ACLs ... 95
6.2 ACL-Typen ... 96
6.3 Reguläre Ausdrücke ... 100
6.4 Access-Regeln ... 101
6.5 Und, oder, doch nicht? ... 104
6.6 Weitere praktische Beispiele ... 106
    6.6.1 Bestimmte Server nicht cachen ... 106
    6.6.2 Internetzugang nur für bestimmte IP-Adressen ... 106
    6.6.3 Zugang nur zu bestimmten Zeiten ... 107

		6.6.4	Bestimmte Seiten sperren	108
7		**Authentifizierung**		**109**
7.1		Funktion		109
7.2		Squid-Konfiguration		110
7.3		Authentifizierungsmodule		113
		7.3.1	getpwnam und NCSA	114
		7.3.2	PAM	115
		7.3.3	LDAP	116
		7.3.4	NTLM/WINBIND	117
7.4		Zugriffsregelung..		121
8		**Redirector**		**123**
8.1		Funktion eines Redirectors		123
8.2		Konfiguration des Redirectors		124
		8.2.1	Wahl eines Redirectors	124
		8.2.2	Optimierung des Redirectors	125
		8.2.3	Host-Header anpassen	126
8.3		Konfiguration für einen Redirector		126
		8.3.1	Ein eigener Redirector	126
		8.3.2	Konfiguration eines Webfilters	127
		8.3.3	Konfiguration eines Werbeblockers	128
9		**Transparenter Proxy und HTTPD-Accelerator**		**129**
9.1		Transparenter Proxy		129
		9.1.1	Vorteile	130
		9.1.2	Nachteile	130
		9.1.3	Installation	132
9.2		HTTPD-Accelerator (Reverse Proxy)		133
		9.2.1	Vorteile	134
		9.2.2	Nachteile	134
		9.2.3	Installation	134
10		**Bandbreitensteuerung mit Delay-Pools**		**137**
10.1		Funktion von Delay-Pools		137
10.2		Installation von Delay-Pools...............................		138
		10.2.1	Delay-Pool-Unterstützung in Squid..................	138
		10.2.2	Konfiguration von Delay-Pools	139
10.3		Umrechnungstabelle für Bandbreiten		141
11		**Squid personalisieren**		**143**
11.1		Host-Namen und Identifizierung		143
11.2		Fehlermeldungen..		144
		11.2.1	Anpassen der Standardfehlermeldungen	144

Inhaltsverzeichnis

	11.2.2 Eigene Fehlermeldungen	145
	11.2.3 Variablen für eigene Fehlermeldungen	146

12 Der Betrieb 147
12.1 Vorbereitungen für den Start 147
12.2 Kommandozeilenoptionen von Squid 148
12.3 Starten von Squid 150
12.4 Betriebsparameter 152
    12.4.1 CPU-Auslastung 152
    12.4.2 Speichernutzung 153
    12.4.3 Plattenplatz 154
12.5 Logdateien 154
    12.5.1 squid.out 154
    12.5.2 cache.log 154
    12.5.3 useragent.log 155
    12.5.4 store.log 155
    12.5.5 access.log 156

13 Squid optimieren 159
13.1 Prozessor/Regelwerke 159
13.2 Hauptspeicher... 160
13.3 Festplatten 161
    13.3.1 Plattenauswahl.................................... 161
    13.3.2 Dateisystem und Mount-Optionen 162
    13.3.3 cache_dir 163
    13.3.4 Zugriffsschema.................................... 164
13.4 Logs 164
13.5 Cache 164
13.6 Weitere Optionen 165
    13.6.1 max_open_disk_fds 165
    13.6.2 fqdn-cache.. 165
    13.6.3 dns-cache 165
    13.6.4 Timeouts 165

14 Praktische Anwendungsbeispiele 167
14.1 Proxy für den Internetzugang über eine Firewall 167
    14.1.1 Vorgaben 168
    14.1.2 Installation 168
    14.1.3 Konfiguration 168
    14.1.4 Weitere relevante Optionen........................ 169
14.2 Proxy-Verbund mehrerer Außenstellen 170
    14.2.1 Vorgaben 170
    14.2.2 Installation 171

	14.2.3 Konfiguration	171
	14.2.4 Weitere relevante Optionen........................	172
14.3	Proxy für mehrere Netze	172
	14.3.1 Vorgaben	173
	14.3.2 Installation	173
	14.3.3 Konfiguration	174
15	**Das Cache-Manager-Interface**	**177**
15.1	Das CMI einrichten	177
	15.1.1 Die Konfigurationsdatei anpassen................	177
	15.1.2 Installation des CGI	178
15.2	Das Cache-Manager-Interface-Menü......................	179
16	**Fehlersuche im Web**	**183**
16.1	Grundlagen	183
16.2	Testmöglichkeiten	184
	16.2.1 Probleme mit der Weiterleitung....................	185
	16.2.2 DNS-Probleme	186
	16.2.3 Cache-Problem..	188
	16.2.4 Squid-Debugging	189
17	**Squid-Update**	**191**
17.1	Update von Squid 1 auf Squid 2	191
17.2	Update von Squid 2.x auf 2.(x+1).........................	191
17.3	Squid 3	195
	17.3.1 Neuerungen in Squid 3	195
	17.3.2 Update von Squid 2 auf Squid 3	196
18	**Datenschutz und Datensicherheit**	**199**
18.1	Begriffsbestimmung	199
18.2	Relevante Gesetze	200
18.3	Grundregeln	201
	18.3.1 Datenschutz	201
	18.3.2 Datensicherheit	202
	18.3.3 Inhaltliche Verantwortung	202
18.4	Praxis	203
	18.4.1 Protokolle abschalten	203
	18.4.2 Protokolle anonymisieren...........................	203
	18.4.3 Protokolle verschlüsseln	204
	18.4.4 Umgang mit dem Cache.............................	204
	18.4.5 Den Server absichern................................	204

III Externe Programme und Erweiterungen   205

19 ICAP   207
19.1 Beispiele für ICAP-Server-Anwendungen   207
19.2 Vergleich von herkömmlichen Verknüpfungen und ICAP   208
19.3 Beispiel einer ICAP-Konfiguration   209
19.4 ICP-Optionen   210

20 Statistik und Accounting   213
20.1 Logauswertung   213

21 Proxy-Erweiterungen und Hilfsprogramme   219
21.1 Konfiguration mit Webmin   219
21.2 Hilfsprogramme   221
    21.2.1 Squidclient   222
    21.2.2 Echoping   223
    21.2.3 Wget   225
    21.2.4 Purge   227
21.3 Logfile-Analyse   228
    21.3.1 calamaris   228
    21.3.2 Webalize   229
21.4 Webfilter: SquidGuard   230
21.5 Squid-vscan-Patch   231

22 Webfilterung mit SquidGuard   233
22.1 Webfilter   233
    22.1.1 Freie Webfilter vs. kommerzielle Filter   233
    22.1.2 Filtervarianten   234
    22.1.3 Zielsetzung des Webfilters   236
    22.1.4 Filtermöglichkeiten von Squid   237
    22.1.5 Filtermöglichkeiten von Redirectoren   237
22.2 SquidGuard: Grundlagen   238
    22.2.1 Ausrichtung und Zielsetzung   238
    22.2.2 Funktion   238
    22.2.3 Quellen   238
22.3 SquidGuard installieren   239
    22.3.1 Installation fertiger Pakete   239
    22.3.2 Installation aus dem Quellpaket   240
    22.3.3 Einbinden des Redirectors in Squid   240
22.4 SquidGuard konfigurieren   241
    22.4.1 Die Konfigurationsdatei squidguard.conf   241
    22.4.2 Vorbereitung der Datenbanken   253

23	**Konfiguration von Webclients**	**255**
23.1	Microsoft Internet Explorer	255
23.2	Netscape Navigator 6/7	256
23.3	Mozilla 1.x	256
23.4	Firefox 1.5	258
23.5	Opera 8.5	259
23.6	Konqueror	259
23.7	Safari-Webbrowser	261
23.8	Palm Blazer 4.0	262
23.9	Lynx	263
23.10	Automatische Client-Konfiguration	263
	23.10.1 Auto-Config-Script (proxy.pac)	264
	23.10.2 Einrichtung des Webservers	265
	23.10.3 Einrichtung der Clients	266

IV Anhang   269

A	Squid-Result-Codes	271
B	HTTP-Status-Codes	273
C	Request-Methoden	279
D	Hierarchy Codes	281
E	Configure-Optionen	283
F	SNMP-Daten	291
G	Debug-Sektionen	301
H	MIME-Typen	305
I	Glossar	311

Literaturverzeichnis 317

Index 319

Teil I

Einführung

1 Grundlagen

Fast jeder weiß, wie man im Internet *surft*. Man startet einen *Browser*, gibt eine Adresse ein (auch *URL* genannt) und bekommt dann (meistens) in wenigen Sekunden eine Antwort von einem irgendwo auf der Welt befindlichen *Webserver*. In der Regel wird man sich dabei aber keine Gedanken machen, was eigentlich im Hintergrund – im so genannten Internet – alles passiert, bis die erwartete Seite im *Browserfenster* erscheint. Es ist eigentlich selbstverständlich, dass man mehr oder weniger schnell eine gewünschte Seite angezeigt bekommt, und genauso schnell hat man auch schon wieder weiter *geklickt*.

Es geht hier im ersten Teil im Wesentlichen um die Kommunikation zwischen einem Browser und einem Webserver. Das Verständnis für diese Kommunikation ist Grundvoraussetzung für das Verständnis eines Proxyservers und dessen Funktion.

In diesem Abschnitt werden auch die wesentlichen Fachbegriffe erläutert. Was ist ein *Browser*, ein *Webserver*, ein *Proxy*? Was ist gemeint, wenn von einem *Objekt* die Rede ist? Was ist ein *Request*, was eine *Response*? Was ist *Cache*?

Alle diese Begriffe finden Sie auch im Glossar (ab S. 311) wieder. In diesem Kapitel werden dazu auch die Grundlagen und Zusammenhänge erläutert.

1.1 Das World Wide Web

Das so genannte *World Wide Web* (WWW) ist ein Teilbereich des Internets. Neben Diensten wie E-Mail (SMTP), Dateitransfer (FTP) und Terminalemulationen (Telnet) hat sich das WWW in kurzer Zeit sehr stark verbreitet.

Das *WWW* wurde Anfang der 90er-Jahre am CERN[1] in Genf entwickelt und besteht im Wesentlichen aus einer Vielzahl von (Web-)Servern und (Web-)Browsern, die inzwischen weltweit verteilt sind. Die

---

[1] CERN = Conseil Européen pour la Recherche Nucléaire – Europäisches Kernforschungszentrum (http://www.cern.ch/)

Abbildung 1.1
Das World Wide Web

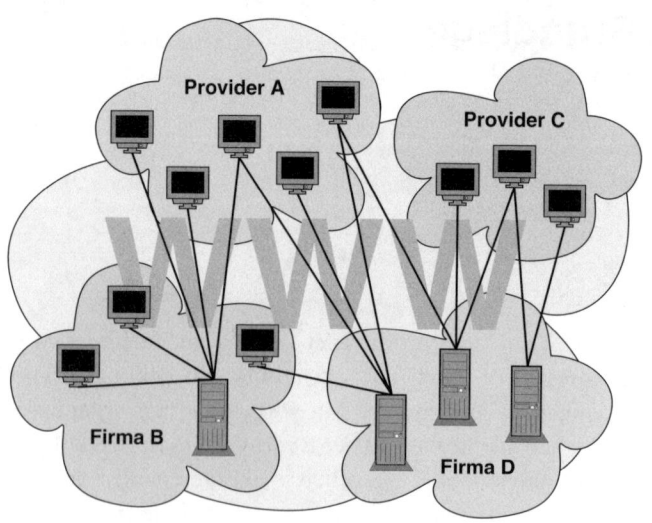

Webserver stellen für jedermann zugängliche Informationen in einem plattformunabhängigen Format bereit.

Die Nutzer des WWW können mit einem entsprechenden Programm – dem Browser – auf diese Informationen zugreifen und dabei über so genannte Hypertext-Links[2] direkt zu beliebigen anderen Informationsquellen gelangen, die sich vielleicht mit dem gleichen Thema beschäftigen.

Dieses eigentlich recht simple Prinzip war so durchschlagend, dass die Zahl der Server von unter hundert (Anfang der 90er) auf fast 400 Millionen heute (Stand Januar 2006) geradezu explodiert ist.

Schon nach ca. fünf Jahren machte der WWW-Verkehr mehr als die Hälfte des gesamten Internetverkehrs aus.

Damit ergaben sich zwangsläufig ganz neue Probleme. Das Volumen des WWW hat das Internet fast überrollt. Die nötigen Bandbreiten sind exponentiell gewachsen, Webserver sind wie Pilze aus dem Boden geschossen (und benötigen alle auch noch eine eigene IP-Adresse), und durch die einfache Bedienung fanden immer mehr Anwender den Weg in das Internet.

Hier zeigten sich dann auch sehr schnell einige Unzulänglichkeiten im zugrunde liegenden HTTP-Protokoll:

❏ Unkomprimierte Datenübertragung
  HTTP ist ein Klartextprotokoll. Obwohl sich gerade Text sehr gut komprimieren lässt, überträgt HTTP alle Objekte und Header

---

[2] Link = »Verbindung, Verknüpfung, Verweis«. Ein Link ist im Wesentlichen ein Verweis auf ein anderes Objekt.

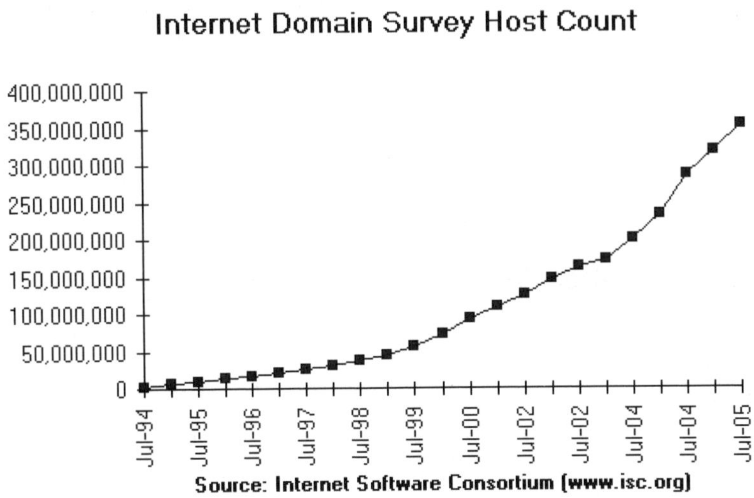

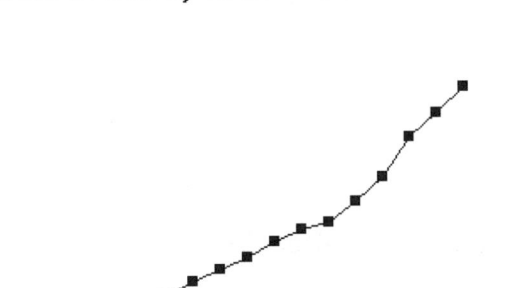

Abbildung 1.2
Entwicklung der Hosts (Quelle: ISC)

standardmäßig unkomprimiert. Mit HTTP 1.1 gibt es auch eine Möglichkeit, Daten komprimiert anzufordern, sofern der Webserver diese auch komprimiert zur Verfügung stellt.

❑ TCP-Einzelverbindungen
Für jedes zu übertragende Objekt wird eine einzelne TCP-Verbindung aufgebaut. Dabei muss man bedenken, dass allein für die Darstellung einer einzigen Seite (der Text und jede einzelne Grafik ist jeweils ein eigenes Objekt) durchschnittlich ca. vier bis acht Objekte[3] übertragen werden müssen.
Mit HTTP 1.1 wurde ein *Keep alive* eingeführt, das es erlaubt, mehrere Objekte über eine TCP-Verbindung zu übertragen.

❑ IP-Hosts
Jeder Host benötigt eine eigene IP-Adresse, was bei der hohen Anzahl neuer Hosts zu einem schnellen Verschleiß der zur Verfügung stehenden IP-Adressen geführt hat.
Mit HTTP 1.1 wurde deshalb das *Virtual Hosting* eingeführt, das es erlaubt, mehrere *virtuelle* Hosts mit eigenem Host-Namen auf einem Rechner mit einer IP-Adresse zu verwalten.

❑ Keine Verschlüsselung
HTTP überträgt alle Daten im Klartext und unverschlüsselt, was dem ursprünglichen Ziel des WWW entspricht, frei verfügbare Informationen möglichst einfach und schnell großflächig zur Verfügung zu stellen. Ich glaube nicht, dass die Erfinder des WWW

---

[3] Bei vielen *modernen* (bunten) Webdesigns kann die Zahl auch deutlich höher liegen.

dabei an ihre Kontoauszüge via Homebanking gedacht haben ;-). Hierfür wurde später die Möglichkeit für SSL (HTTPS) hinzugefügt.

Für das Bandbreitenproblem und die immer noch hohe Anzahl von TCP-Verbindungen kam schließlich ein (Cache-)Proxyserver ins Spiel...

1.1.1 Der (Web-)Browser

to browse = blättern, schmökern, überfliegen

Der *Browser* stellt die Schnittstelle zwischen dem Benutzer und dem WWW dar. Er interpretiert die eingegebene Adresse (URL) und erstellt daraus abgeleitet eine Anfrage (*Request*) an den im URL angegebenen Webserver, sendet diese Anfrage an den Webserver, interpretiert die Antwort (*Response*) des Webservers, lädt ggf. erforderliche weitere Objekte (z. B. Grafiken) nach, baut daraus die anzuzeigende Seite auf und stellt diese in seinem Fenster dar.

Browser gibt es inzwischen für nahezu alle Betriebssysteme und jeden Geschmack. Die zurzeit gängigsten Browser sind:

- Microsoft Internet Explorer
- Firefox
- Netscape Navigator
- Mozilla
- Opera
- Lynx

1.1.2 Der Webserver

Der Webserver stellt Informationen im WWW oder in einem lokalen Netz zur Verfügung. In der Regel kann jeder, der die Adresse des Servers kennt, diese Informationen mit einem Browser abrufen.

Ein Webserver kann – wie z. B. bei Internet-Providern – auch unter mehreren Adressen erreichbar sein. Viel genutzte Server müssen durchaus täglich mehrere Millionen Anfragen von unterschiedlichsten Browsern beantworten.

Die auf einem Webserver zur Verfügung gestellten Informationen bestehen aus einzelnen *Objekten*. Ein Objekt kann im einfachsten Fall eine einfache Textdatei sein, ein Bild (meist GIF-, JPG- oder PNG-Format), ein Tondokument (z. B. MP3-Format) oder das Ergebnis einer komplexen Datenbankabfrage.

Weit verbreitete Webserver sind u. a.:

- Apache Webserver
- Microsoft Internet Information Server
- Netscape Enterprise Server

1.1.3 Der URL

Jedes Objekt im WWW hat eine eindeutige Adresse, den Uniform Resource Locator (*URL*) [6, 3, 2]. Der URL besteht aus mehreren Teilen und enthält alle Informationen, die für das Auffinden des Objektes im WWW nötig sind.

Beispiel für einen URL:

```
http://www.squid-cache.org:80/squidnow.html
```

http:// Hiermit wird das zu verwendende Protokoll, also HTTP, bestimmt.
www.squid-cache.org Der Server, auf dem das gewünschte Objekt zu finden ist.
:80 Der Port auf dem Server, über den HTTP-Anfragen angenommen werden.
/squidnow.html Der lokale Pfad auf dem Server (hier das root-Verzeichnis »/«) und der Name des eigentlichen Objekts *squidnow.html*.

Es handelt sich also um ein HTML-Dokument mit dem Namen squidnow.html, das im root-Verzeichnis »/« des Servers www.squid-cache.org zu finden ist und per HTTP-Protokoll über Port 80 des Servers abgerufen werden kann.

1.1.4 Das HTTP

Das HTTP (Hypertext Transfer Protocol) [3, 1, 4] ist *das* grundlegende Protokoll für das World Wide Web. Es regelt umfassend die Kommunikation zwischen einem Browser (Client) und einem Webserver (Server). Es unterscheidet dabei grundsätzlich die Anfragen vom Client (Request) und die Antworten vom Server (Response).

Ein *Request* besteht als reine Anfrage meist nur aus wenigen hundert Bytes und beinhaltet nur die Adresse des angefragten Objekts sowie einige zusätzliche Informationen, die der Client dem Server zur weiteren Verarbeitung mitteilen will.

Abbildung 1.3
Client-Server-Prinzip

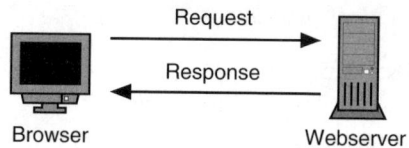

Die *Response*, als Antwort des Servers, enthält i.d.R. das angefragte Objekt selbst und kann je nach Objekt sehr umfangreich sein (z. B. bei größeren Downloads).

Das Protokoll arbeitet weitgehend im Klartext. Jeder Request und jede Response besteht aus einem Header, der Statusinformationen oder Optionen zu einer Anfrage oder einem Objekt enthält, und ggf. einem Datenteil, der den eigentlichen Inhalt, z. B. das Objekt selbst, enthält.

1.1.5 Die Kommunikation

Eine einfache HTTP-Anfrage nach http://www.squid-cache.org/ wird wie folgt abgearbeitet:

1. Der URL wird wie unter [1.1.3] beschrieben zerlegt.
2. Der Server-Name www.squid-cache.org wird über DNS aufgelöst. In diesem Beispiel würde hierfür die IP-Adresse des Servers 206.168.0.9 ausgegeben.
3. Da in der URL kein Port angegeben wurde, stellt der Client nun eine Verbindung mit dem Server 206.168.0.9 auf dem Standard-HTTP-Port 80 her.
4. Der Client sendet eine Anfrage (Request) mit folgendem Inhalt:

   ```
   GET / HTTP/1.1
   Host: www.squid-cache.org
   ...
   ```

Es wird eine GET-Anfrage nach dem Objekt »/« mit der Protokollversion HTTP 1.1 an den Host www.squid-cache.org gestellt. In der Anfrage werden i.d.R. noch weitere Daten an den Server übergeben, wie z. B. IP-Adresse des Clients, Browserversion, bevorzugte Sprachen usw. Das Beispiel zeigt die einfachste mögliche Version einer Anfrage. Diese beiden Zeilen sind *mindestens* erforderlich für eine Anfrage nach HTTP 1.1.

Nach HTTP 1.0 würde die GET-Zeile allein ausreichen, da hiernach jeder Host eine eigene IP-Adresse besitzt. Die Zuordnung Host – IP-Adresse ist damit eindeutig.

Nach HTTP 1.1 werden jedoch auch virtuelle Hosts unterstützt, d. h., auf einem Server mit einer IP-Adresse können sich mehrere Webhosts mit unterschiedlichen Host-Namen befinden. Damit

der angesprochene Server weiß, welcher der virtuellen Hosts gemeint ist, muss dieser in der Anfrage mit übertragen werden.
5. Hat der Server den (virtuellen) Host *www.squid-cache.org* und das angefragte Objekt »/« gefunden, schickt er dem Client eine Antwort (Response) mit folgendem Inhalt:

```
HTTP/1.1 200 OK
Date: Mon, 29 Jul 2002 19:43:45 GMT
Server: Apache/1.3.26 (Unix)
Cache-Control: max-age=86400
Expires: Tue, 30 Jul 2002 19:43:45 GMT
Last-Modified: Thu, 30 May 2002 01:31:01 GMT
ETag: "303215-15b8-3cf580d5"
Accept-Ranges: bytes
Content-Length: 5560
Content-Type: text/html

<HTML>
<HEAD>
<TITLE>Squid Web Proxy Cache</TITLE>
</HEAD>
<BODY BGCOLOR="#ffffff">
...
```

Der Server antwortet mit Statuscode 200 (OK), dass er das angefragte Objekt gefunden hat und es ebenfalls mit HTTP 1.1 an den Client überträgt. Im folgenden Header werden noch einige Informationen über den Server und das Dokument übertragen. Dann folgt nach einer Leerzeile das eigentliche Dokument (ab <HTML>).

Header = Kopfzeile, Kennsatz, Titel, Leitvermerk

Da eine HTTP-Kommunikation in reinem Klartext erfolgt, können Sie diese Verbindung auch ganz einfach ohne Browser manuell testen. Stellen Sie mit einem einfachen Terminalprogramm (z. B. mit Telnet) eine Verbindung mit dem Webserver auf Port 80 her und geben Sie manuell die o.g. Anfrage ein. Nach der Eingabe der Request-Daten müssen Sie zum Abschluss zweimal mit Return bestätigen (eine Leerzeile wird als Ende des Requests gewertet).

Das folgende Listing zeigt Ihre Eingaben (*kursiv*) und die Rückmeldung des Webservers:

```
> telnet www.squid-cache.org 80
Trying 206.168.0.9...
Connected to www.squid-cache.org.
Escape character is '^]'.
```

GET / HTTP/1.1
Host: www.squid-cache.org

HTTP/1.1 200 OK
Date: Mon, 29 Jul 2002 19:43:45 GMT
Server: Apache/1.3.26 (Unix)
Cache-Control: max-age=86400
Expires: Tue, 30 Jul 2002 19:43:45 GMT
Last-Modified: Thu, 30 May 2002 01:31:01 GMT
ETag: "303215-15b8-3cf580d5"
Accept-Ranges: bytes
Content-Length: 5560
Content-Type: text/html
<HTML>
<HEAD>
<TITLE>Squid Web Proxy Cache</TITLE>
</HEAD>
<BODY BGCOLOR="#ffffff">
...

2 Prinzip eines Proxys

Das folgende Kapitel beschreibt die grundsätzliche Funktionsweise eines Proxyservers, seine Vor- und Nachteile sowie verschiedene technische Ansätze einer Kommunikation zwischen Proxyservern.

2.1 Was ist ein Proxy?

Proxy heißt auf Deutsch so viel wie *Bevollmächtigter* oder *Stellvertreter*. Ein Proxyserver hat also in erster Linie die Aufgabe, *stellvertretend* für einen Client eine Anfrage an einen Server zu stellen, die Antwort vom Server entgegenzunehmen und sie dann an den anfragenden Client weiterzuleiten.

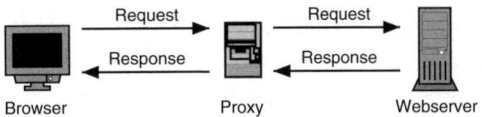

Abbildung 2.1
Client-Proxy-Server-Prinzip

Dabei wird die Verbindung vom Client (Browser) zum Webserver vollständig getrennt. Der Client fragt den Proxy (Request) und bekommt seine Antwort vom Proxy (Response). Der Proxy fragt den Webserver (Request) und bekommt die Antwort vom Webserver (Response).

Es besteht somit keine direkte Verbindung mehr zwischen Client und Webserver. Beide können in völlig unterschiedlichen Netzen stehen, und der Webserver wird (je nach Konfiguration des Proxys) nichts von der Identität des Clients erfahren.

2.2 Warum brauche ich einen Proxy?

Auf den ersten Blick ist ein Proxyserver also ein zusätzliches – scheinbar unnötiges – Glied in der Kette zwischen Client (Browser) und (Web-)Server.

Diese Stellvertreterfunktion eines Proxys ist jedoch aus mehreren Gründen sinnvoll:

- Sicherheit
  Der Client fragt nicht selbst, er lässt seinen Proxy fragen. Der Client tritt damit z. B. bei Anfragen ins Internet nicht selbst in Erscheinung. Die Antwort eines Servers geht ebenfalls nur an den Proxy, nicht an den Client. Ein damit verbundener Angriff würde also in erster Linie den Proxy und nicht den Client treffen. Ein Proxy kann also den Client schützen.
- Verkehrslenkung
  Wenn Daten aus unterschiedlichen Netzen geholt werden müssen, kann ein Proxy zu einer vereinfachten Verkehrslenkung beitragen. Es muss nicht jeder Client wissen, was er wo herbekommt. Die Regeln hierfür können allein im Proxy gepflegt werden.
- Zugriffssteuerung
  Ein Proxy ist auch geeignet, um Zugriffe zu steuern und zu regeln. Nicht jeder darf überallhin? Für bestimmte Zugriffe soll eine Authentifizierung vorgenommen werden? Dies kann ein Proxyserver erledigen.
- Protokollierung
  Jeder Zugriff über einen Proxyserver kann protokolliert werden. Proxy-Protokolle können zur Statistik, Abrechnung oder Kontrolle der Zugriffe ausgewertet werden. Hierzu gibt es ähnlich wie bei Webservern unterschiedliche Auswertungsprogramme.

2.3 Cache-Proxy

Cache = Puffer, (Zwischen-)Speicher, Lager

Neben dieser Stellvertreteraufgabe haben viele Proxyserver wie auch Webclients eine *Cache*-Funktionalität. Das heißt, ein Proxyserver holt das angeforderte Objekt vom Webserver, liefert es an den Client aus und behält eine Kopie des Objekts in seinem eigenen Speicher.

Diesen Zwischenspeicher nennt man *Cache*. Den Proxy, der dies tut, nennt man einen Cache-Proxy, Proxy-Cache oder einfach nur Cache.

Fordert jetzt ein zweiter Client bei einem Cache-Proxy das gleiche Objekt an, kann der Proxyserver dieses Objekt aus dem eigenen Speicher liefern und muss nicht erst den (entfernten) Webserver befragen. Der Client selbst kann ebenfalls einen Cache anlegen und Objekte zwischenspeichern, um sie nicht erneut vom Proxy- oder Webserver holen zu müssen.

2.3.1 Warum einen Cache-Proxy einsetzen?

Ein Cache-Proxy ist ohne Zweifel teurer als ein reiner Proxyserver. Es wird eine erheblich größere Plattenkapazität, mehr Speicher und ggf. auch ein leistungsfähigerer Prozessor benötigt.

Folgende Argumente können diese Investitionen trotzdem rechtfertigen:

- ❏ Beschleunigung
Da der Weg zwischen Proxy und Client meist kürzer ist als der Weg zwischen Webserver und Client, sind auch die Antwortzeiten des Proxys aus dem eigenen Cache meist deutlich kürzer. Abgesehen von Webservern im lokalen Netz kann je nach Entfernung und Anbindung zum Webserver die Antwortzeit aus dem Cache realistisch um den Faktor 2 bis 100 schneller sein als direkte Zugriffe.
- ❏ Bandbreite
Durch die Datenhaltung im Cache werden viele Anfragen an den Zielserver überflüssig. Der Proxy liefert die Antwort aus dem Cache, anstatt sie über eine (externe) Verbindung zu holen. Der Verkehr zwischen Proxy und Client ist zwar unverändert, aber die Verbindung vom Proxy zum Webserver kann deutlich entlastet werden. Realistische Einsparungen in der Bandbreite liegen – abhängig vom Nutzungsverhalten – bei etwa 20 bis 50 Prozent.
- ❏ Verfügbarkeit
Bei unsicheren Verbindungen oder schlechter Verfügbarkeit externer Webserver kann ein Proxyserver u. U. auch zu einer Erhöhung der Verfügbarkeit dieser Inhalte führen. Wurde ein Objekt einmal im Cache abgelegt, kann es bei Ausfall der Verbindung oder des externen Webservers ggf. noch aus dem Cache geliefert werden.

Die meist eher geringen Mehrkosten für die Hardware und Konfiguration eines Cache-Proxys werden also u. U. durch eine Reduzierung der nötigen Bandbreite, eine Beschleunigung der Zugriffe und ggf. eine höhere Verfügbarkeit mehr als aufgehoben.

2.3.2 Warum keinen Cache-Proxy einsetzen?

Neben den vielen eindeutigen Vorteilen von Cache-Proxys gibt es jedoch auch gute Gründe, die gegen einen Cache-Proxy sprechen. In einigen Fällen kann es durchaus sinnvoll sein, auf eine Cache-Funktionalität zu verzichten:

- Kosten eines Cache
  Wie oben schon genannt, benötigen Sie für einen Cache entsprechende Speicherkapazität, sowohl als Festplatte wie auch im Hauptspeicher. Der Hauptspeicherbedarf Ihres Proxys wächst proportional zum Cache-Plattenplatz.
- Verzögerungen durch einen Cache
  Ein Cache spart zwar in den meisten Fällen Zeit, die Suche eines Objekts in einem Cache(-Verbund) erfordert aber selbst wiederum Zeit, die mit der Größe des Cache zunimmt. Nutzen Sie den Proxy nur für Webserver in einem lokalen Netz mit guter Bandbreite, kann dieser Effekt unter sehr ungünstigen Umständen sogar zu geringfügig längeren Antwortzeiten führen als bei einem direkten Zugriff.
- Aktualität
  Die Frage »Wie aktuell ist das Objekt, dass ich im Cache habe?« kann ein starkes Argument gegen einen Cache sein. Nicht jedes Objekt eignet sich für einen Cache. Moderne Proxyserver schließen zwar solche Objekte weitgehend aus dem Cache aus oder prüfen regelmäßig die Aktualität, jedoch kann es trotzdem zur Auslieferung veralteter Objekte kommen. Ist eine laufende Aktualität aller Informationen für Sie ein zwingendes Argument, ist evtl. von einem Cache abzuraten.
- Rechtliche Probleme
  Die vom Client angeforderten Objekte werden im Cache gespeichert. Hier könnten je nach aktueller Rechtslage Probleme in Bereichen wie Urheberrecht (für geschützte Veröffentlichungen, Musik etc.) oder Strafrecht (illegale Inhalte wie z. B. Pornografie oder Rechtsradikalismus) auftreten. Zurzeit ist die Rechtslage in Deutschland zwar eher *Cache-freundlich*, da hier ja nicht bewusst gehandelt wird, aber Rechtslagen können sich bekanntlich auch ändern.

Nicht alle Argumente müssen in jedem Fall greifen. Sie müssen die Vor- und Nachteile eines Caches genau abwägen. In vielen Fällen wird es sinnvoll sein, einen Cache einzusetzen. Besonders wenn viele statische Daten über langsame Verbindungen, z. B. aus dem Internet, geholt werden müssen, kann ein Cache deutliche Vorteile bringen.

Nutzen Sie jedoch überwiegend Daten aus dem eigenen (schnellen) Netz, die noch dazu überwiegend dynamisch erzeugt werden und sich damit laufend ändern, kann sich ein Cache im ungünstigsten Fall sogar durch geringfügig längere Antwortzeiten oder veraltete Daten negativ bemerkbar machen.

2.4 Das Cache-Verhalten beeinflussen

Das Cache-Verhalten eines Proxys kann – neben der eigenen Konfiguration – sowohl vom Client als auch vom Webserver beeinflusst werden. Für einen gut funktionierenden Cache müssen die Betreiber der Webserver und die Webdesigner auch *Cache-freundliche* Seiten erstellen, und die Clients müssen entsprechend konfiguriert sein, um einen Cache-Proxy auch optimal zu nutzen.

Cache-freundliche Webseiten

2.4.1 Webserver

Webserver können beim Ausliefern eines Objekts zusätzliche Informationen in einem Header senden [1.1.5].

Für den Proxyserver sind u. a. folgende Header-Daten von besonderem Interesse:

Header = Kopfzeile, Kennsatz, Titel, Leitvermerk

Last-Modified: liefert das Datum der letzten Änderung des Objekts. Dieser Wert wird u. a. für die Berechnung benötigt, wann ein Objekt als nicht mehr aktuell angesehen wird.
Expire: bestimmt, wann das Objekt abläuft. Nach *Expire* muss das Objekt vom Proxy auf seine Aktualität geprüft werden.
Cache-Control: weist den Proxy an, wie er sich bei diesem Objekt zu verhalten hat, z. B. ob er es überhaupt in den Cache aufnehmen darf.

Beispiel:

```
Cache-Control: max-age=86400, must-revalidate
Expires: Tue, 30 Jul 2002 19:43:45 GMT
Last-Modified: Thu, 30 May 2002 01:31:01 GMT
```

2.4.2 Webautoren

Webautoren oder -designer haben bei der Seitenerstellung und beim Webdesign auch erheblichen Einfluss auf die Cache-Freundlichkeit ihrer Seiten.

Insbesondere bei Skripten werden meist keine Header-Daten generiert, so dass ein Proxy oder Browser keine weiteren Informationen über die Aktualität der erhaltenen Daten bekommt und diese nicht im Cache ablegt.

Klickt der Anwender dann beim Surfen mit dem Button [Back] oder [Zurück] erneut über eine Skriptseite, werden auch die gleichen Daten erneut angefordert.

Es wird sicher einige Skripte geben, die wirklich *dynamisch* sind, d. h., dass sie bei jedem Aufruf auch ein anderes Ergebnis liefern. Erfahrungsgemäß werden jedoch in den meisten Skripten die gleichen Daten erscheinen. Es wäre also – je nach Daten – eine *Haltbarkeitszeit* von fünf Minuten bis zu einer Stunde durchaus vertretbar. Das würde bewirken, dass ein *Klicken* über dasselbe Skript dieselben Daten aus dem Cache liefern könnte und nicht der Webserver bemüht werden müsste, die Daten erneut zu generieren und zu senden.

Beispiel: Ein Cache-Control: max-age=600 im Header der gesendeten Daten würde diese zehn Minuten lang im Proxy oder Browser speichern.

2.4.3 Client

Der Client ist ebenfalls in der Lage, durch die Formulierung seiner Anfrage das Cache-Verhalten des Proxys zu beeinflussen.

Drückt der Anwender beispielsweise auf [STRG] + [Reload]/[Aktualisieren] in seinem Browser, sendet dieser in seiner Anfrage an den Proxy ein Pragma no-cache mit, was den Proxy veranlasst, nicht den Cache zu durchsuchen, sondern das Objekt direkt vom Webserver zu holen.

Viele Browser verfügen darüber hinaus über einen eigenen Cache, den sie je nach Konfiguration vor einer Anfrage an den Proxyserver nutzen.

2.4.4 Interessenkonflikt

Die Möglichkeiten, das Cache-Verhalten zu manipulieren, sind vielfältig. Für jede dieser Möglichkeiten gibt es durchaus sinnvolle Anwendungen. Die Fülle der Möglichkeiten führt jedoch auch manchmal zu unerwünschten Nebeneffekten.

Technische Vorteile

Der Betreiber eines Cache-Proxys verfolgt i. d. R. das Ziel, seine Zugriffe zu beschleunigen und Bandbreite im Netz einzusparen. Ein einmal geholtes Objekt muss bei Folgeanfragen nicht mehr vom entfernten Webserver geholt werden, sondern wird aus dem schnelleren Cache geliefert.

Auch seriösen Webserver-Betreibern kommt dies normalerweise entgegen, da auch hier Bandbreite gespart wird, wenn nicht jede Anfrage vom Webserver selbst beantwortet werden muss.

Marketing-Nachteile

Nun gibt es im Internet jedoch auch viele werbefinanzierte Angebote. Ein Webserver-Betreiber, der sich über Werbung finanziert, muss seinen Werbeplatz auch irgendwie vermarkten. Ein Webserver, der häufig angefragt wird, ist für Werbepartner interessanter als einer, der vielleicht gerade mal zehn *Klicks* am Tag hat.

Also sind solche Webserver-Betreiber – obwohl es durchaus auch andere Lösungsansätze gibt – nicht selten daran interessiert, möglichst viele Anfragen auf ihrem Webserver zu protokollieren. Sie werden also jede sich bietende Möglichkeit nutzen, einen Proxyserver zu umgehen.

Auch der verstärkte Einsatz von dynamischen Seiten und Datenbanken schränkt die Cache-Möglichkeiten eines Proxys immer weiter ein. Meiner Erfahrung nach sind – je nach Nutzungsverhalten – nur noch etwa 30–50% aller Objekte im Internet cachebar. Die Tendenz ist hierbei klar abnehmend.

2.5 Cache-Proxy-Verbund

Für den Betrieb größerer Netze ist *ein* Cache-Proxy allein irgendwann nicht mehr ausreichend. Es kommen weitere dazu, entweder parallel zur Lastverteilung oder über das Netz verteilt, um Bandbreite zu reduzieren.

Dies stellt grundsätzlich kein Problem dar, Proxys können prinzipiell beliebig parallel betreiben oder hintereinander geschaltet werden. Sie benötigen i. d. R. keine gemeinsame Datenbasis. Um jedoch effizient zu arbeiten, wäre eine solche wahllose Zusammenschaltung nicht sehr sinnvoll. Es wäre besser, den Cache der Proxys in einem Verbund zusammenzuschalten und ihn gemeinsam zu nutzen.

Allerdings ergeben sich daraus schon ein paar grundlegende Fragestellungen. Wenn ein Proxy eine Anfrage von seinem Client bekommt und er das angefragte Objekt nicht selbst im Cache hat, muss er prüfen können, ob:

- ein anderer Proxy dieses Objekt vorhält,
- falls mehrere Proxys dasselbe Objekt vorhalten, welcher es am schnellsten liefern kann
- falls kein anderer Proxy das Objekt vorhält, welcher Proxy das Objekt am schnellsten herbeischaffen kann,
- oder ob es sinnvoller ist, das Objekt selbst zu besorgen.

Hierzu werden die Cache-Proxys erst einmal eingruppiert.

Alle Cache-Proxys, die ein Proxy kennt, sind seine Nachbarn (*Neighbours*). Die Nachbarn unterscheiden sich dabei in *Siblings* (Geschwister) und *Parents* (Eltern).

Siblings sind Nachbarn, die mit dem anfragenden Proxy selbst auf gleicher Ebene stehen. Das heißt, sie bedienen i.d.R. selbst Clients und haben ihrerseits übergeordnete Proxys (Parents). Siblings können normalerweise nur Objekte liefern, die sie selbst im Cache haben. Sie werden jedoch keine Anfragen entgegennehmen, für die sie selbst direkt beim Webserver fragen müssten.

Parents sind übergeordnete Proxys (Eltern), die i.d.R. weitergehende Verbindungen haben als der anfragende Proxy selbst. Parents können Objekte liefern, die sie selbst im Cache haben, sie können aber auch Anfragen für unbekannte Objekte entgegennehmen, die sie selbst holen oder weiterleiten.

Abbildung 2.2 verdeutlicht die Verbindungstypen und die Klassifizierung der Nachbarn.

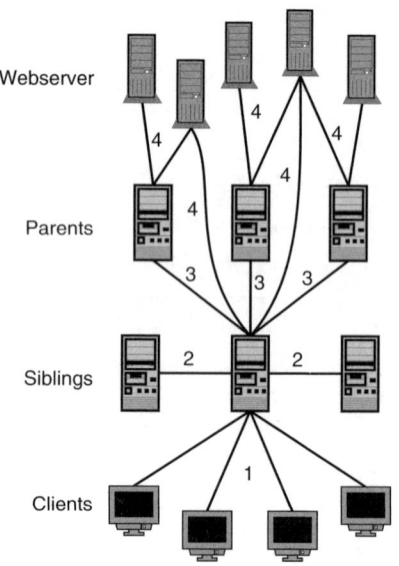

Abbildung 2.2
Verbindungstypen in einem Cache-Verbund

Die erste Beziehung eines Proxys ist die zu seinen Clients (1). Von ihnen bekommt er die Anfragen. Zur Beantwortung dieser Anfragen hat er die Möglichkeit, seine Nachbarn zu befragen. Die Siblings stehen ihm dabei nur mit ihren eigenen Caches zur Verfügung (2). Von ihnen kann er Objekte bekommen, die diese bereits auf anderem Wege erhalten haben. Ebenso kann er die Parents befragen (3). Diese können ihm sowohl aus ihrem eigenen Cache antworten, als auch weitergehende Anfragen für ihn stellen (4). Gegebenenfalls kann der Proxy auch einige Ziele direkt erreichen (4), ohne einen Parent zu befragen.

Die Vorgehensweise des Proxys ist dabei folgende:

- Der Proxy bekommt eine Anfrage von einem Client.
- Er prüft, ob er das angefragte Objekt im eigenen Cache hat. Wenn ja (und noch aktuell), wird er es ausliefern.
- Wenn nicht, muss er prüfen, ob das Objekt bei seinen Nachbarn (Siblings oder Parents) im Cache vorhanden ist. Wenn ja, kann er das Objekt vom jeweiligen Nachbarn beziehen.
- Wenn nicht, muss er prüfen, ob er das Objekt selbst besorgen kann. Wenn ja, wird er dies tun.
- Wenn nicht, muss er einen der Parents befragen, der in der Lage ist, ihm das angefragte Objekt zu beschaffen.

Dies ist eines von vielen Verbundmodellen. Andere Modelle arbeiten mehr nach dem Prinzip von Lastverteilung. Dabei werden z. B. bestimmten Proxys bestimmte Domain-Räume zugewiesen, für die sie zuständig sind, oder Anfragen werden nach einer Art *Round-Robin* verteilt.

2.6 Internet Cache Protocol (ICP)

ICP (Internet Cache Protocol) stammt noch aus den Ursprüngen von Squid und wurde 1997 in die RFCs [8, 9] aufgenommen.

Es basiert auf dem UDP-Protokoll und dient in erster Linie dazu, die Verfügbarkeit eines Objekts auf Nachbar-Proxys zu ermitteln. ICP bestimmt nebenbei anhand der Antwortzeit der Nachbarn auch, wie gut oder schlecht diese zu erreichen sind.

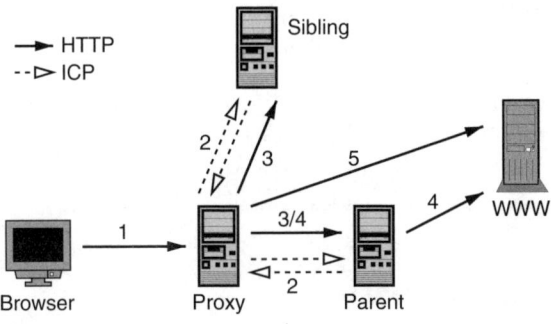

Abbildung 2.3
Verbindungen des Internet Cache Protocol

Dazu wird nach einer Anfrage von einem Client (Abbildung 2.3, 1) erst einmal an alle Nachbarn (egal ob Sibling oder Parent) ein ICP-QUERY mit dem URL des gesuchten Objekts gesendet (2).

ICP-Query

Jeder Nachbar wird dann eine entsprechende Antwort senden. Dies kann eine Meldung sein, die besagt, dass das Objekt vorhanden ist (`UDP_HIT`), nicht vorhanden ist (`UDP_MISS`) oder dass ein Fehler aufgetreten ist (2). Die Liste aller UDP-Antworten finden Sie in Anhang A.

Der Proxy reagiert dann je nach Art und Anzahl der eingegangenen Antworten.

Wird ein Treffer (`UDP_HIT`) empfangen, so wird die Anfrage unverzüglich per HTTP an den betreffenden Nachbarn weitergeleitet (3).

Wurde nach dem Eingang aller Antworten oder nach der als `icp_query_timeout` vorgegebenen Zeit (i.d.R. maximal zwei Sekunden) kein Treffer erzielt, wird die Anfrage normalerweise an den Parent-Nachbarn weitergeleitet, der als Erster ein `UDP_MISS` zurückgesendet hat (`FIRST_PARENT_MISS`). Das heißt, es wird der Parent-Proxy befragt, der am schnellsten geantwortet hat (4).

Ist kein Parent definiert oder hat keiner der angegebenen Parents geantwortet, wird Squid versuchen, die Anfrage direkt an den Webserver zu stellen (5).

ICP hat jedoch zwei entscheidende Nachteile:

- Wenn ein Nachbar nicht antwortet, werden die Anfragen aufgrund des `ICP_QUERY_TIMEOUT` verzögert. Dies kann bei der Standardvorgabe bis zu zwei Sekunden sein. Zwar gibt es auch hier Mechanismen, die verhindern, dass z. B. ein ausgefallener Nachbar alle Anfragen verzögert, aber gerade in einem großen Cache-Proxy-Verbund, in einem instabilen Netz oder bei langen Antwortzeiten einiger Nachbarverbindungen kann ICP zu einer eher negativen Gesamtperformance führen.
- Bei hochfrequentierten Proxy-Verbünden, mit vielen Nachbarbeziehungen, kann der ICP-Verkehr einen erheblichen Anteil am Gesamtverkehr ausmachen. Zwar sind die einzelnen Anfragen und Antworten sehr klein, können aber u. U. ein Vielfaches der HTTP-Anfragen ausmachen.

Der Einsatz von ICP kann unter bestimmten Rahmenbedingungen sinnvoll sein, besonders da es sehr leicht zu implementieren ist. Voraussetzung sollte jedoch eine nicht zu hohe Anzahl von Nachbarbeziehungen und ein sauber funktionierendes schnelles Netz sein.

2.7 Cache Digests

Cache Digests sind Cache-Objekte, die ein Inhaltsverzeichnis des gesamten Caches enthalten.

Um den Cache Digest möglichst kompakt zu halten, wird er sehr hoch und *nicht* verlustfrei komprimiert. Es sind nicht die vollständigen URLs der im Cache enthaltenen Objekte abgelegt, sondern ein nochmals komprimierter MD5-Hash-Wert über jeden URL.

Dieser Cache Digest wird – sofern diese Funktion beim Kompilieren eingeschaltet wurde – beim Start von Squid im RAM erzeugt und wie ein gewöhnliches Objekt im Cache abgelegt. Ein Nachbar-Cache kann dieses Objekt per ganz normalem HTTP-Request anfordern.

Wird nun an einen Proxy im Verbund eine Anfrage gestellt, wird zuerst über den angefragten URL ein MD5-Hash-Wert gebildet. Dieser Hash wird mit dem Inhalt der Cache Digests aller bekannten Nachbarn verglichen. Wird eine Übereinstimmung in irgendeinem Cache Digest gefunden, so wird der URL an den betroffenen Proxy per HTTP angefragt.

Da die Digests nicht verlustfrei komprimiert wurden, gibt es allerdings auch noch die Möglichkeit, dass zwar der Hash mit einem Eintrag in einem Digest übereinstimmt, der URL zu diesem Hash aber ein anderer ist, der nur zufällig das gleiche Ergebnis wie für den angefragten URL ergibt. In diesem Fall kann die Anfrage vom Nachbar-Proxy nicht beantwortet werden und er gibt stattdessen ein CACHE_DIGEST_MISS zurück. Der anfragende Proxy muss das Objekt dann selbst holen.

Die Größe eines Digest in Byte wird nach der folgenden Formel berechnet:

$$digest\_size = int(\frac{capacity \cdot bits\_per\_entry + 7}{8})$$

2.8 Cache Array Routing Protocol (CARP)

Das Cache Array Routing Protocol (CARP) wurde 1998 entwickelt und im Microsoft Proxyserver eingesetzt. Im Gegensatz zu ICP und Cache Digest findet hier kein Datenaustausch zwischen den Proxyservern statt.

Es dient eher der besseren Skalierbarkeit von Proxyservern. Dabei wird der gesamte URL-Bereich über eine Hash-Funktion auf mehrere Proxyserver verteilt. Der Zusammenschluss dieser Proxyserver wird dabei als Cache Array bezeichnet.

Durch die Aufteilung der URLs wird verhindert, dass Objekte mehrfach im Cache verschiedener Proxys gehalten werden. Gleichzeitig wird auf diese Weise eine Art Lastverteilung über alle Proxys im Cache Array erreicht.

CARP ist also eher für einen Cluster-ähnlichen Zusammenschluss von Proxyservern konzipiert.

2.9 Web Cache Control Protocol (WCCP)

Dieses von Cisco entwickelte Protokoll setzt nicht mehr allein beim Proxyserver an. Eingehende Webanfragen werden schon in einem WCCP-fähigen Router »abgefangen« und auf die im Router konfigurierten Proxyserver verteilt. Dabei kann bereits im Router anhand der IP-Adresse eine Lastverteilung auf die Proxyserver erfolgen.

2.10 Hypertext Caching Protocol (HTCP)

Dieses Protokoll befindet sich bisher noch im Entwurfsstadium. Es stellt eine Erweiterung von ICP dar und soll dieses zukünftig ersetzen.

Das Prinzip von ICP wird dabei um die Übertragung von Header-Informationen innerhalb der ICP-Pakete erweitert. Dadurch kann ein anfragender Proxy qualifiziertere Entscheidungen treffen, z. B. welcher Nachbar ein aktuelleres Objekt im Cache hat. HTCP soll durch diese Erweiterungen deutlich mehr Ressourcen benötigen, wodurch es bei einigen Tests zu Verzögerungen von Anfragen gekommen sein soll. Bisher sind kaum Produktiveinsätze bekannt.

3 Squid Proxy

Alle praktischen Teile dieses Handbuchs beziehen sich auf den Proxyserver *Squid*. Squid ist ein (Cache-)Proxyserver für Webclients. Neben Squid gibt es diverse andere Proxyserver, die grundsätzlich die gleichen Funktionen erfüllen, z. B. den Microsoft ISA-Server.

Daneben gibt es auch verschiedene Hardwarelösungen, die auf spezielle Proxy-Funktionalitäten optimiert oder um weitere Sicherheitsfunktionen ergänzt als Firewall ausgelegt sind.

3.1 Warum Squid?

Die wesentlichen Eckdaten von Squid sind:

- kostenlos und im Quellcode verfügbar (freie Software)
- unterstützt alle wichtigen Web-Protokolle wie HTTP, FTP, SSL (HTTPS)
- unterstützt Routing- und Cache-Protokolle wie ICP, HTCP, CARP, Cache Digests
- unterstützt transparenten Cache (WCCP)
- hält Metadaten über gespeicherte Objekte sowie *Hot Objects* im RAM (hohe Performance)
- speichert Antworten auf DNS-Anfragen (sowohl positive als auch negative Antworten)
- speichert Informationen über fehlgeschlagene Anfragen
- unterstützt Routing und Loadbalancing durch Domain-Zuweisungen
- sehr gut skalierbar für kleine bis sehr große Lösungen
- sehr differenzierte Rechtevergabe und Zugriffssteuerung durch umfangreiche Access-Listen (ACLs)
- Unterstützung für externe Authentifizierung (LDAP, Win-NT, PAM, NCSA, ...)
- umfangreiche Protokollierung aller Zugriffe und Betriebszustände
- Client-seitige Bandbreitensteuerung (Delay-Pools)

- Unterstützung von rewrite- und redirect-Funktionen (Implementierung externer Filtersoftware)
- Portierung auf zahlreiche Hardwareplattformen

Damit ist Squid ein ausgereiftes, stabiles und sehr gut skalierbares Produkt für den Einsatz von kleinen lokalen Büronetzen bis hin zu großen Cache-Verbünden in Weitverkehrsnetzen.

Squid ist sowohl für den Heimanwender als auch für große Hochverfügbarkeitslösungen konfigurierbar und kann sich durch seine umfangreichen Optionen nahezu jeder – auch noch so exotischen – Netzstruktur anpassen.

3.2 Entwicklung von Squid

Der Ursprung für den Squid-Proxyserver ist das Harvest-Projekt, das bis zur Version 1.4 von Peter B. Danzig und Duane Wessels entwickelt wurde. Harvest wurde ab Version 2.0 von Danzig kommerziell weiterentwickelt, während Wessels aus den gleichen Harvest-Quellen den freien Squid entwickelte.

Die erste Version von Squid 2 erschien am 29. September 1998. Im Oktober 1998 folgte bereits die Version 2.1.

Durch die kontinuierliche Entwicklungsarbeit des Teams um Duane Wessels erschienen bis Dezember 2001 fünf Versionen, in jeweils ca. 2–7 Subversionen (*Stable* genannt). Das heißt, etwa alle 3–4 Monate erschien eine neue Stable-Version.

Die Testphase einer neuen Version bis zum Erscheinen der ersten offiziellen Stable-Version betrug je nach Version etwa 3–12 Monate.

3.3 Cache-Verhalten von Squid

Das Haupteinsatzgebiet von Squid ist der Cache-Proxy, weshalb er auch häufig nur als Webcache oder Cache bezeichnet wird. Das wichtigste Kriterium für einen guten Cache ist neben der Verfügbarkeit und Hit-Rate die Aktualität der enthaltenen Daten. Die folgenden Abschnitte befassen sich genau mit diesem Problem.

Aktualität des Cache

Die Aktualität wird für jedes Objekt vor dem Versenden berechnet. Das Ergebnis der Berechnung kann nur einen von zwei Zuständen haben:

- Das Objekt ist noch aktuell: *fresh*.
- Das Objekt ist abgelaufen: *stale*.

3.3 Cache-Verhalten von Squid

Daten	Beschreibung
LM	Im Header mitgeliefertes Datum der letzten Änderung (Last Modified)
EX	Im Header mitgeliefertes Ablaufdatum eines Objekts (Expire)
NOW	aktuelles Datum (jetzt)
OBJ_Date	Datum der Speicherung im Cache
MIN	Mindesthaltbarkeit im Cache
MAX	Maximale Haltbarkeit im Cache
PERCENT	Haltbarkeitsfaktor (siehe Berechnung)
Age	Zeit, die ein Objekt bereits im Cache ist (Age = NOW - OBJ_Date)
LM_Age	Objektalter zum Zeitpunkt des Abspeicherns (LM_Age = OBJ_Dat - LM)
LM_FACTOR	Altersfaktor des Objekts (LM_FACTOR = Age / LM_Age)

Tabelle 3.1
Daten für die Berechnung der Aktualität

Tabelle 3.1 gibt die Daten an, die in die Berechnung einfließen.

Jedes Objekt im Cache wird bis zum Zeitpunkt X als aktuell (*fresh*) angesehen, wobei X wie folgt definiert wird:

$$X = OBJ\_Date + (LM\_Age * PERCENT)$$

Die Grafik in Abb. 3.1 sollte den Algorithmus etwas verdeutlichen.

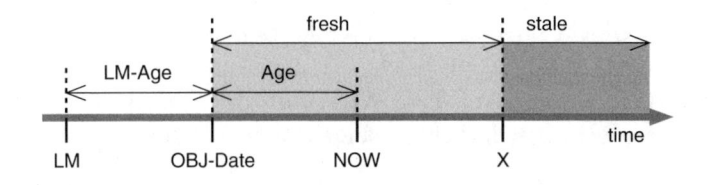

Abbildung 3.1
'fresh'- und 'stale'-Zeiten für Cache-Objekte

Falls Ihnen die ganze Rechnerei zu komplex war, kurz zusammengefasst gilt:

Je häufiger sich ein Objekt ändert, desto häufiger wird es auch vom Proxyserver auf seine Aktualität geprüft. Wobei es *frühestens* nach der Zeit MIN geprüft wird und *spätestens* nach Ablauf der Zeit MAX geprüft werden muss!

Das Diagramm in Abb. 3.2 zeigt den Ablauf einer Cache-Anfrage.

Abbildung 3.2
Prinzip einer Cache-Anfrage (Aktualitätsprüfung)

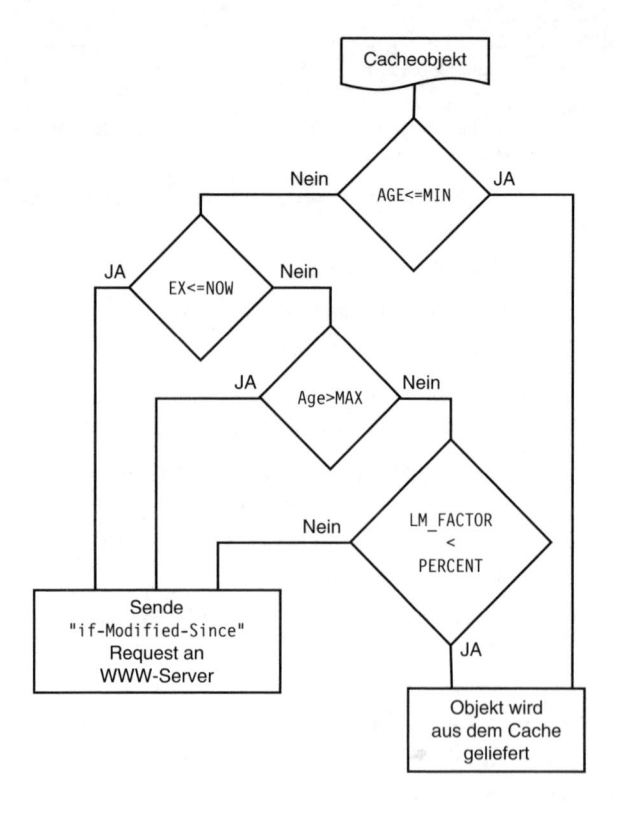

Die Prüfung erfolgt, indem der Proxyserver eine *If-Modified-Since*-Anfrage an den Webserver stellt und dabei das Datum der letzten Änderung seines Cache-Objekts (OBJ_Date) mitsendet.

Der Webserver prüft, ob das Objekt, das er besitzt, aktueller ist. Wenn das Objekt unverändert ist, sendet es nur einen Statuscode 304 (*not modified*) zurück. Sonst liefert er das neue Objekt mit Statuscode 200 (*OK*) zurück. Auf diese Weise wird das Objekt nur dann neu übertragen, wenn es wirklich geändert wurde.

Teil II

Squid: Installation, Konfiguration, Betrieb

4 Squid-Installation

Dieses Kapitel befasst sich mit der Installation eines Squid-Proxyservers. Ich beschränke mich dabei auf die aktuellen Squid 2 Versionen, da Squid 3 bis zur Erstellung dieses Kapitels noch nicht in einer Stable-Version verfügbar war.

Die Installation des Betriebssystems wird ebenfalls nur am Rande betrachtet, soweit es direkten Einfluss auf die Arbeit als Proxyserver hat.

Die praktischen Beispiele sind i.d.R. auf einer i386-Plattform (Pentium 4 oder AMD Athlon) mit SuSE Linux 9.x und Squid 2.5 getestet.

4.1 Grundüberlegungen zur Installation

Um einen sicheren und langfristigen Betrieb des Proxyservers zu gewährleisten, ist eine gute Vorbereitung nötig. Nichts ist ärgerlicher, als wenn es gerade der Proxy ist, der die Zugriffe ins Internet bremst oder durch regelmäßige Ausfälle zeitweise unmöglich macht.

Daher sollten einige grundsätzliche Fragen bereits vorher geklärt sein. Die folgende (nicht abschließende) Liste von Fragen zum Thema »Einsatz eines Proxyservers« sollte Ihnen bei den Vorüberlegungen behilflich sein:

1. Wozu soll der Proxyserver dienen?
   (Sicherheit, Verkehrslenkung, Zugriffsregelung, Protokollierung)
2. Wer wird sich an den Proxyserver wenden?
   (Alle Nutzer, nur bestimmte Nutzer/Abteilungen)
3. Wie viele Clients nutzen den Proxy?
   (Berücksichtigen Sie auch die zukünftige Entwicklung: Wenn jetzt noch nicht alle den Proxy nutzen werden, wie sieht es in ein bis zwei Jahren aus?)
4. Woher kommen die Nutzer des Proxys?
   (Aus dem eigenen LAN, aus anderen Standorten, aus dem WAN/Internet)

5. Was wollen die Nutzer vom Proxy?
   (Zugang in das eigene Netz, in andere externe Netze, in das Internet)
6. Was für Seiten werden voraussichtlich vorzugsweise genutzt?
   (Statische Seiten, dynamische Seiten, Datenbanken, verschlüsselte Seiten, Spezialanwendungen)
7. Wie intensiv arbeiten Ihre Nutzer mit dem Proxyserver?
   (Welchen Stellenwert hat die Intranet-/Internet-Nutzung in Ihrem Bereich?)
8. Was für Clients nutzen den Proxy?
   (Nur PCs mit Browser oder auch nachgeordnete oder Nachbar-Proxys?)
9. Wie und wo soll der Proxyserver in das Netz eingebunden werden?
   (Standort, Art und Geschwindigkeit der Netzwerkverbindung)
10. Besteht ein Internetzugang?
    (Wenn ja, wie schnell? Standleitung oder Wählverbindung? Welches Kostenmodell?)
11. Gibt es übergeordnete oder Nachbar-Proxys?
    (Wenn ja, wo? Wie viele? Was für Software ist im Einsatz? Ist ein Proxyverbund möglich?)
12. Ist eine zusätzliche Firewall vorhanden?
    (Wie kommt der Proxyserver über die Firewall?)
13. Werden Zugriffsbeschränkungen benötigt?
    (Art und Umfang der Beschränkungen)
14. Werden Protokollauswertungen benötigt?
    (Was für Auswertungen? Zu welchem Zweck?)
15. Wird ein zusätzlicher Filter für bestimmte Inhalte benötigt?
    (Werbung, unerwünschte Seiten, aktive Inhalte [Java, JavaScript, ActiveX])
16. Wie abhängig sind Sie vom Proxy?
    (Entsteht ein nennenswerter Schaden, wenn der Proxy nicht zur Verfügung steht?)
17. ...

Wenn die o.g. Fragen – und ggf. weitere – geklärt sind, beginnen Sie, die benötigten Kapazitäten zu bestimmen. Sie bestimmen, wie leistungsfähig der Rechner sein muss, wie viel Plattenplatz für den Cache benötigt wird, wie schnell die Netzanbindung sein muss und ob für Ausfallsicherheit gesorgt werden muss.

Ein Pauschalrezept hierfür gibt es natürlich nicht. Sie werden hier keine Formel finden, in die Sie nur Ihre Daten eintragen, und es kommt ein fertiger Bestellzettel heraus. Vor allem benötigen Sie ein realistisches

4.1 Grundüberlegungen zur Installation

Gespür dafür, wie sich die Nutzung von Proxydiensten in Ihrem Unternehmen entwickeln wird.

Die folgenden Abschnitte werden Ihnen aber ein paar Abhängigkeiten verdeutlichen, so dass Sie anhand Ihrer Anforderungen ein für Ihren Einsatzzweck vernünftiges System zusammenstellen können.

Der *optimale* Server wird aber wohl eher ein Glücksgriff bleiben, der aufgrund der hohen Dynamik in Angebot und Nachfrage an WWW-Inhalten auch nicht lange Bestand haben wird.

Sie werden Ihren Proxyserver regelmäßig beobachten und an den laufenden Betrieb anpassen müssen, um einen dauerhaft sicheren Betrieb zu erreichen.

4.1.1 Hardwareanforderungen

Was für einen Server benötigen Sie?

Um diese Frage zu beantworten, betrachten wir erst einmal ein paar nutzungsunabhängige Grundvoraussetzungen, die Sie an einen Server stellen sollten:

Squid läuft unter Linux/Unix. Das heißt, das entsprechende Betriebssystem sollte auf der Hardware problemlos lauffähig sein. Viele Hersteller von Betriebssystemen sowie auch Linux-Distributoren geben inzwischen Hardware-Referenzlisten heraus. Hier können Sie nachschauen, ob die von Ihnen ins Auge gefasste Hardware vom ausgewählten Betriebssystem unterstützt wird. Im Zweifel sollten Sie auf jeden Fall nachfragen, um nicht nachher eine böse Überraschung zu erleben. *Betriebssystem*

Achten Sie auf Erweiterbarkeit! Es wäre nicht der erste Proxyserver, der frisch aufgesetzt nach fünf bis sechs Monaten »dicke Backen« macht, weil das Nutzungsverhalten der Anwender doch deutlich umfangreicher ist als ursprünglich angenommen (Appetit kommt bekanntlich beim Essen). Ihr Server sollte also sowohl durch zusätzlichen Hauptspeicher (RAM) wie auch durch zusätzliche Festplatten erweiterbar sein. *Erweiterbarkeit*

Achten Sie auf ein gut durchlüftetes Gehäuse, besonders im Bereich der Platten. Diese werden vom Proxy meist intensiv genutzt und sind daher auch wärmer als in einem Standard-PC. Sie sollten auch wirklich nur serverfähige Markenplatten einsetzen und keine (billigeren) PC-Platten. Hier gibt es durchaus noch deutliche Unterschiede in der Haltbarkeit. *Gehäuse und Platten*

Idealerweise setzen Sie natürlich gleich einen entsprechend gebauten und modular erweiterbaren Markenserver ein. Nur wird nicht jeder Administrator die entsprechenden Mittel zur Verfügung haben.

Wichtigste Ressource eines Proxyservers überhaupt ist *Speicher*; *Speicher*

4 Squid-Installation

sowohl Hauptspeicher (RAM) wie auch Festplattenspeicher. Er sollte reichlich vorhanden und schnell sein.

Netzanbindung Als Zweites wäre die Netzanbindung zu nennen. Es sollte eine schnelle Netzwerkkarte sein, die auch mit hohem Durchsatz kein Problem bekommt.

Prozessor Die Prozessorlast hingegen ist eher gering. Für einen reinen Cache-Proxy reicht meist ein einfacher Standardprozessor, wie er gerade handelsüblich ist. Lediglich wenn Sie mit umfangreichen oder komplexen Zugriffsbeschränkungen (Access-Listen) arbeiten wollen oder ein komplexeres Routing von Verbindungen benötigen, sollten Sie auch hier höher ansetzen.

Und nun die Fakten im Detail:

Prozessor

Hier nur zwei praktische Beispiele als grobe Richtschnur:

- Über einen Proxyserver mit Pentium III – 500 MHz, 256 MB RAM, 9 GB Cache, Linux Kernel 2.2, Squid 2.3 und einer Zugriffsregelung auf IP-Adressen surfen ca. 200 Nutzer bei ca. 100 Requests/Min. und einem Durchsatz von ca. 2 MB/Min. ohne Probleme. Die Prozessorlast liegt dabei deutlich unter 0,5.
- Ein Proxyserver mit Pentium III – 1 GHz, 2 GB RAM, 70 GB Cache, Linux Kernel 2.4, Squid 2.4 und Zugriffsregelung auf IP-Adressen bedient ca. 3000 Nutzer bei ca. 1000 Requests/Min. und einem Durchsatz von ca. 20 MB/Min. ohne Verzögerungen und mit einer Prozessorlast von unter 0,2.

Dies sind sicher nur zwei Momentaufnahmen aus dem laufenden Betrieb, die aber die eher unbedeutende Stellung des Prozessors verdeutlichen. Ein Standardprozessor aktueller Bauart ist auf jeden Fall ausreichend für einen reinen Proxyserver. Für komplexe Regelwerke oder gar eine umfangreiche Filterfunktion mit regulären Ausdrücken wird sich dieses Bild jedoch deutlich ändern. Hierbei muss ggf. sogar auf mehrere Prozessoren verteilt werden.

Diese Last ist jedoch sehr stark anwendungs- und regelabhängig, daher kommt man hier nur mit ausgiebigen Tests, möglichst unter Realbedingungen, zu einer vernünftigen Aussage.

Festplatten

Der Platzbedarf auf der Festplatte teilt sich im Wesentlichen in drei Teile auf:

4.1 Grundüberlegungen zur Installation

- ❏ Speicherplatz für das Betriebssystem und die Programm- und Konfigurationsdateien von Squid
- ❏ Speicherplatz für Logdateien
- ❏ Speicherplatz für den Proxy-Cache

Den Platzbedarf für das Betriebssystem können Sie Ihrer Betriebssystemdokumentation entnehmen. In der Regel werden hier 2–6 GB (je nach Betriebssystem) ausreichen.

Betriebssystem

Der Platzbedarf für die Logdateien von Squid ist davon abhängig, was Sie protokollieren, wie frequentiert Ihr Proxyserver ist und wie lange die Logdateien vorgehalten werden sollen. Ein hoch frequentierter Proxy kann ohne weiteres täglich mehrere hundert MB in die Logdateien schreiben. Sie sollten diese Werte gerade bei neu aufgesetzten Proxyservern im Auge behalten.

Logdateien

Der Platzbedarf für den Proxy-Cache sollte sich nach dem Nutzungsgrad Ihres Proxyservers richten und muss ggf. im laufenden Betrieb angepasst werden. Sie sollten also bereits bei der Planung der Plattenkapazität etwas Reserve einkalkulieren.

Cache

Die Kapazität sollte *mindestens*

Proxy-Cache = (tägliches HTTP-Volumen) * MAX

MAX = Maximales Alter eines Objekts im Cache (siehe 3.3)

betragen, um Objekte mindestens für die als MAX in der Option refresh_pattern in der Datei *squid.conf* eingestellte Zeit vorzuhalten.

Beispiel:

Sie haben ein tägliches HTTP-Volumen von ca. 200 MB (das entspricht etwa einer zu Bürozeiten voll ausgenutzten 64-KBit-ISDN-Leitung. In der Option refresh_pattern ist als MAX-Wert 4320 Minuten (3 Tage) eingestellt. Dann ergibt dies einen *minimalen* Proxy-Cache von: Proxy-Cache = 200 MB/Tag * 3 Tage = 600 MB

Bei heutigen Plattenkapazitäten ist dies wohl eher ein theoretischer Wert. Der praktische Wert wird sich wahrscheinlich eher am freien Plattenplatz orientieren und irgendwo im Gigabyte-Bereich liegen.

Grundsätzlich kann man zwar bei Cache-Kapazitäten sagen: »Viel hilft viel.« Sie sollten jedoch beachten, dass auch der Hauptspeicherbedarf proportional mit dem Platten-Cache wächst!

Hauptspeicher (RAM)

Der Hauptspeicherbedarf richtet sich in erster Linie nach dem Plattenplatz, der für den Proxy-Cache reserviert wird.

4 Squid-Installation

Metadaten   Squid lädt beim Start die *Metadaten* für jedes Objekt in den RAM, damit er alle nötigen Informationen über die auf der Festplatte befindlichen Objekte sofort im Zugriff hat.

Diese Beschleunigung der Objektsuche hat natürlich ihren Preis. Für jedes Objekt im Cache werden je nach Plattform 72 Byte (Intel, Sparc, MIPS etc.) oder 104 Byte (Alpha) an Metadaten angelegt.

Dies klingt auf den ersten Blick nicht viel. Berücksichtigt man dabei jedoch, dass die durchschnittliche Objektgröße bei ca. 15 KB liegt, und berechnet man damit die Anzahl der Objekte, die in 1 GB Proxy-Cache Platz finden, kommt man auf knapp 70.000 Objekte. Bei 72 Byte Metadaten pro Objekt sind dies ca. 5 MB RAM. Dazu kommt noch der Speicherbedarf für Betriebssystem und *Hot Objects* (häufig benutzte Objekte, die im RAM gehalten werden).

Bei heutigen Plattengrößen sind Cache-Größen von 100–200 GB durchaus nicht unrealistisch. Damit kommt man leicht auf einen Speicherbedarf von insgesamt 1–2 GB (die Hälfte davon allein für Metadaten).

4.1.2 Betriebssystem

Squid ist für nahezu jedes Unix-ähnliche Betriebssystem verfügbar. Auf die Besonderheiten der einzelnen Betriebssysteme kann hier schon aufgrund der schnellen Versionswechsel nicht im Detail eingegangen werden. In der Squid FAQ finden Sie einige Hinweise zu den gängigsten Betriebssystemen. Ein kurzer Blick sei hier vor jeder Installation empfohlen.

4.2 Quellen

Für die Installation benötigen Sie eine aktuelle Version des Squid-Proxyservers. Je nachdem, was für ein Betriebssystem Sie einsetzen, finden Sie evtl. eine vorkonfigurierte Version bei Ihrem Betriebssystem, z. B. in den meisten Linux-Distributionen.

Wenn in Ihrem Betriebssystem Squid nicht enthalten ist, können Sie sich die Originalquellen von der Squid-Homepage herunterladen und selbst übersetzen.

Die Squid-Homepage finden Sie unter:

```
http://www.squid-cache.org/
```

Download   Die Version 2.5 finden Sie hier unter:

```
http://www.squid-cache.org/Versions/v2/2.5/
```

Sie finden dort eine Tabelle, die wie in Abb. 4.1 aussehen kann.

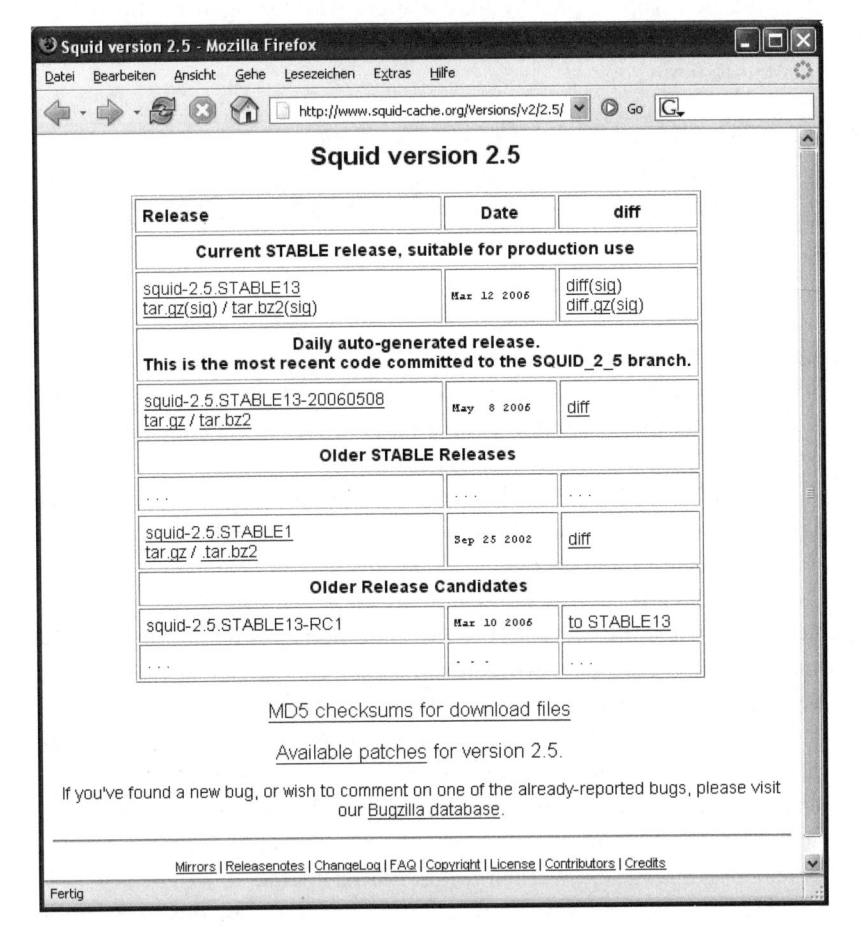

Abbildung 4.1
Download-Seite auf
www.squid-cache.org

Bitte benutzen Sie nur Versionen, die als STABLE gekennzeichnet sind, und hier jeweils die letzte (höchste Versionsnummer). Zum Zeitpunkt der Erstellung dieser Dokumentation war dies Squid 2.5 STABLE13.

Der Quellcode liegt in der Regel im Format tar und gzip vor.

Beispiel: `squid-2.5.STABLE13-src.tar.gz`

4.3 Installation vom Quellcode

Voraussetzungen für eine erfolgreiche Installation sind ein ANSI-C-Compiler, z. B. der GNU C Compiler *gcc*, das Paket *binutils* und Perl.

4 Squid-Installation

Konfiguration und Installation

Auf den meisten aktuellen Unix-/Linux-Versionen sind diese Pakete standardmäßig enthalten.

Um die Originalquellen ohne weitere Anpassungen für Ihr System zu übersetzen, geben Sie unter Unix/Linux im einfachsten Falle die folgenden Befehle ein:

```
> tar xzf squid-2.5.STABLE13-src.tar.gz
> cd squid-2.5.STABLE13
> ./configure
> make
> su -
# make install
```

Mit `tar xzf` wird das Quellpaket ausgepackt. Im neu angelegten Verzeichnis wird der Befehl `configure` ausgeführt, der alle für die Übersetzung nötigen Informationen sammelt und die entsprechenden *Makefiles* erzeugt.

`make` übersetzt alle Quellen und erzeugt die zum Betrieb nötigen Programm- und Konfigurationsdateien. Dieser Schritt kann je nach System einige Minuten dauern.

Der folgende Schritt kann nur als root-Benutzer (oder mit root-Rechten) ausgeführt werden. Da aus Sicherheitsgründen normalerweise nicht als root gearbeitet werden sollte, muss an dieser Stelle die root-Berechtigung mit `su -` oder `sudo` geholt werden.

Mit `make install` werden alle nötigen Verzeichnisse angelegt und alle Dateien in die richtigen Verzeichnisse kopiert. Damit ist der Proxyserver grundsätzlich erzeugt und funktionsfähig. Es müssen allerdings noch die Konfigurationsdatei *squid.conf* angepasst und die Cache-Verzeichnisse angelegt werden. Mehr hierzu später.

Erster Test

Als erster kurzer Test kann mit `squid -v` die Versionsinformation angezeigt werden:

```
> squid -v
Squid Cache: Version 2.5.STABLE13
```

Configure-Optionen

Mit dem Configure-Programm können schon während der Übersetzung des Quellcodes viele Basisfunktionen des zukünftigen Proxyservers festgelegt werden.

Mit `configure --help` können Sie sich alle möglichen Optionen anzeigen lassen:

```
# ./configure --help
Usage: configure [options] [host]
Options: [defaults in brackets after descriptions]
Configuration:
--cache-file=FILE   cache test results in FILE
--help              print this message
--no-create         do not create output files
...
```

Konfigurationsoptionen

Eine vollständige Liste aller configure-Optionen mit Erläuterungen finden Sie in Anhang E.

Um die Basiskonfiguration des zu übersetzenden Proxyservers zu verändern, geben Sie mit dem configure-Befehl die entsprechenden Parameter für die Konfiguration der Makefiles an:

```
./configure --enable-snmp --enable-err-language=German
```

Im o.g. Beispiel wird das SNMP-Protokoll des Proxys eingeschaltet, und die internen Fehlermeldungsseiten werden auf Deutsch umgestellt.

4.4 Installation von fertigen (Binary-)Paketen

In den meisten Linux-Distributionen ist bereits ein fertig kompiliertes Paket enthalten. Auch viele andere Unix-ähnliche Betriebssysteme liefern eine angepasste Version gleich mit. Der sicherste Weg zu einer funktionsfähigen Installation ist, die mitgebrachten Pakete Ihres Betriebssystems zu nutzen.

Die Pfade für die Installation können jedoch z.T. erheblich von denen der Originalquellen abweichen. Da Sie aber im Wesentlichen nur die Konfigurationsdatei (squid.conf) und die ausführbare Programmdatei (squid) benötigen, sollten Sie mit den Beschreibungen in diesem Buch auch bei abweichenden Pfadangaben keine Probleme haben.

Die meisten Linux-Distributionen nutzen den Red Hat Package Manager (rpm) oder das Debian Package Management System (dpkg) für die Erstellung solcher Pakete.

Wenn Sie nicht ohnehin ein grafisches System für die Paketauswahl und Installation nutzen (z. B. YaST von SuSE), können Sie die entsprechenden Paketdateien auch manuell entpacken.

Ein entsprechendes Paket könnte z. B. wie folgt heißen:

`squid-2.5.STABLE13.i386.rpm`

oder

`squid-2.5.STABLE13.i386.deb`

Je nach Endung wird das Paket im einfachsten Falle mit dem Befehl:

`rpm -i squid-2.5.STABLE13.i386.rpm`

oder

`dpkg -i squid-2.5.STABLE13.i386.deb`

installiert.

Weitergehende Information zur Installation fertiger Pakete entnehmen Sie bitte der Dokumentation Ihres Betriebssystems.

5 Konfiguration des Proxys (squid.conf)

Alle Konfigurationsinformationen für den Betrieb des Proxyservers finden sich in der Datei *squid.conf*. Je nach Betriebssystem und configure-Optionen finden Sie diese Datei unter /etc oder /usr/local/squid/etc/ oder dem von Ihnen eingestellten Verzeichnis.

Die Datei ist auf den ersten Blick mit knapp 3000 Zeilen und 93 KB erschreckend umfangreich. Hier ist jedoch jede einzelne Option sehr ausführlich in Kommentarzeilen beschrieben. Es gibt in dieser Datei insgesamt etwa 200 unterschiedliche Optionen, die teilweise auch mehrfach vorkommen können. Für einen geregelten Betrieb ohne besondere Anforderungen reichen jedoch bereits ca. zehn bis zwanzig Zeilen.

200 Optionen auf 3000 Zeilen

Zur besseren Übersicht ist es praktisch, die originale Konfigurationsdatei z. B. nach *squid.conf.default* umzubenennen und eine eigene Datei *squid.conf* zu erzeugen, die nur die einfache Auflistung aller Parameter (ohne Kommentare) und die aktuelle Konfiguration enthält. Empfehlenswert ist es, auch die (auskommentierten) Standardwerte zu übernehmen, um im Zweifel auch die nicht veränderten Werte in der aktuellen Konfiguration (und somit im Blick) zu haben. Damit ergibt sich eine Datei mit ca. 200 Zeilen, von denen die meisten als Standardwerte auskommentiert sind.

Vereinfachte Datei erzeugen

Im Folgenden werden die einzelnen Optionen der Datei squid.conf näher erläutert. Es sind alle Optionen bis Squid 2.5 erläutert, aber nicht alle hier aufgeführten Optionen sind auch in allen vorhergehenden Versionen enthalten. Das Squid-Projekt ist sehr dynamisch. Durch die ständige Weiterentwicklung ist auch die Konfigurationsdatei einer ständigen Änderung unterzogen. Welche Optionen in der von Ihnen verwendeten 2.x-Version enthalten sind, entnehmen Sie bitte der jeweiligen squid.conf.default-Datei Ihrer Version.

Sie sollten auch bei einem Update Ihres Proxys sehr umsichtig vorgehen. Es ist möglich, dass einige Optionen Ihrer squid.conf in einer neueren Version nicht mehr existieren oder sich die Syntax verändert hat.

Beispiel: Die – zum Glück selten verwendete – Option zum Manipulieren der Header-Informationen einer Anfrage hieß bis einschließlich Squid 2.1 »http_anonymizer«, von Squid 2.2 bis 2.4 »anonymize_headers«, und ab Squid 2.5 heißt sie »header_access« mit jeweils völlig unterschiedlicher Syntax.

Die Optionsänderungen sind weitgehend in Fußnoten vermerkt, jedoch u. U. noch nicht vollständig, da ich mich bei der Übersetzung vorrangig auf die Version 2.5 festgelegt habe.

5.1 Netzwerkoptionen

In diesem Abschnitt werden IP-Adressen und Ports für den Betrieb von Squid definiert. In der Datei squid.conf finden Sie diese Optionen unter dem Abschnitt:

```
# NETWORK OPTIONS
# ---------------
```

http_port 3128

Die Socket-Adresse, auf der Squid auf HTTP-Anfragen von Clients lauscht.

Syntax: http_port [*hostname*:|*ip*:]port

Angabe von Host-Name oder IP-Adresse ab Squid 2.5

Es können mehrere Adressen angegeben werden. Host-Name oder IP-Adresse ersetzt die alte Option tcp_incoming_address.

Wenn nur der Port angegeben ist, wird auf allen eingebundenen IP-Adressen gelauscht.

Mit der Kommandozeilenoption -a wird der *erste* hier angegebene Port überschrieben, nicht aber die angegebene IP-Adresse.

Beispiel:

http_port 8080
http_port proxy.domain.org:3128
http_port 192.168.10.4:8088

ab Squid 2.5 **https_port**

Hiermit kann ein HTTPS/SSL-Port angegeben werden. Voraussetzung dafür ist, dass bei der Installation die Option --enable-ssl angegeben wurde.

HTTPS wird in der Proxyfunktion grundsätzlich (weiterleitend) unterstützt. Die Option ist nur erforderlich, wenn HTTPS im Accelerator-Modus des Proxys benutzt werden soll, d. h. der Proxy selbst SSL-Verbindungen annehmen muss.

Syntax: [*ip*:]*port* cert=*certificate.pem* [key=*key.pem*] [*options*...]

5.1 Netzwerkoptionen

Sie können in mehreren Zeilen unterschiedliche Sockets mit eigenen Zertifikaten und Optionen angeben.

Optionen:

- cert = Pfad zum SSL-Zertifikat (PEM-Format)
- key = Pfad zum privaten SSL-Schlüssel (PEM-Format). Ohne Angabe wird von einem kombinierten Zertifikat ausgegangen.
- version = SSL/TLS-Version
  - 1 : automatisch (Default)
  - 2 : nur SSL v2
  - 3 : nur SSL v3
  - 4 : nur TLS v1
- cipher = mit Doppelpunkt (:) getrennte Liste der unterstützten Verschlüsselungen
- options = weitere SSL-Optionen gemäß der OpenSSL-Dokumentation

ssl_unclean_shutdown off *ab Squid 2.5*

Behebt einen Fehler in einigen Browsern (z. B. MSIE) bei der SSL shutdown message.
Voraussetzung für den Einsatz dieser Option ist die Installationsoption --enable-ssl.

ssl_engine *ab Squid3*

Diese Option ist nur verfügbar, wenn Squid mit der Option --enable-ssl installiert wurde.
Hiermit kann für SSL-Verschlüsselung z. B. eine externe SSL-Verschlüsselungsbox angegeben werden.

sslproxy_client_certificate *ab Squid3*

Diese Option ist nur verfügbar, wenn Squid mit der Option --enable-ssl installiert wurde.
Mit dieser Option können Sie ein Client-SSL-Zertifikat angeben, das für SSL-Verbindungen genutzt wird.

sslproxy_client_key *ab Squid3*

Diese Option ist nur verfügbar, wenn Squid mit der Option --enable-ssl installiert wurde.
Hiermit geben Sie den zu verwendenden SSL-Schlüssel an.

sslproxy_version *ab Squid3*

Diese Option ist nur verfügbar, wenn Squid mit der Option --enable-ssl installiert wurde.
Gibt die zu verwendende SSL-Version an.

sslproxy_options *ab Squid3*

Diese Option ist nur verfügbar, wenn Squid mit der Option --

enable-ssl installiert wurde.
Hiermit können Sie weitere Optionen für die Verschlüsselungsmaschine angeben.

ab Squid3 **sslproxy_cipher**
Diese Option ist nur verfügbar, wenn Squid mit der Option --enable-ssl installiert wurde.
Liste der zu verwendenden Verschlüsselungen.

ab Squid3 **sslproxy_cafile**
Diese Option ist nur verfügbar, wenn Squid mit der Option --enable-ssl installiert wurde.
Gibt die Datei an, in der die CA-Zertifikate zur Überprüfung von Server-Zertifikaten hinterlegt sind.

ab Squid3 **sslproxy_capath**
Diese Option ist nur verfügbar, wenn Squid mit der Option --enable-ssl installiert wurde.
Gib das Verzeichnis an, in dem sich die CA-Zertifikate befinden.

ab Squid3 **sslproxy_flags**
Diese Option ist nur verfügbar, wenn Squid mit der Option --enable-ssl installiert wurde.
Weitere SSL-Optionen:

- DONT_VERIFY_PEER Akzeptiert auch Zertifikate, die nicht verifiziert werden konnten.
- textttNO_DEFAULT_CA Die Standard-CA-Liste aus OpenSSL wird ignoriert.

ab Squid3 **sslpassword_program**
Diese Option ist nur verfügbar, wenn Squid mit der Option --enable-ssl installiert wurde.
Bestimmt ein Programm zur Abfrage von Passwörtern (Passphrase) für geschützte Zertifikatsschlüssel. Wenn hier nichts angegeben wird, können nur offene Zertifikatsschlüssel genutzt werden.

icp_port 3130
Gibt die Portnummer für ICP-Anfragen an. Über diesen Port werden alle ICP-Anfragen von und zu Nachbar-Proxys abgehandelt. Zum Abschalten der Funktion kann 0 angegeben werden. Diese Option wird mit der Kommandozeilenoption -u überschrieben.

htcp_port 4827
Gibt die Portnummer für HTCP-Anfragen an. Über diesen Port werden alle HTCP-Anfragen von und zu Nachbar-Proxys abgehandelt.
Diese Option ist nur verfügbar, wenn bei der Installation die Option --enable-htcp angegeben wurde. Zum Abschalten der Funktion kann 0 angegeben werden.

mcast_groups
> Diese Option gibt eine Liste von Multicast-Adressen an, zu denen der Server hinzugefügt werden soll, um Multicast-ICP-Anfragen zu *empfangen*.
> Diese Option sollte nur benutzt werden, wenn Sie über entsprechende Kenntnisse zu Multicast und ICP verfügen.
> Beispiel:
> `mcast_groups 239.128.16.128 224.0.1.20`

udp_incoming_address 0.0.0.0
> `udp_incoming_address` bestimmt die IP-Adresse, über die ICP-Pakete empfangen werden.
> Die `udp_incoming_address` von 0.0.0.0 gibt an, dass ICP-Pakete auf allen eingebundenen IP-Adressen empfangen werden.

udp_outgoing_address 255.255.255.255
> `udp_outgoing_address` wird für ausgehende ICP-Pakete verwendet.
> Die `udp_outgoing_address` von 255.255.255.255 gibt an, dass für ICP-Antworten immer die Adresse verwendet wird, über welche die Anfrage auch eingegangen ist.

5.2 Routing-Optionen zu anderen Proxys

In diesem Abschnitt finden Sie Optionen, die das Routing zu Nachbar-Proxys innerhalb eines Proxy-Verbundes steuern. In der Datei squid.conf finden Sie diese Optionen unter dem Abschnitt:

```
# OPTIONS WHICH AFFECT THE NEIGHBOR SELECTION ALGORITHM
# -----------------------------------------------------
```

cache_peer
> Hiermit werden Verbindungen zu Nachbar-Proxys eingerichtet.
> Syntax: `cache_peer hostname type http_port icp_port [options ...]`
> Die Angabe *type* bestimmt die Art der Nachbarbeziehung und kann `parent`, `sibling` oder `multicast` sein. Parent ist ein übergeordneter Proxy (z. B. eine Firewall), Sibling ist ein gleichwertiger Nachbar-Proxy, und Multicast bestimmt eine Multicast-Gruppe. Nachbar-Proxys ohne ICP *müssen* vom Typ Parent sein.
> *http_port* gibt den HTTP-Port des Nachbar-Proxys an, auf dem dieser Anfragen entgegennimmt.
> *icp_port* gibt den ICP-Port des Nachbar-Proxys an, an den ICP-Anfragen gestellt werden können.
> Wenn der Nachbar-Proxy kein ICP unterstützt, kann hier der

Port 7 (UDP/echo) angegeben werden, um einen Timeout zu vermeiden.

options ermöglicht die Angabe zusätzlicher Optionen.
Zulässige Optionen sind:

proxy-only	Objekte von diesem Nachbar-Proxy werden nicht im lokalen Cache gespeichert.
weight=n	bestimmt die Gewichtung des Nachbarn bei der Verteilung von Anfragen. Standard ist 1. Ein höherer Wert bevorzugt den Nachbarn entsprechend. Es sind nur ganzzahlige Werte zulässig.
ttl=n	gibt einen IP-Multicast-TTL für ICP-Anfragen an. Wird nur für Multicast-Gruppen benötigt.
no-query	Es werden *keine* ICP-Anfragen an diesen Nachbar-Proxy gesendet.
default	bestimmt diesen Parent als den Standard-Parent, wenn kein anderer Parent die Anfrage beantworten kann. default sollte nur verwendet werden, wenn kein ICP zur Verfügung steht.
round-robin	Parents werden im Round-Robin-Verfahren angesprochen, wenn keine ICP-Anfragen möglich sind. Die Anfragen werden rotierend auf alle verfügbaren Parents verteilt.
multicast-responder	Der Nachbar-Proxy ist Mitglied einer Multicast-Gruppe. ICP-Anfragen werden nicht direkt gesendet, aber ICP-Antworten werden akzeptiert.
closest-only	bestimmt, dass bei ICP_OP_MISS-Antworten nur CLOSEST_PARENT_MISS und keine FIRST_PARENT_MISS weitergeleitet werden (siehe D).
no-digest	Von diesem Nachbarn werden *keine* Cache Digests angefordert.
no-netdb-exchange	schaltet Anfrage an die ICMP-RTT-Datenbank der Nachbar-Proxys ab.
no-delay	die Verbindung zu diesem Nachbarn wird nicht von Delay-Pool-Optionen beeinflusst.

login=user:password	gibt Benutzer und Passwort für eine Authentifizierung am Nachbar-Proxy an. `login=PASS` leitet die vom Benutzer angegebenen Login-Daten weiter (ab Squid 2.5; funktioniert nur mit Basic-HTTP-Authentifizierung).
connect-timeout=nn	gibt einen für diesen Nachbar-Proxy gültigen Connect-Timeout an. Siehe auch `peer_connect_timeout`.
digest-url=url	Wenn Cache-Digests zugelassen sind, wird der Cache-Digest von diesem Nachbar-Proxy über den hier angegebenen URL anstelle des Standard-URL angefordert.
allow-miss	die *Only-if-cached*-Regel wird bei Anfragen an Nachbar-Proxys außer Kraft gesetzt. Damit werden auch Anfragen an einen Nachbarn gesendet, die dieser nicht im Cache hat. Die Nutzung dieser Option kann zu Schleifen (Loops) in der Weiterleitung von Anfragen führen.
max-conn=n	begrenzt die maximal gleichzeitigen Verbindungen zu diesem Nachbar-Proxy (ab Squid 2.5).

cache_peer_domain

Hiermit wird der Zugriff auf einen mit `cache_peer` definierten Nachbar-Proxy auf bestimmte Domains beschränkt.

Syntax: `cache_peer_domain` *cache-host* [!]*domain* ...

Im u.g. Beispiel wird bestimmt, dass auf den Nachbar-Proxy parent.foo.net nur Objekte aus der Top-Level-Domain .edu (und allen Subdomains von .edu) zu finden sind:

Beispiel: `cache_peer_domain parent.foo.net .edu`

Der einleitende Punkt ».« bestimmt, dass auch Subdomains zutreffen. Ein Eintrag ohne Punkt würde *nur* die angegebene Domain (ohne Subdomains) filtern.

Ein vorangestelltes Ausrufezeichen »!« negiert die folgende Angabe. !.edu würde also bedeuten: »alle Domains außer .edu«.

Es können mehrere Domains in einer oder mehreren `cache_peer_domain`-Zeilen angegeben werden. Bei der Angabe mehrerer Domains ist der erste Treffer gültig.

Siehe auch `cache_peer_access` in Kapitel 6.4.

neighbor_type_domain

Syntax: `neighbor_type_domain` *cache-host* `parent|sibling` *domain* ...

Hiermit kann der Typ der Nachbarbeziehung (Parent oder Sibling) zu einem Nachbar-Proxy (wie in cache_peer angegeben) anhand der URL-Domain der Anfrage geändert werden.
Beispiel:
```
cache_peer parent cache.foo.org 3128 3130
neighbor_type_domain cache.foo.org sibling .com .net
```
Im o.g. Beispiel wird der Host `cache.foo.org` als parent angesprochen. Nur für die Domains .com und .net wird er als sibling behandelt.

icp_query_timeout 0

Normalerweise bestimmt Squid den optimalen Timeout für ICP-Anfragen dynamisch. Mit dieser Option kann manuell ein *fester* ICP-Timeout angegeben werden.

Der Wert wird in Millisekunden angegeben.

ab Squid 2.3 **maximum_icp_query_timeout** 2000

Der dynamisch bestimmte Timeout für ICP-Anfragen kann in ungünstigen Fällen sehr hoch liegen.

Mit dieser Option kann ein *maximaler* ICP-Timeout festgelegt werden. Der von Squid dynamisch bestimmte Wert kann dann nur kleiner oder gleich dem hier angegebenen Wert sein.

Der Wert wird in Millisekunden angegeben.

mcast_icp_query_timeout 2000

Squid sendet ICP-Testpakete an Multicast-Gruppen, um anhand der Antworten festzustellen, wie viele Hosts zu dieser Multicast-Adresse gehören.

Diese Option bestimmt, wie lange Squid auf Antworten warten soll, bis er aus den erhaltenen Antworten die Anzahl der Hosts bestimmt.

Der Wert wird in Millisekunden angegeben.

dead_peer_timeout 10

Diese Option bestimmt, wie lange Squid warten soll, bis er einen cache_peer-Host für »tot« erklärt, wenn er keine ICP-Antworten mehr von diesem Host erhält.

Squid wird nach dieser Zeit keine weiteren ICP-Antworten von diesem Host erwarten und so weiterarbeiten, als gäbe es diesen cache_peer nicht.

Squid wird jedoch weiter ICP-Anfragen an den Host senden und ihn wieder aufnehmen, sowie er von ihm wieder eine korrekte Antwort erhält.

Der Wert wird in Sekunden angegeben.

hierarchy_stoplist

Hiermit wird eine Liste von Ausdrücken festgelegt, die – wenn sie in dem angefragten URL vorkommen – Squid veranlassen, die

Anfrage direkt auszuführen. Das heißt, für die angefragten Objekte werden keine Nachbar-Proxys befragt.
Es können mehrere Ausdrücke in einer oder mehreren Zeilen angegeben werden.
Empfohlene Einstellung:
`hierarchy_stoplist cgi-bin ?`

no_cache
Hiermit werden ACLs angegeben, die – wenn sie zutreffen – Squid veranlassen, die Antwort auf diese Anfragen nicht aus dem Cache zu liefern und empfangene Antworten nicht im Cache abzulegen. Das heißt, für alle Anfragen, auf die diese ACLs zutreffen, wird der Cache umgangen.
Die ACLs müssen mit der Regel deny eingeleitet werden, damit die entsprechenden Objekte vom Cache ausgenommen werden.
Empfohlene Einstellung:
`acl QUERY urlpath_regex cgi-bin \?`
`no_cache deny QUERY`

5.3 Cache-Optionen

Die folgenden Optionen steuern den Cache im Hauptspeicher, die interne Cache-Verwaltung und das Cache-Verhalten des Proxys.
Sie sind in der squid.conf mit folgender Überschrift versehen:

```
# OPTIONS WHICH AFFECT THE CACHE SIZE
# --------------------------------
```

cache_mem 8 MB
Hiermit wird die Größe des von Squid reservierten Hauptspeichers für *In-Transit Objects*, *Hot Objects* und *Negative-Cached Objects* bestimmt.
Die Daten dieser Objekte werden in Blöcken zu 4 KB gespeichert. Daher sollte auch der Wert für cache_mem ein Vielfaches von 4 KB betragen.
In-Transit Objects (Durchgangsobjekte) haben die höchste Priorität. Das heißt, *Hot Objects* (ständig angefragte Objekte) und *Negative-Cached Objects* (nicht cachebare Objekte) füllen den Bereich, der nicht von *In-Transit Objects* benötigt wird (siehe auch `maximum_object_size_in_memory`).
Dies ist keine absolute Speichergrenze. Unter hoher Last kann Squid diesen Wert auch überschreiten.
ACHTUNG: Diese Option bestimmt *nicht* den maximalen

Speicherbedarf von Squid! Es bestimmt allein den Speicher, den Squid zusätzlich für einen Cache im Hauptspeicher benutzt. Der tatsächliche Gesamtspeicherbedarf von Squid hängt von vielen weiteren Faktoren ab und kann erheblich höher liegen als der hier angegebene Wert.

cache_swap_low 90
cache_swap_high 95

Diese Optionen bestimmen die untere und obere Wassermarke (*Watermark*) für die Füllung des Caches, in Prozent. Wird die untere Marke (`cache_swap_low`) überschritten, beginnt Squid entsprechend der `cache_replacement_policy` Objekte aus dem Cache zu entfernen. Wird die obere Marke (`cache_swap_high`) erreicht, erfolgt die Räumung aggressiver. Wenn die untere Marke unterschritten ist, wird der Prozess beendet.

Standard sind 90% und 95%. Die Differenz von 5% kann bei sehr großem Cache mehrere hundert MB ausmachen. In diesem Fall sollten Sie die Werte enger zusammenlegen.

maximum_object_size 4096 KB

Bestimmt die maximale Objektgröße im Cache. Das heißt, Objekte, die größer sind als hier angegeben, werden *nicht* im Cache abgelegt.

Ein Wert ohne Maßangabe wird in KB angenommen.

Ein relativ kleiner Wert führt zu höheren Objekt-Hitraten und damit i.d.R. zu etwas besserer Geschwindigkeit. Ein höherer Wert führt zu einer höheren Byte-Hitrate und reduziert die nötige Bandbreite.

Hinweis: Wenn als Ersetzungsverfahren (`cache_replacement_policy`) LFUDA angegeben wird, sollte dieser Wert höher gesetzt werden.

ab Squid 2.3 **minimum_object_size** 0 KB

Objekte, die kleiner als der hier angegebene Wert sind, werden *nicht* im Cache gespeichert. 0 KB bedeutet, dass Objekte aller Größen im Cache gehalten werden können. Werte ohne Größeneinheit werden in KB angenommen.

ab Squid 2.4 **maximum_object_size_in_memory** 8 KB

Diese Option entspricht in der Funktion der `maximum_object_size`, bezieht sich jedoch auf den Cache im Hauptspeicher (`cache_mem`). Objekte, die größer sind als hier angegeben, werden nicht im Hauptspeicher gecacht.

ipcache_size 1024

Hiermit wird die maximale Anzahl der IP-Cache-Einträge bestimmt. Ein höherer Wert kann die Anzahl der von Squid veranlassten DNS-Anfragen reduzieren.

5.3 Cache-Optionen

ipcache_low 90

ipcache_high 95 Diese Optionen bestimmen die untere und obere Wassermarke (*Watermark*) für die Füllung des IP-Caches in Prozent. Wird die untere Marke (`ipcache_low`) überschritten, beginnt Squid, IP-Adressen aus dem Cache zu entfernen. Wird die obere Marke (`ipcache_high`) erreicht, erfolgt die Löschung aggressiver. Wenn die untere Marke unterschritten ist, wird der Prozess beendet.

Standardwerte sind 90% und 95%.

fqdncache_size 1024

Bestimmt die max. Anzahl der FQDN-Cache-Einträge (FQDN = Full Qualified Domain Name). Ein höherer Wert kann die Anzahl der von Squid veranlassten DNS-Anfragen reduzieren.

cache_replacement_policy lru   *ab Squid 2.4*

Diese Option bestimmt, nach welchem Verfahren Objekte aus dem Cache entfernt werden, wenn Speicherplatz für neue Objekte benötigt wird.

Gültige Verfahren sind:

`lru`: least recently used (Squid-Originalverfahren)

`heap GDSF`: Greedy-Dual Size Frequency

`heap LFUDA`: Least Frequently Used with Dynamic Aging

`heap LRU`: erweitertes lru-Verfahren

LRU behält die zuletzt angefragten Objekte im Cache, unabhängig von Größe und Alter der Objekte.

heap GDSF optimiert die Objekt-Hitrate. Kleine, häufig angefragte Objekte werden auf Kosten großer, weniger häufig angefragter Objekte im Cache gehalten. Damit wird die Wahrscheinlichkeit eines Objekt-Hits gesteigert.

heap LFUDA optimiert die Byte-Hitrate. Häufig angefragte Objekte werden im Cache gehalten, selten angefragte werden freigegeben, unabhängig von deren Größe. Damit wird ein häufiger angefragtes, großes Objekt ggf. auf Kosten vieler kleiner Objekte im Cache gehalten. Damit steigt die Byte-Hitrate auf Kosten der Objekt-Hitrate.

Das ausgewählte Verfahren wird auf jedes in `cache_dir` angegebene Cache-Verzeichnis angewendet.

Hinweis: Für das LFUDA-Verfahren sollte unbedingt die `maximum_object_size` (Standard: 4096 KB) erhöht werden, um die mögliche Byte-Hitrate zu maximieren.

memory_replacement_policy lru   *ab Squid 2.4*

Diese Option bestimmt, nach welchem Verfahren Objekte aus dem Hauptspeicher entfernt werden, wenn Speicherplatz benötigt wird.

Gültige Verfahren sind: LRU, GDSF und LFUDA.
Die Beschreibung der Verfahren finden Sie unter *cache_replacement_policy*.

5.4 Verzeichnisse und Pfadnamen

In diesem Abschnitt werden die Verzeichnisse und Dateinamen festgelegt, auf die Squid im laufenden Betieb zugreifen wird, um z. B. seinen Cache anzulegen oder Logfiles zu schreiben.

Beachten Sie, dass Squid i.d.R. unter einem normalen Benutzer läuft (siehe cache_effective_user) und dieser auch entsprechende Berechtigungen in den angegebenen Verzeichnissen benötigt.

In der Datei squid.conf finden Sie diese Optionen unter:

```
# LOGFILE PATHNAMES AND CACHE DIRECTORIES
# ----------------------------------------
```

Die Type-Angabe (Standard: ufs) wurde erst ab Squid 2.3 hinzugefügt.

cache_dir ufs /usr/local/squid/var/cache 100 16 256

Hiermit wird der eigentliche (Platten-)*Cache* des Proxys festgelegt.

Syntax: `cache_dir` *type directory fs-specific-data [options]*

Es können mehrere `cache_dir`-Zeilen angegeben werden, um den Cache auf mehrere (auch unterschiedliche) Partitionen und Dateisysteme zu verteilen.

type bestimmt die Art des Speichersystems. Standardmäßig ist nur ufs installiert. Andere Typen können beim Installieren von Squid mit der Option --enable-storeio eingebunden werden.

directory ist das Stammverzeichnis, in dem ein Cache angelegt werden soll. Das Verzeichnis *muss* existieren, und es muss für Squid (cache_effective_user) *beschreibbar* sein. Wenn eine ganze Platte als Cache genutzt werden soll, ist dies der Mountpoint der Platte.

Die weiteren typabhängigen Optionen werden im Folgenden erläutert:

ufs

ufs ist der Standardtyp für Squid, der in jedem Fall zur Verfügung steht.

Syntax: `cache_dir` ufs *directory MB L1 L2 [options]*

MB bestimmt die maximale Größe des unter diesem Verzeichnis anzulegenden Caches in Megabyte. Standardwert ist 100 MB.

L1 ist die Anzahl der First-Level-Unterverzeichnisse. Diese Anzahl von Verzeichnissen wird direkt unter `directory` angelegt. Standard: 16.

L2 ist die Anzahl von Second-Level-Unterverzeichnissen. Diese Anzahl von Verzeichnissen wird in *jedem* First-Level-Verzeichnis angelegt. Standard: 256.

aufs

`aufs` nutzt das gleiche Speicherformat wie `ufs`, allerdings unter Benutzung von POSIX-Threads, um ein Blockieren des Squid-Prozesses bei der Plattennutzung (disk-I/O) zu verhindern. In früheren Squid-Versionen wurde dies als *async-io* bezeichnet.

Syntax: `cache_dir aufs directory MB L1 L2 [options]`

Für die weiteren Optionen siehe *ufs*.

diskd *ab Squid 2.4*

`diskd` nutzt ebenfalls das gleiche Speicherformat wie `ufs`, allerdings mit separaten Prozessen, um ein Blockieren des Squid-Prozesses bei der Plattennutzung (disk-I/O) zu vermeiden.

Syntax:

`cache_dir diskd maxobjsize directory MB L1 L2 [options] [Q1] [Q2]`

Für die weiteren Optionen siehe *ufs*.

Q1 gibt die Anzahl unbeantworteter I/O-Requests an, ab der Squid das Öffnen neuer Dateien stoppt. Wenn mehr als die angegebene Anzahl von Messages in der Queue anstehen, werden keine neuen Daten mehr geöffnet. Standardwert: 64

Q2 gibt die Anzahl unbeantworteter Messages an, ab der Squid weitere Anfragen sperrt. Standardwert: 72.

Weitere Optionen (anzugeben anstelle von `[options]`):

- `read-only`   Dieses `cache_dir`-Verzeichnis ist schreibgeschützt.
- `max-size=n`   Gibt die maximale Größe von Objekten an, die in diesem Verzeichnis gespeichert werden können.

  Für eine optimale Ausnutzung dieser Option sollten die `cache_dir`-Zeilen so angeordnet werden, dass das Verzeichnis mit der kleinsten maximalen Objektgröße oben steht und ein Verzeichnis ohne Größenbeschränkung ganz unten.

null *ab Squid 2.4*

`null` kann benutzt werden, um einen reinen Proxyserver ohne Cache zu betreiben.

Hiermit wird *kein* Plattenplatz für Cache verwendet. Ein Verzeichnis muss allerdings angegeben werden, da dieses als Arbeitsverzeichnis genutzt wird.

Beispiel: `cache_dir null /var/squid/cache`

cache_access_log /usr/local/squid/var/logs/access.log

Bestimmt Verzeichnis und Dateiname für die Datei, in die alle Client-Zugriffe (HTTP oder ICP) geschrieben werden (siehe auch Abschnitt 12.5.5). Um die Protokollierung abzuschalten, geben Sie none an.

cache_log /usr/local/squid/var/logs/cache.log

Bestimmt Verzeichnis und Dateiname für die Datei, in die generelle Betriebsinformationen zu Squid geschrieben werden (siehe auch Abschnitt 12.5.2).

Die Informationstiefe der Logdatei wird durch die Option `debug_options` (Seite 54) bestimmt.

cache_store_log /usr/local/squid/var/logs/store.log

Gibt Verzeichnis und Dateiname für das Logfile des Speichermanagers an. Hier werden alle Aktivitäten des Speichermanagers (Hinzufügen und Entfernen von Objekten im Cache) protokolliert.

Da es zurzeit kaum Programme zur Auswertung dieser Logdatei gibt, kann sie ohne weiteres abgeschaltet werden.

Um die Protokollierung abzuschalten, geben Sie none an.

cache_swap_log

Gibt Verzeichnis und Dateiname für die Metadaten der Cache-Objekte an.

Die Metadaten der Cache-Objekte werden beim Start von Squid in den Hauptspeicher eingelesen.

Diese Datei liegt standardmäßig im Stammverzeichnis jedes mit `cache_dir` eingerichteten Cache-Verzeichnisses.

Sie können hiermit auch ein anderes Verzeichnis für die Metadaten angeben. Die Dateien sind entgegen dem Namen dieser Option keine Logdateien im eigentlichen Sinne und können daher auch nicht mit *logrotate* rotiert werden.

Es muss hier immer ein vollständiger Dateiname angegeben werden. Die Variable %s kann im Dateinamen benutzt werden, um an dieser Stelle den Namen des `cache_dir` einzufügen. Es wird dabei der in `cache_dir` angegebene Pfad eingefügt, wobei jeder »/« durch ein ».« ersetzt wird.

Ist kein %s angegeben, wird bei mehreren `cache_dir`-Zeilen für jedes Verzeichnis eine durchnummerierte Datei angelegt. Beispiel:

`cache_swap_log.00`
`cache_swap_log.01`
`cache_swap_log.02`

5.4 Verzeichnisse und Pfadnamen

Die Nummern entsprechen der Reihenfolge der `cache_dir`-Zeilen in der Datei *squid.conf*.

Hinweis: Die Benutzung dieser Option wird nicht empfohlen! Es sind z. B. bei nummerierten Dateien und bei einer Änderung der Reihenfolge der `cache_dir`-Zeilen die Zuordnungen zu den Metadaten nicht mehr konsistent, wenn nicht auch die zugehörigen `cache_swap_log`-Dateien umbenannt werden.

emulate_httpd_log off

Squid führt standardmäßig eine Squid-spezifische Logdatei. Squid kann diese Logdatei jedoch auch im Format eines HTTP-(Web-)Servers führen, so dass für die Logauswertung die gleichen Programme wie für Webserver verwendet werden können.

Um das HTTP-Server-Logformat einzustellen, setzen Sie diese Option auf `on`.

Bedenken Sie jedoch, dass dabei einige proxyspezifische Informationen verloren gehen.

log_ip_on_direct on   *ab Squid 2.4*

Es wird bei direkten Zugriffen die Ziel-IP-Adresse an der Stelle des Hierarchy-Codes in die Logdatei geschrieben. Alte Squid-Versionen haben an dieser Stelle den Host-Namen eingefügt. Wenn Sie die alte Einstellung nutzen wollen, setzen Sie diese Option auf `off`.

mime_table /usr/local/squid/etc/mime.conf

Gibt den Verzeichnis- und Dateinamen für Squids MIME-Type-Tabelle an.

log_mime_hdrs off

Squid kann sowohl die Anfrage- wie auch die Antwort-MIME-Typen für jede HTTP-Übertragung protokollieren.

Die Daten werden in eckige Klammern an das Ende der Zeilen in der Datei *access.log* geschrieben.

Um die Option einzuschalten, geben Sie hier `on` an.

useragent_log

Hinweis: Diese Option ist nur verfügbar, wenn Squid mit der Option `--enable-useragent-log` installiert wurde.

Wenn hier ein Pfad und Dateiname angegeben wird, werden die Daten des User-Agent-Feldes im Header der Anfragen in die hier angegebene Datei geschrieben.

User-Agent enthält Informationen über den verwendeten Browser und das Betriebssystem des Clients.

referer_log   *ab Squid 2.4*

Hinweis: Diese Option ist nur verfügbar, wenn Squid mit der Option `--enable-referer-log` installiert wurde.

Wenn hier ein Pfad und Dateiname angegeben wird, werden die Daten des Referer-Feldes im Header der Anfragen in die hier angegebene Datei geschrieben.

Referer gibt i.d.R. die Seite an, von welcher der Client kommt, d. h. von der aus auf das aktuell angeforderte Objekt verlinkt wurde. Diese Angaben sind normalerweise nur für Webserver von Interesse, weniger jedoch für Proxys, es sei denn, Sie benutzen ihn als Reverse-Proxy.

pid_filename /usr/local/squid/var/logs/squid.pid

Diese Option bestimmt Pfad und Namen einer Datei, in der die Prozessnummer des root-Prozesses von Squid geschrieben wird. Um die Datei nicht zu erzeugen, geben Sie none an.

debug_options ALL,1

Mit dieser Option können Sie gezielt einzelne Operationen detailliert loggen lassen.

Sie geben dabei durch Komma getrennt an, was geloggt werden soll (Debug-Section) und in welcher Ausführlichkeit (Debug-Level).

Eine Auflistung der verfügbaren Debug-Sections finden Sie im Anhang [G]. Für den Debug-Level kann ein Wert von 0 (kein Logging) bis 9 (maximales Logging) angegeben werden.

Es können mehrere Optionen durch Leerraum getrennt angegeben werden.

Beispiel: `debug_options ALL,1 78,9`

Im o.g. Beispiel werden alle Debug-Sektionen auf minimales Logging (`ALL,1`) und DNS-Lookups (Debug-Section: 78) auf maximales Logging (Level: 9) eingestellt. Es werden also nur DNS-Anfragen des Proxys ausführlich protokolliert (78,9).

ACHTUNG:

Ein vollständiges Debugging (`ALL,9`) führt sehr schnell zu sehr großen Logfiles!

log_fqdn off

Hiermit können Sie ein vollständiges FQDN-Logging einschalten. Wird diese Option auf on gesetzt, wird Squid versuchen, alle IP-Adressen in access.log per *Reverse DNS-Lookup* in voll qualifizierte Domainnamen aufzulösen.

Diese zusätzlichen DNS-Anfragen können bei hoher Last auch zu längeren Antwortzeiten führen.

client_netmask 255.255.255.255

Gibt eine Maske zum Anonymisieren von Client-Adressen an.

Standardmäßig werden die IP-Adressen der Clients im Logfile vollständig protokolliert. Um diese Adressen zu anonymisieren, kann mithilfe dieser Maske die IP-Adresse gekürzt werden.

Beispiel: `client_netmask 255.255.255.0`
Setzt das letzte Oktett der IP-Adresse auf »0«. Es werden also nur Class-C-Netzadressen geloggt.

5.5 Optionen für externe Programme

Squid bietet die Möglichkeit, zusätzliche Funktionen über externe Programme, die nicht zum Squid-Paket gehören, einzubinden. Die folgenden Optionen binden solche externen Programme ein und beeinflussen deren Funktion.

In der Datei squid.conf finden Sie diese Optionen unter:

```
# OPTIONS FOR EXTERNAL SUPPORT PROGRAMS
# ------------------------------------
```

ftp_user Squid@
: Diese Option bestimmt die E-Mail-Adresse, die als Passwort für anonyme FTP-Logins verwendet wird.
Einige streng kontrollierende FTP-Server prüfen auch bei anonymem FTP das eingegebene Passwort auf eine gültige Maildomain. Sie sollten daher an dieser Stelle möglichst auch eine gültige E-Mail-Adresse eintragen, um Probleme mit restriktiven Servern auszuschließen.

ftp_list_width 32
: Bestimmt die Breite von FTP-Listen.
Wenn Squid ein FTP-Listing erstellt, wird es in der hier angegebenen Breite dargestellt. Der Wert sollte der Zeilenbreite der bei Ihnen standardmäßig genutzten Browser entsprechen. Zu kleine Werte können lange Dateinamen abschneiden, zu große Werte führen zu horizontalem Scrollen im Browser.

ftp_passive on
: Bestimmt die Art von FTP-Zugriffen.
Wenn Ihre Firewall z. B. kein passives FTP erlaubt, können Sie dies hiermit abschalten. Squid wird dann aktives FTP benutzen.
Syntax: `ftp_passive on|off`

ftp_sanitycheck on
: Squid schaltet bei FTP-Verbindungen standardmäßig den *Sanitycheck* ein, um sicherzustellen, dass FTP-Daten von derselben IP-Adresse kommen wie der Verbindungsaufbau. Um Datenverbindungen auch von anderen IP-Adressen zuzulassen (wird bei einigen Servern mit Load-Balancing benötigt), können Sie mit dieser Option die Prüfung ausschalten.

Syntax: `ftp_sanitycheck on|off`

ab Squid 2.5 **ftp_telnet_protocol** on

Das FTP-Protokoll nutzt per Definition für die Steuerverbindung das Telnet-Protokoll. Einige fehlerhafte Implementierungen von FTP-Servern haben jedoch ein Problem damit. Wenn Sie z. B. Probleme mit Dateien haben, die den ASCII-Code 255 enthalten, können Sie dies ggf. umgehen, indem Sie diese Option auf `off` setzen.

Syntax: `ftp_telnet_protocol on|off`

cache_dns_program

Hinweis: Diese Option ist nur verfügbar, wenn Squid mit der Option `--disable-internal-dns` installiert wurde.

Gibt das Verzeichnis für die ausführbaren Dateien zum DNS-Lookup an.

dns_children 5

Hinweis: Diese Option ist nur verfügbar, wenn Squid mit der Option `--disable-internal-dns` installiert wurde.

Gibt die Anzahl der zu startenden DNS-Lookup-Prozesse an.

Für hoch frequentierte Proxys sollte dieser Wert erhöht werden. Maximum ist 32.

ab Squid 2.4 **dns_retransmit_interval** 5

Anfängliches Zeitintervall für erneute DNS-Anfragen, wenn kein DNS-Server erreichbar war.

Dieses Intervall wird nach jedem erfolglosen Durchlauf aller konfigurierten DNS-Server verdoppelt.

Werte werden in Sekunden angegeben.

ab Squid 2.4 **dns_timeout** 5

Bestimmt den DNS Query-Timeout.

Wenn innerhalb dieser Zeit keine Antwort auf eine DNS-Anfrage empfangen wird, geht Squid davon aus, dass alle DNS-Server nicht erreichbar sind.

Werte werden in Minuten angegeben.

dns_defnames off

Hinweis: Diese Option ist nur verfügbar, wenn Squid mit der Option `--disable-internal-dns` installiert wurde.

Durch das Einschalten dieser Option werden *Single-Component Hostnames* (Domainnamen ohne Punkt) als lokale Adressen ausgewertet. Normalerweise werden solche Namen nicht ausgewertet.

Syntax: `dns_defnames on|off`

dns_nameservers

Hiermit kann eine Liste von DNS-Servern angegeben werden, die

5.5 Optionen für externe Programme

anstelle der DNS-Server des lokalen Resolvers (/etc/resolv.conf) verwendet werden sollen.
Beispiel: `dns_nameservers 10.0.0.1 192.172.0.4`

hosts_file /etc/hosts   *ab Squid 2.5*

Gibt Pfad- und Dateinamen der lokalen *hosts*-Datei an.

Diese Datei (i.d.R. /etc/hosts) enthält DNS-unabhängige Zuweisungen von IP-Adressen zu Namen.

Wenn keine lokale *hosts*-Datei benutzt werden soll, kann hier `none` angegeben werden.

diskd_program

Gibt Verzeichnis- und Dateinamen des *diskd*-Programms an.

Die Angabe ist nur sinnvoll, wenn Squid mit dem *diskd*-Speichermodul installiert wurde. Siehe auch `cache_dir` auf Seite 50.

unlinkd_program /usr/local/squid/libexec/unlinkd

Gibt Verzeichnis- und Dateinamen des *unlinkd*-Programms (für das Löschen abgelaufener Objekte) an.

pinger_program

Gibt Verzeichnis- und Dateinamen des *pinger*-Programms (für ICMP-Pings) an.

Diese Option steht nur zu Verfügung, wenn Squid mit der Option `--enable-icmp` installiert wurde.

redirect_program

Gibt den Pfad und Namen eines externen Programms (den Redirector) an, an das alle Anfragen (URLs) vor der Ausführung durch Squid weitergeleitet werden. Die Rückantwort (URL) dieses Programms wird dann von Squid weiter bearbeitet.

redirect_children 5

Gibt die Anzahl der Prozesse an, die Squid startet. Das heißt, das *redirect_program* wird entsprechend oft parallel gestartet, um die eingehenden URLs zu bearbeiten.

Werden zu wenige Prozesse gestartet, müssen Anfragen ggf. verzögert werden, bis wieder ein Prozess frei ist. Werden zu viele Prozesse gestartet, werden unnötig viele Systemressourcen für ungenutzte Prozesse verbraucht.

redirect_rewrites_host_header on

Standardmäßig wird der Host:-Eintrag des Headers mit an den Redirector geschickt. Setzen Sie diese Option auf `off`, wird der Host:-Eintrag nicht mitgeschickt.

redirector_access

Hiermit können Access-Listen für den Redirector angegeben werden. Wenn hier etwas angegeben wird, werden nur die Anfragen an den Redirector weitergeleitet, für welche die Access-Listen zutreffend sind. Ist nichts angegeben, werden alle Anfragen weitergeleitet.

ab Squid 2.5 **auth_param**

Diese Option ermöglicht eine sehr variable Konfiguration verschiedenster Authentifizierungsprogramme.

Syntax: `auth_param` *scheme parameter* `[`*setting*`]`

Die Reihenfolge, in der Authentifizierungsabfragen an den Client übergeben werden, ist abhängig von der Reihenfolge der Authentifizierungsschemata in der Konfigurationsdatei.

Der MS Internet Explorer ist hier nicht RFC-konform [10]. Er wird das *Basic*-Schema verwenden, wenn dies als Erstes angegeben ist, auch wenn sicherere Schemata folgen.

Wenn ein Schema vollständig konfiguriert und gestartet ist, kann es während des Betriebs nicht mehr herausgenommen werden. Sie können ein Schema (auch das Hilfsprogramm selbst) jederzeit mit einem *reconfigure* ändern. Entfernen können Sie ein Schema jedoch nur mit einem *shutdown* und *restart* von Squid.

basic-Schema-Optionen:

Option: `program` *Kommandozeile*

Hiermit geben Sie die Kommandozeile und alle Optionen für das externe Hilfsprogramm an.

Dieses Programm muss in einer Endlosschleife Benutzernamen und Passworte entgegennehmen und ein OK oder ERR zurückliefern. Sie sollten dafür auch mindestens eine Access-Liste vom Typ `proxy_auth` definiert haben.

Beispiel:

`auth_param basic program /usr/local/squid/bin/ncsa_auth /usr/local/squid/etc/passwd`

Option: `children` *Anzahl*

Gibt die Anzahl der Authentifikator-Prozesse an, die gestartet werden sollen.

Werden zu wenige Prozesse gestartet, müssen Anfragen ggf. verzögert werden, bis wieder ein Prozess frei ist. Werden zu viele Prozesse gestartet, werden unnötig viele Systemressourcen für ungenutzte Prozesse verbraucht.

Beispiel:

`auth_param basic children 5`

Option: `realm` *Text für den Benutzer*

Der hier angegebene Text wird zusammen mit der Abfrage nach Benutzernamen und Passwort ausgegeben, damit der Benutzer weiß, wofür er sich authentifizieren muss.

5.5 Optionen für externe Programme

Beispiel:
auth_param basic realm *Squid proxy-caching web server*

Option: credentialsttl *timetolive*
Hiermit wird eine Time-to-live für Benutzerdaten angegeben. Für die hier angegebene Zeit wird eine extern überprüfte Benutzername-Passwort-Kombination zwischengespeichert.
Beispiel:
auth_param basic credentialsttl *2 hours*

digest-Schema-Optionen:

Option: program *Kommandozeile*
Hiermit geben Sie die Kommandozeile und alle Optionen für das externe Hilfsprogramm an.
Sie sollten dafür auch mindestens eine Access-Liste vom Typ proxy_auth definiert haben.
Beispiel:
auth_param digest program */usr/local/squid/bin* */digest_auth_pw* */usr/local/squid/etc/digpass*

Option: children *Anzahl*
Gibt die Anzahl der Authentifikator-Prozesse an, die gestartet werden sollen.
Werden zu wenige Prozesse gestartet, müssen Anfragen ggf. verzögert werden, bis wieder ein Prozess frei ist. Werden zu viele Prozesse gestartet, werden unnötig viele Systemressourcen für ungenutzte Prozesse verbraucht.
Beispiel:
auth_param digest children *5*

Option: realm *Text für den Benutzer*
Der hier angegebene Text wird zusammen mit der Abfrage nach Benutzername und Passwort ausgegeben, damit der Benutzer weiß, wofür er sich authentifizieren muss.
Beispiel:
auth_param digest realm *Squid proxy-caching web server*

Option: nonce_garbage_interval *timeinterval*
Gibt ein Zeitintervall an, in dem die den Clients zugewiesenen *Nonces* (Authentifizierungs-Tokens) auf ihre Gültigkeit überprüft werden.

Option: nonce_max_duration *timeinterval*
Bestimmt die maximale Gültigkeit eines *Nonce*.

Option: `nonce_max_count` *number*
Bestimmt, wie oft ein *Nonce* maximal benutzt werden darf, bis er verfällt.

Option: `nonce_strictness` on|off
Der Standardwert (on) bestimmt ein festes Inkrement von 1. off wird benötigt, wenn ein User-Agent andere *Nonce*-Zähler (z. B. 1, 2, 4, 6) erzeugt.

NTLM-Schema-Optionen:

Option: `program` *Kommandozeile*
Hiermit geben Sie die Kommandozeile und alle Optionen für das externe Hilfsprogramm an.
Sie sollten dafür auch mindestens eine Access-Liste vom Typ proxy_auth definiert haben.
Beispiel:
`auth_param ntlm program` */usr/local/squid/bin* `/ntlm_auth`

Option: `children` *Anzahl*
Gibt die Anzahl der Authentifikator-Prozesse an, die gestartet werden sollen.
Werden zu wenige Prozesse gestartet, müssen Anfragen ggf. verzögert werden, bis wieder ein Prozess frei ist. Werden zu viele Prozesse gestartet, werden unnötig viele Systemressourcen für ungenutzte Prozesse verbraucht.
Beispiel:
`auth_param ntlm children 5`

Option: `max_challenge_reuses` *number*
Bestimmt, wie oft ein vom NTLM-Authentifizierungsprogramm vergebener *Challenge* benutzt werden darf.
»0« besagt, dass jeder *Challenge* nur einmal verwendet werden kann (*Challenges* werden nicht im Cache gehalten).
Beispiel:
`auth_param ntlm max_challenge_reuses 0`

Option: `max_challenge_lifetime` *timespan*
Gibt die maximale Zeitspanne an, die ein vergebener *challenge* verwendet werden darf.
Beispiel:
`auth_param ntlm max_challenge_lifetime` *2 minutes*

Beispiel- und Mindestkonfiguration:
`# auth_param digest program` *Kommandozeile für digest*
`# auth_param digest children 5`

5.5 Optionen für externe Programme

```
# auth_param digest realm Squid proxy-caching web server
# auth_param digest nonce_garbage_interval 5 minutes
# auth_param digest nonce_max_duration 30 minutes
# auth_param digest nonce_max_count 50
# auth_param ntlm program Kommandozeile für ntlm
# auth_param ntlm children 5
# auth_param ntlm max_challenge_reuses 0
# auth_param ntlm max_challenge_lifetime 2 minutes
# auth_param basic program Kommandozeile für basic
auth_param basic children 5
auth_param basic realm Squid proxy-caching web server
auth_param basic credentialsttl 2 hours
```

authenticate_cache_garbage_interval 1 hour *ab Squid 2.5*

Bestimmt das Zeitintervall zwischen einer *Garbage Collection*[1] über den Benutzer-Cache. Der Wert ist ein Kompromiss zwischen Speicherauslastung (langes Intervall) und CPU-Last (kurzes Intervall). Der Standardwert (1 Stunde) sollte nur aus wichtigem Grund geändert werden.

authenticate_ttl 1 hour

Bestimmt die Zeit, die ein Benutzer mit seinen Logindaten im *User Cache* verbleibt, nachdem die letzte Anfrage eingegangen ist.

Nach Ablauf dieser Zeit werden die Benutzerdaten bei der nächsten *Garbage Collection* aus dem Speicher entfernt und der Benutzer muss sich bei der nächsten Anfrage erneut authentifizieren. Der Standardwert ist eine Stunde.

authenticate_ip_ttl

Mit dieser Option bestimmen Sie, wie lange eine Proxy-Authentifizierung eines Benutzers an eine bestimmte IP-Adresse gebunden bleibt.

Wenn innerhalb dieser Zeit ein Login mit den gleichen Benutzerdaten von einer anderen IP-Adresse eingeht, werden Anfragen *beider* Adressen zurückgewiesen, und beide Benutzer müssen sich erneut authentifizieren. Damit kann verhindert werden, dass mehrere Benutzer die gleichen Login-Daten benutzen.

Der Standardwert ist 0 und schaltet diese Prüfung ab.

Für Benutzer mit Einwahlverbindungen sollte dieser Wert nicht über 60 Sekunden liegen, um eine erneute Einwahl über einen anderen Port nicht zu behindern. Für Benutzer mit festen IP-Adressen kann der Wert deutlich höher liegen.

---

[1] Garbage Collection (= »Die Müllabfuhr«): Das Entfernen nicht mehr benötigter Einträge im Speicher.

ab Squid 2.5 **external_acl_type**

Diese Option definiert externe ACL-Typen.

Hierzu muss ein externes Hilfsprogramm angegeben werden, das anhand der übergebenen Argumente prüft, ob die Access-Liste zutrifft oder nicht, und entsprechend ein OK oder ERR zurückliefert.
Syntax:

`external_acl_type name [options] FORMAT.. /path/to/helper [helper arguments..]`

Eine vollständige Definition eines externen ACL-Typen verlangt folgende Angaben:

name: Der Name des ACL-Typs.

options:

ttl=n	TTL in Sekunden für zwischengespeicherte Ergebnisse (Standard: 3600 = 1 Stunde)
negative_ttl=n	TTL in Sekunden für zwischengespeicherte negative Ergebnisse (gleicher Standardwert)
concurrency=n	Anzahl der Prozesse, die gleichzeitig externe ACLs dieses Typs bearbeiten können.
cache=n	Größe des Ergebnis-Caches. Standardwert: 0 = unbegrenzt

FORMAT:

Die Formatierung der an das Hilfsprogramm zu übergebenden Daten:

%LOGIN	Authentifizierter Benutzer (Login-Name)
%IDENT	Ident Benutzername
%SRC	Client-IP-Adresse
%DST	Angefragter Host
%PROTO	Verwendetes Protokoll der Anfrage (HTTP, FTP ...)
%PORT	Angefragte Portnummer
%METHOD	Angefragte Methode (z. B. GET)
%{Header}	HTTP-Kopf der Anfrage (Header)
%{Hdr:member}	HTTP-Request-Header-Listenmitglied
%{Hdr:;member}	HTTP request header Listenmitglied, wobei ein »;« als Trennzeichen benutzt wird. Als Trennzeichen kann jedes *nicht-*alphanumerische Zeichen dienen.

Das Hilfsprogramm empfängt Zeilen im o.g. Format und gibt eine Zeile zurück, die mit OK oder ERR beginnt und ggf. um weitere Schlüsselwörter ergänzt wird.

Syntax der Rückgabezeile: OK|ERR keyword=value ...
Die Schlüsselwörter (Keyword) können sein:
user = der Benutzername (Login)
error= Fehlerbeschreibung (nur wenn der Rückgabewert ERR ist)

5.6 Optionen zur Optimierung des Proxys

In diesem Abschnitt werden hauptsächlich Optionen behandelt, die der Optimierung des Proxys dienen. Dies betrifft insbesondere Größenbeschränkungen, Cache-Algorithmen oder Abbruchbedingungen für Serververbindungen.

In der Datei squid.conf finden Sie diese Optionen unter:

```
# OPTIONS FOR TUNING THE CACHE
# ----------------------------
```

wais_relay_host
   Gibt einen Host-Namen an, an den WAIS-Anfragen weitergeleitet werden.

wais_relay_port
   Bestimmt den Port des o.a. Host.

request_header_max_size 10 KB *ab Squid 2.3*
   Hiermit wird die maximale Größe eines HTTP-Headers einer Anfrage festgelegt.
   Normalerweise haben Header eine Größe von einigen hundert Byte. Diese Option dient dazu, fehlerhafte Anfragen, z. B. durch fehlerhafte Client-Software oder einen DoS-Angriff[2] abzufangen.

request_body_max_size 0 KB *ab Squid 2.3*
   Analog zu request_header_max_size wird hiermit die maximale Größe des Datenteils einer Anfrage (Request-Body) bestimmt.
   Im Body einer Anfrage werden u. a. die Daten für ein PUT und POST (z. B. aus Formularen) gesendet. Hiermit wird also die maximale Größe der per PUT oder POST gesendeten Daten bestimmt. Ist der Datenteil größer als hier angegeben, erhält der Absender die Fehlermeldung, dass die Anfrage ungültig ist (Invalid Request).
   Der Standardwert von 0 bedeutet *keine* Beschränkung.

---

[2] DoS = »Denial of Service« ist eine Angriffsmethode auf Server, mit der durch eine Überzahl von Anfragen oder bewusst fehlerhafte Anfragen ein Dienst blockiert oder zum Absturz gebracht werden soll.

refresh_pattern

Syntax: refresh_pattern [-i] *regex min percent max [options]*
regex ist ein regulärer Ausdruck, der als URL-Filter bestimmt, für welche Anfragen die folgenden Einstellungen gültig sind.
Standardmäßig wird bei regulären Ausdrücken Groß-/Kleinschreibung unterschieden. Mit der Option -i wird Groß-/Kleinschreibung für den folgenden regulären Ausdruck *nicht* berücksichtigt.
min gibt die Zeit (in Minuten) an, die Objekte ohne ausdrückliches Verfallsdatum mindestens als aktuell (*fresh*) betrachtet werden.
percent ist der Prozentsatz des Objektalters (Zeit seit der letzten Änderung), die Objekte ohne ausdrückliches Verfallsdatum mindestens als aktuell (*fresh*) betrachtet werden.
max ist der maximale Zeitraum, den Objekte ohne ausdrückliches Verfallsdatum als aktuell (*fresh*) betrachtet werden.
options beinhaltet eine oder mehrere der folgenden Optionen, durch Leerraum getrennt:

override-expire	erzwingt die unter min angegebene Mindesthaltbarkeit, auch wenn ein Expires: im Header gesendet wurde.
override-lastmod	erzwingt die unter min angegebene Mindesthaltbarkeit, auch wenn das Objekt häufig geändert wird.
reload-into-ims	ändert eine no-cache- oder reload-Anfrage in ein If-Modified-Since.
ignore-reload	ignoriert ein no-cache oder reload in einer Anfrage.

Hinweis: Alle o.g. Optionen verstoßen gegen die HTTP-Konventionen und sollten daher nur als Ausnahme im Einzelfall oder für ganz spezielle URLs genutzt werden.
Die refresh_pattern-Zeilen werden der Reihe nach durchlaufen. Es gilt die erste Zeile, deren regulärer Ausdruck (regex) zutrifft.

ab Squid 2.5 keine Standardvorgaben mehr

Wenn keine Zeile zutrifft, gelten die u.g. Standardwerte.
Beispiel und empfohlene (Standard-)Werte:
refresh_pattern ^ftp: 1440   20%   10080
refresh_pattern ^gopher: 1440   0%   1440
refresh_pattern .   0   20%   4320

quick_abort_min 16 KB

Wenn nach einer Anfrage eines Benutzers die Übertragung des Objekts vom Benutzer abgebrochen wird (z. B. durch Klick auf eine andere Seite, bevor die aktuelle zu Ende geladen ist), wird das Objekt vom Proxy vollständig in den Cache geladen, wenn weniger als `quick_abort_min` noch zu laden sind.

quick_abort_max 16 KB

Wenn nach einem Abbruch des Benutzers noch mehr als `quick_abort_max` Daten zu laden sind, wird auch der Proxyserver das Laden des Objekts abbrechen.

quick_abort_pct 95

Wenn nach einem Abbruch des Benutzers bereits mehr als `quick_abort_pct` Prozent des Objekts geladen sind, wird der Proxyserver das Objekt vollständig laden.

Wenn Sie grundsätzlich keine Vervollständigung wünschen, geben Sie für `quick_abort_min` und `quick_abort_max` jeweils 0 KB an.

Wenn grundsätzlich jedes Objekt zu Ende geladen werden soll, setzen Sie `quick_abort_min` auf -1 KB.

negative_ttl 5

Bestimmt die Time-to-Live (TTL) für Anfragen, die fehlgeschlagen sind.

Fehlermeldungen wie z. B. »connection refused« oder »404 Not Found« werden die hier angegebene Zeit (in Minuten) im Cache gehalten, d. h., vom Proxyserver bei erneuten Anfragen mit dem gleichen Fehler beantwortet.

positive_dns_ttl 360

Bestimmt die Time-to-Live (TTL) für positive DNS-Anfragen.

Positive Ergebnisse von DNS-Anfragen werden die hier angegebene Zeit im *ipcache* von Squid gehalten.

Standardwert: 6 Stunden (360 Minuten).

negative_dns_ttl 5

Bestimmt die Time-to-Live (TTL) für negative DNS-Anfragen.

Negative Ergebnisse von DNS-Anfragen (z. B. »Non-existent host/domain«) werden die hier angegebene Zeit im *ipcache* von Squid gehalten.

Standardwert: 5 Minuten.

range_offset_limit 0

Wenn eine Anfrage einen *Range Offset* enthält (Anfrage nach einem Teil eines Objekts z. B. alles ab 2 MB), bestimmt diese Option, wie Squid die Anfrage verarbeitet.

Wenn der angefragte Bereich des Objekts über dem hier angegebenen liegt, wird die Anfrage unverändert weitergeleitet. Es wird also nur der angefragte Bereich geladen.

Ist der angefragte Bereich kleiner als der hier angegebene, so wird das Objekt vollständig geladen (und kann ggf. im Cache abgelegt werden). Der Client bekommt – wie gewünscht – die Daten ab dem angefragten Bereich.

Ein Wert von -1 bestimmt, dass jedes Objekt von Anfang an geladen wird.
Der Standardwert von 0 lädt immer nur den vom Client angeforderten Bereich.
Beispiel: `range_offset_limit` *100 KB*

5.7 Timeouts

Im folgenden Abschnitt sind Timeouts (Zeitbegrenzungen) für unterschiedliche Prozesse definiert. Timeouts haben einen entscheidenden Einfluss auf die Performance von Squid (positiv wie auch negativ). Sie sollten die Standardwerte daher nicht ohne fundierten Grund verändern.

In der Datei squid.conf finden Sie diese Optionen unter:

```
# TIMEOUTS
# --------
```

ab Squid 2.5   **forward_timeout** 4 minutes
> Diese Option bestimmt, wie lange Squid versucht, eine Anfrage weiter zu leiten, bis der Versuch abgebrochen wird.
> Der Standardwert ist 2 Minuten.

connect_timeout 120
> Diese Option bestimmt, wie lange Squid auf einen vollständigen TCP-Verbindungsaufbau zu einem Server wartet. Innerhalb dieser Zeit (Standard: 2 Minuten) muss die Verbindung zum Server aufgebaut sein.

ab Squid 2.3   **peer_connect_timeout** 30
> Diese Option bestimmt, wie lange Squid auf einen vollständigen TCP-Verbindungsaufbau zu einem Nachbar-Proxy wartet. Der Standardwert hierfür ist 30 Sekunden.
> Dieser Wert gilt für *alle* Nachbar-Proxys. Er kann jedoch auch individuell für jeden Nachbarn eingestellt werden. Nutzen Sie hierfür die `connect-timeout`-Option in der `cache_peer`-Zeile.

read_timeout 15
> Bestimmt den Timeout für lesende Verbindungen zu anderen Servern.
> Wenn innerhalb der hier definierten Zeit (Standardwert: 15 Minuten) keine Daten mehr empfangen wurden, wird die Verbindung abgebrochen, und der Client bekommt die Fehlermeldung `ERR_READ_TIMEOUT`.

5.7 Timeouts

request_timeout 5
: Bestimmt, wie lange nach einem erfolgreichen TCP-Verbindungsaufbau eines Clients auf eine HTTP-Anfrage gewartet wird (Standard: 5 Minuten).

persistent_request_timeout 1 minute *ab Squid 2.5*
: Bestimmt die Zeitspanne, in der bei einer *Persistent Connection* zu einem Client auf Folgeanfragen gewartet wird, bis die TCP-Verbindung zum Client geschlossen wird.

client_lifetime 1440
: Bestimmt, wie lange ein Client maximal den Squid-Prozess belegen darf.

Diese Option soll Squid vor zu vielen nicht mehr genutzten, aber auch nicht korrekt beendeten Verbindungen schützen. Der Wert sollte also höher liegen als die maximal übliche Verbindungszeit eines Clients.

Standardwert: 1 Tag (1440 Minuten)

half_closed_clients on
: Bestimmt, wie Squid mit halb geschlossenen Verbindungen umgeht.

Einige Clients beenden die sendende Seite einer TCP-Verbindung, lassen jedoch die empfangende Seite offen. Squid kann dies nicht von einer vollständig geschlossenen Verbindung unterscheiden.

Mit on wird bestimmt, dass Squid die Verbindung hält, bis beim Lesen oder Schreiben in dieser Verbindung ein Verbindungsfehler gemeldet wird.

off bestimmt, dass die Verbindung beendet, sowie beim Lesen (read(2)) ein »no more data to read« zurückgegeben wird.

pconn_timeout 120
: Timeout für *Persistent Connections* zu Servern und Nachbar-Proxys. Innerhalb dieser Zeit wird für Folgeanfragen die gleiche TCP-Verbindung genutzt.

Der Wert wird in Sekunden angegeben.

ident_timeout 10 *ab Squid 2.2*
: Bestimmt die maximale Wartezeit für eine Antwort auf eine IDENT-Abfrage.

Der Wert wird in Sekunden angegeben.

shutdown_lifetime 30
: Wenn Squid die Aufforderung zum Shutdown erhält (SIGTERM oder SIGHUP), nimmt er keine neuen Verbindungen mehr an und wartet, bis die vorhandenen Verbindungen abgebaut sind.

Diese Option bestimmt, wie lange Squid maximal warten soll, bis er die restlichen Verbindungen von sich aus unterbricht und

herunterfährt. Alle dann noch aktiven Clients bekommen eine Timeout-Fehlermeldung.
Der Wert wird in Sekunden angegeben.

5.8 Optionen für Zugriffskontrollen

Mit diesen Optionen werden die Zugriffe auf alle von Squid genutzten Ports geregelt. Eine detaillierte Beschreibung der Möglichkeiten zur Zugriffskontrolle und zu dem Zusammenspiel dieser Optionen finden Sie in Kapitel 6. Hier werden die einzelnen Optionen nur noch einmal kurz beschrieben.

In der Datei squid.conf finden Sie diese Optionen unter:

```
# ACCESS CONTROLS
# ---------------
```

acl
> Hiermit wird eine Access-Liste definiert.
> Syntax:
> acl *aclname acltype string1* ...
> acl *aclname acltype "filename"* ...
> *aclname* : Beliebiger Name der Access-Liste
> *acltype* : Typ der Access-Liste (z. B. src, dst, proto ...)
> Die einzelnen ACL-Typen und Optionen sind in Kapitel 6, Abschnitt 6.2, detailliert erläutert.
> Beispiel: acl ALL src 0.0.0.0

http_access deny all
> Erlaubt oder verbietet einen Zugriff auf den HTTP-Port von Squid anhand von Access-Listen.
> Syntax: http_access allow|deny [!]*aclname* ...

ab Squid 2.5 http_reply_access allow all
> Erlaubt oder verbietet Squid, eine Antwort (Reply) an den Client zu senden (ergänzend zu http_access).

icp_access deny all
> Erlaubt oder verbietet einen Zugriff auf den ICP-Port von Squid anhand von Access-Listen.
> Syntax: icp_access allow|deny [!]*aclname* ...

miss_access allow all
> Erlaubt oder verbietet Nachbar-Proxys Anfragen nach Objekten, die sich nicht im Cache befinden.

Damit können Nachbarbeziehungen eingeschränkt werden, z. B. dass Nachbarn diesen Proxy als *Sibling* benutzen können, aber nicht als *Parent*.

cache_peer_access
Diese Option entspricht dem `cache_peer_domain` [5.2], bietet jedoch mehr Flexibilität durch die Verwendung von Access-Listen.
Syntax: `cache_peer_access cache-host allow|deny [!]aclname ...`
Als *cache-host* wird der Nachbar angegeben, für den diese ACL gelten soll.

ident_lookup_access deny all *ab Squid 2.2*
Mit dieser Option werden ACLs festgelegt, bei deren Zutreffen ein Ident-Lookup [5] erforderlich ist.

tcp_outgoing_tos *ab Squid 2.5*
Diese Option ermöglicht die Angabe eines TOS (Type of Service) für bestimmte ausgehende Verbindungen.
Syntax: `tcp_outgoing_tos ds-field [!]aclname ...`
TOS/DSCP-Werte sind in [7] definiert.

tcp_outgoing_address *ab Squid 2.5*
Bestimmt die Absenderadresse ausgehender Verbindungen anhand einer ACL.
Syntax: `tcp_outgoing_address ipaddr [[!]aclname] ...`

reply_header_max_size 4 KB *ab Squid 2.5*
Hiermit kann die Größe des Antwort-Headers begrenzt werden. Antwort-Header sind i.d.R. relativ klein. Hiermit kann verhindert werden, dass es durch fehlerhafte Server oder Angriffsversuche zu Überläufen kommt.

reply_body_max_size 0 allow all *ab Squid 2.3 (nur Größenangabe), ab Squid 2.5 auch Mehrfachangaben über ACLs*
Hiermit kann die Antwortgröße für bestimmte Verbindungen begrenzt werden (z. B. zur Beschränkung der Größe von Downloads für bestimmte Benutzer).
Syntax: `reply_body_max_size bytes allow|deny [!]aclname ...`
ACHTUNG: Bitte lesen Sie hierzu unbedingt die näheren Erläuterungen in Abschnitt 6.4.

5.9 Administrative Optionen

In diesem Abschnitt sind administrative Optionen zu finden, z. B. Benutzer- und Gruppenrechte, unter denen Squid läuft, sowie Host-Namen für Squid.

In der Datei squid.conf finden Sie diese Optionen unter:

ADMINISTRATIVE PARAMETERS
----

cache_mgr
: Gibt die E-Mail-Adresse des lokalen Proxy-Administrators an, der z. B. per Mail benachrichtigt wird, wenn der Squid-Prozess abstürzt. Diese Adresse kann auch bei Fehlermeldungen als Ansprechpartner ausgegeben werden.

ab Squid 2.5 mail_from
: Gibt die E-Mail-Adresse an, die als Absender verwendet werden soll, wenn eine E-Mail über einen abgestürzten Squid-Prozess verschickt wird.
Standardwert: `squid@unique_hostname`

ab Squid 2.5 mail_program mail
: Bestimmt das E-Mail-Programm, das zum Versenden der Benachrichtigungs-E-Mail verwendet werden soll.
Das Programm muss UNIX-Mail-konform arbeiten (mail_program *Empfänger* < *Mailinhalt*).

cache_effective_user nobody
: Wenn Squid unter dem Benutzer *root* gestartet wird, wird er seinen Hauptprozess an den hier angegebenen Benutzer übertragen. Wird Squid unter einem normalen Benutzer-Account gestartet, wird er diesen behalten.
Wenn als `http_port` ein Wert < 1024 vergeben werden soll, muss Squid als *root* gestartet werden.

cache_effective_group nogroup
: Squid wird nach dem Start die hier angegebene Gruppenzugehörigkeit annehmen.

visible_hostname
: Hiermit wird der angezeigte Host-Name festgelegt.
Squid wird in Fehlermeldungen und Ähnlichem den hier angegebenen Namen für sich verwenden. Ist kein Name angegeben, wird der Standard-Host-Name (Ergebnis von `gethostname()`) verwendet.

unique_hostname
: Wenn mehrere Server (z. B. in einem Cluster) den gleichen »visible_hostname« verwenden, muss hiermit ein zweiter, einmaliger Host-Name vergeben werden.
Andernfalls kann eine Endlosschleife (Loop) von den Servern nicht erkannt werden.

hostname_aliases
: Gibt eine Liste weiterer Host-Namen an, die für diesen Server im DNS eingetragen sind.

5.10 Optionen zur Proxy-Registrierung

Dieser Abschnitt enthält die Optionen zur Cache-Registrierung. Dieser Dienst dient Administratoren dazu, andere Cache-Proxys zu finden, um mit diesen eine Hierarchie zu bilden oder einer Hierarchie beizutreten.

Die Registrierungsmeldungen werden per UDP an die zentralen Registrierungsstellen gesendet. Registrierungsmeldungen enthalten ihren Host-Namen sowie die Daten aus `http_port`, `icp_port` und `cache_mgr`. Die gesendeten Daten werden im Internet unter *http://www.ircache.net/Cache/Tracker/* veröffentlicht.

Standardmäßig werden *keine* Registrierungsmeldungen verschickt. Sie müssen diese erst mit `announce_period` aktivieren.

In der Datei squid.conf finden Sie diese Optionen unter:

```
# OPTIONS FOR THE CACHE REGISTRATION SERVICE
# -----------------------------------------
```

announce_period 0
: Hiermit wird bestimmt, in welchen Zeitabständen Registrierungsmeldungen versendet werden sollen. Der Standardwert 0 schaltet die Funktion vollständig ab.
Beispiel: `announce_period` *1 day*

announce_host tracker.ircache.net
: Bestimmt den Host-Namen, an den die Registrierungsmeldungen gesendet werden.

announce_port 3131
: Bestimmt den Port des `announce_host`, auf den die Registrierungsmeldungen gesendet werden.

announce_file
: Bestimmt eine Datei, deren Inhalt mit der Proxy-Registrierung versendet werden soll.

5.11 HTTPD-Accelerator-Optionen

Die folgenden Optionen ermöglichen es, Squid als *HTTPD-Accelerator* (Reverse Proxy) oder als *transparenten Proxy* zu konfigurieren.

Hinweis: Für die Nutzung dieser Funktion sollte der `http_port` von Squid auf Port 80 gesetzt werden.

In der Datei squid.conf finden Sie diese Optionen unter:

```
# HTTPD-ACCELERATOR OPTIONS
# -------------------------
```

httpd_accel_host

Gibt die IP-Adresse des *echten* HTTP-Servers an, an den die Anfragen weitergeleitet werden sollen.

Wenn Sie als Webserver IP-basierte virtuelle Hosts benutzen oder mehrere Server mit unterschiedlichen IP-Adressen hinter dem Reverse Proxy stehen haben, müssen Sie als Host-IP `virtual` angeben.

Beispiel:
```
http_accel_host 192.168.10.1
http_accel_host virtual
```
Hinweis: Das Einschalten der HTTPD-Accelerator-Funktion führt automatisch zur Abschaltung von Proxy-Cache und ICP-Protokoll. Wenn Sie diese Funktionen dennoch nutzen wollen, können Sie diese mit `httpd_accel_with_proxy` wieder einschalten.

httpd_accel_port 80

Bestimmt den Port, auf dem der echte HTTP-Server Anfragen entgegennimmt (Standard: 80). Wenn Sie *Virtual Port Support* nutzen wollen, müssen Sie hier 0 angeben.

ab Squid 2.4 **httpd_accel_single_host** off

Wenn Squid als Accelerator (Reverse Proxy) für *einen einzelnen* Server eingesetzt wird, schalten Sie diese Option ein (on). In diesem Fall werden alle Anfragen unabhängig von irgendwelchen Redirect- oder Header-Informationen an diesen Server weitergeleitet.

Stehen mehrere Server hinter diesem Proxy oder wird mit einem Redirector gearbeitet, muss diese Option ausgeschaltet bleiben (off).

httpd_accel_with_proxy off

Das Einschalten der Accelerator-Funktion führt automatisch zur Abschaltung von Proxy-Cache und ICP-Protokoll. Wenn Sie diese Funktionen dennoch nutzen wollen, können Sie diese Funktion hiermit wieder einschalten.

Achtung: Es kann zu Problemen führen, wenn Benutzer in ihren Browsern »Ausnahmen« oder »No Proxy«-Einstellungen für Webserver hinter dem Accelerator-Proxy angegeben haben.

httpd_accel_uses_host_header off

Wenn der Webserver hinter dem Proxy mit *Virtual Hosts* arbeitet, also zwingend einen Host-Header erwartet, müssen Sie diese Option auf on setzen.

ab Squid 2.5 **httpd_accel_no_pmtu_disc** off

In einigen Fällen kann es bei transparenten Proxys zu Fragmentierungsproblemen kommen. Wenn Sie das Problem haben, dass

Clients manchmal hängen oder Anfragen nicht vollständig beantwortet werden, können Sie diese Option auf on setzen.

5.12 Sonstige Optionen

In diesem Abschnitt findet sich eine Sammlung weiterer Optionen, die unterschiedlichste Funktionen betreffen, u. a. Logdatei-Optionen, Memory-Pool, SNMP, WCCP, benutzerdefinierte Fehlermeldungen usw.

In der Datei squid.conf finden Sie diese Optionen unter:

```
# MISCELLANEOUS
# -------------
```

dns_testnames netscape.com internic.net nlanr.net microsoft.com
Hiermit werden Testdomains für den internen DNS-Server angegeben.
Squid testet beim Start, ob eine DNS-Auflösung möglich ist. Ansonsten wird der Start abgebrochen. Es können mehrere Domains angegeben werden. Der Test wird nach der ersten erfolgreichen Auflösung eines Domainnamens beendet.
Dieser DNS-Test kann mit der Kommandozeilenoption -D unterbunden werden.

logfile_rotate 10
Diese Option bestimmt die Anzahl von Logdatei-Rotationen für den Befehl squid -k rotate.
Der Standardwert von 10 erzeugt bis zu zehn rotierende Logdateien. Mit jedem Start von squid -k rotate werden die aktuellen Logdateien geschlossen und um eins weiterrotiert. Die rotierten Logdateien werden jeweils mit einer Nummer von 0 bis *logfile_rotate* durchnummeriert.
Wird hier der Wert 0 angegeben, werden die Logdateien nur geschlossen und wieder geöffnet. Dies ermöglicht Ihnen, die Logdateien selbst umzubenennen.

append_domain
Bestimmt eine Domain als Namensergänzung. Mit dieser Domain werden alle Host-Namen ergänzt, die keinen Punkt ».« enthalten. Die hier angegebene Domain muss mit einem Punkt ».« beginnen.
Beispiel: append_domain .meinname.de

tcp_recv_bufsize 0
Bestimmt die Größe des Empfangspuffers für den TCP-Socket.

Ein Wert von 0 übernimmt die im Kernel definierte Standardgröße.

err_html_text

Hiermit kann ein HTML-Text (z. B. eine `mailto:`-Zeile) bestimmt werden, der in die internen Fehlermeldungen eingebunden werden kann.

In die Fehlermeldungen selbst kann dieser Text über die Variable `%L` eingebunden werden. Die Templates der Fehlermeldungen finden Sie im *Errors*-Verzeichnis.

deny_info

Syntax: `deny_info err_page_name acl`

Diese Option bestimmt eine ACL-abhängige Fehlermeldungsseite. Wird ein Zugriff aufgrund der hier angegebenen ACL verweigert, wird die hier definierte Fehlerseite ausgegeben.

Diese Fehlerseite muss zuvor nach dem Muster der ERR_*-Templates im *Errors*-Verzeichnis erzeugt werden. Am einfachsten kopieren Sie sich ein vorhandenes Template (z. B. ERR_ACCESS_DENIED) und passen die Seite Ihren Vorstellungen an.

Beispiel: `deny_info ERR_ACCESS_DENIED bad_guys`

Als Sonderfall können Sie Squid anweisen, anstelle einer Fehlermeldung ein `RESET` an die TCP-Verbindung zu senden, indem Sie als *err_page_name* den Namen `TCP_RESET` angeben.

Hinweis: Diese Option arbeitet zurzeit (Stand: Squid 2.5) nur mit `http_access` und nicht mit `http_reply_access`.

memory_pools on

Diese Option weist Squid an, einmal belegten, aber zurzeit nicht benutzten Speicher für einen zukünftigen Gebrauch besetzt zu halten. Wenn auf Ihrem Server noch andere speicherintensive Dienste laufen, sollten Sie diese Option abschalten (`off`).

memory_pools_limit 0

Diese Option wird nur aktiv, wenn `memory_pools` auf on gesetzt ist. Hiermit wird der von Squid belegte – aber nicht genutzte – Hauptspeicher auf das hier angegebene Maß beschränkt. Diese Option beschränkt *nicht* den gesamten Speicherbedarf von Squid! Sie beschränkt lediglich den *ungenutzt* belegten Speicher.

Wenn diese Option auf 0 gesetzt wird, kann Squid unbegrenzt viel Speicher ungenutzt belegen. Wenn Squid allen ungenutzten Speicher sofort wieder freigeben soll, muss `memory_pools` auf off gesetzt werden.

Beispiel: `memory_pools_limit 32 MB`

forwarded_for on

Im Normalfall (on) wird Squid die IP-Adresse oder den Namen

des Clients als `X-Forwarded-For:` in den Header der weitergeleiteten HTTP-Anfrage einfügen.
Beispiel: `X-Forwarded-For: 192.168.20.10`
Wird diese Option abgeschaltet (`off`), wird Squid den Client bei der Weiterleitung nicht nennen. Im Header wird dann ein `X-Forwarded-For: unknown` erscheinen.

log_icp_queries on
Diese Option weist Squid an, ICP-Anfragen in der Datei *access.log* zu protokollieren.
Wenn Sie sehr viele ICP-Anfragen in Ihrem Proxy-Verbund haben und keine Protokollierung wünschen, können Sie diese mit `off` abschalten.

icp_hit_stale off
Wenn Sie von Nachbar-Proxys auch für abgelaufene (stale) Objekte ein ICP_HIT bekommen wollen, setzen Sie diese Option auf `on`.
Wenn Sie diese Option einschalten, sollten die Nachbarn auch die Option `allow-miss` in ihrer zugehörigen `cache_peer`-Zeile gesetzt haben.
Die Option sollte nur genutzt werden, wenn die Nachbar-Proxys auch von Ihnen administriert werden.

minimum_direct_hops 4
Wenn ICMP-Pinging genutzt wird (siehe `query_icmp`), werden Objekte direkt geholt, wenn sie nicht mehr als die hier angegebene Anzahl von *Hops* entfernt liegen.

minimum_direct_rtt 400 *ab Squid 2.4*
Wenn ICMP-Pinging genutzt wird (siehe `query_icmp`), werden Objekte direkt geholt, wenn die RTT (Round Trip Time, durchschnittliche Antwortzeit) für diesen Server weniger als die hier angegebenen Millisekunden beträgt.

cachemgr_passwd
Bestimmt Passwörter für die Cache-Manager-Optionen. Hier kann für jede Cache-Manager-Option ein eigenes Passwort bestimmt werden.
Syntax: `cachemgr_passwd password action action ...`
Für `action` können alle Optionen im Cache-Manager angegeben werden. Einige gültige Werte sind:[3]

```
5min           events              objects
60min          filedescriptors     pconn
```

---

[3]* = Diese Aktionen *müssen* ein gültiges Passwort haben, um ausgeführt zu werden. Für alle anderen muss kein Passwort angegeben werden.

asndb	fqdncache	peer_select
authenticator	histograms	redirector
cbdata	http_headers	refresh
client_list	info	server_list
comm_incoming	io	shutdown *
config *	ipcache	store_digest
counters	mem	storedir
delay	menu	utilization
digest_stats	netdb	via_headers
dns	non_peers	vm_objects

Um eine Option abzuschalten, muss als Passwort disable eingetragen werden.

Um eine Option ohne Passwort auszuführen, muss als Passwort none eingetragen werden.

Das Schlüsselwort all kann als Sammelbegriff für alle Optionen verwendet werden.

Beispiele:

```
cachemgr_passwd secret shutdown
cachemgr_passwd lesssssssecret info stats/objects
cachemgr_passwd disable all
```

store_avg_object_size 13 KB

Angabe der mittleren Objektgröße zur internen Berechnung der Anzahl der Objekte, die im Cache gehalten werden können.

store_objects_per_bucket 50

Angabe für die Anzahl der Objekte in einem Speicherbereich (Bucket) der internen Hash-Tabelle. Eine Verkleinerung dieses Wertes erhöht die Anzahl der nötigen Speicherbereiche (Buckets) und die Zahl der Speicher-Wartungszyklen.

client_db on

Squid sammelt standardmäßig (on) eine Pro-Client-Statistik. Diese Statistik steht u. a. im Cache-Manager zur Verfügung. Soll diese Statistik abgeschaltet werden, muss diese Option auf off gesetzt werden.

netdb_low 900

Diese Option bestimmt die Untergrenze für die ICMP-Messwertdatenbank. Die Angabe erfolgt in der absoluten Anzahl der Messwerte.

netdb_high 1000

Die Option bestimmt die Obergrenze für die ICMP-Messwertdatenbank. Wenn die Obergrenze erreicht ist, werden

5.12 Sonstige Optionen

so viele Einträge aus der Datenbank gelöscht, bis die Untergrenze erreicht ist.

netdb_ping_period 5 minutes

Diese Option bestimmt das Zeitintervall zwischen einzelnen *Pings* zu einem Netzwerk. Standardmäßig wird alle fünf Minuten zu allen bekannten Netzen ein Ping ausgeführt.

query_icmp off

Diese Option steht nur zur Verfügung, wenn Squid mit der Option --enable-icmp installiert wurde.

Proxyserver mit dieser Option senden ICMP-Pings zum Ursprungsserver der angefragten URLs und ermitteln daraus einen RTT-Wert (RTT = Round Trip Time). Wird diese Option eingeschaltet (on), werden diese ICMP-Daten auch in ICP-Antworten gesendet.

Bei der Auswahl eines Parent-Proxys wird der ausgewählt, der die kleinste RTT zum Originalserver hat.

Konnte die Option angewendet werden, beinhaltet die Logdatei *access.log* als *Hierarchy-Code* den Eintrag CLOSEST_PARENT_MISS.

test_reachability off

Wenn diese Option auf on gesetzt ist, wird bei ICP_MISS-Antworten ein ICP_MISS_NOFETCH anstelle eines ICP_MISS zurückgegeben, wenn der Zielserver nicht in der ICMP-Datenbank steht oder kein RTT-Wert verfügbar ist.

buffered_logs off

Die Logdatei *cache.log* wird mit der stdio()-Funktion geschrieben. Diese wird standardmäßig nicht gepuffert. Mit einer Pufferung (on) kann der Schreibvorgang geringfügig beschleunigt werden. Bei einem Absturz führt dies jedoch u. U. zum Verlust der letzten Log-Informationen.

reload_into_ims off

Wenn diese Option eingeschaltet wird (on), werden *no-cache-* oder *reload*-Anfragen von Clients in eine *If-Modified-Since-*Anfrage umgewandelt.

ACHTUNG: Diese Option verstößt gegen die gültigen HTTP-Standards.

Siehe auch refresh_pattern.

always_direct

Syntax: always_direct allow|deny [!]aclname ...

Mit dieser Option können Sie anhand von ACLs bestimmen, welche Anfragen *immer* direkt vom Zielserver geholt werden müssen.

Siehe auch never_direct.

never_direct

Syntax: never_direct allow|deny [!]aclname ...

Mit dieser Option können Sie anhand von ACLs bestimmen, welche Anfragen *niemals* direkt vom Zielserver geholt werden dürfen.
Siehe auch `always_direct`
Beide Optionen können einander ergänzen.

bis Squid 2.1 **http_anonymizer**

Syntax: `http_anonymizer off|standard|paranoid`
Diese Option unterdrückt bestimmte HTTP-Header-Informationen:
`off`: Der HTTP-Header wird nicht verändert.
`standard`: Einige Header-Informationen werden gelöscht.
`paranoid`: Nur wenige Header-Informationen sind erlaubt.
Welche Header-Informationen betroffen sind, können Sie der Auflistung am Ende der aktuellen Option `header_access` entnehmen.
ACHTUNG: Diese Option verstößt gegen die gültigen HTTP-Standards.

ab Squid 2.2, bis Squid 2.4 **anonymize_headers**

Syntax: `anonymize_headers allow|deny` *header_name* ...
Diese Option erlaubt Ihnen, einzelne Header-Informationen zu unterdrücken.
Sie müssen sich jedoch entscheiden, welche Grundregel Sie anwenden wollen. Entweder Sie benutzen `deny`, um bestimmte Header-Informationen zu unterdrücken (alle anderen sind erlaubt), ODER Sie benutzen `allow`, um bestimmte Header-Informationen zu erlauben (alle anderen werden unterdrückt). Eine Mischung von `allow` und `deny` ist *nicht* möglich!
ACHTUNG: Diese Option verstößt gegen die gültigen HTTP-Standards.

ab Squid 2.5 **header_access**

Syntax: `header_access` *header_name* `allow|deny [!]`*aclname* ...
Diese Option erlaubt Ihnen, differenziert, anhand von ACLs einzelne Header-Informationen zu unterdrücken. Sie können nur bekannte Header-Optionen verwenden. Alle nicht definierten Header-Informationen werden unter `Other` zusammengefasst. Alle Header-Informationen können mit `All` angesprochen werden.
Standardmäßig sind alle Header-Angaben erlaubt.

Beispiel 1:
Die alte »`http_anonymizer standard`«-Option kann wie folgt nachgebildet werden:
`header_access From deny all`
`header_access Referer deny all`

5.12 Sonstige Optionen

```
header_access Server deny all
header_access User-Agent deny all
header_access WWW-Authenticate deny all
header_access Link deny all
```

Beispiel 2:
Die alte »http_anonymizer paranoid«-Option würde jetzt so aussehen:

```
header_access Allow allow all
header_access Authorization allow all
header_access Cache-Control allow all
header_access Content-Encoding allow all
header_access Content-Length allow all
header_access Content-Type allow all
header_access Date allow all
header_access Expires allow all
header_access Host allow all
header_access If-Modified-Since allow all
header_access Last-Modified allow all
header_access Location allow all
header_access Pragma allow all
header_access Accept allow all
header_access Accept-Charset allow all
header_access Accept-Encoding allow all
header_access Accept-Language allow all
header_access Content-Language allow all
header_access Mime-Version allow all
header_access Retry-After allow all
header_access Title allow all
header_access Connection allow all
header_access Proxy-Connection allow all
header_access All deny all
```

ACHTUNG: Diese Option verstößt gegen die gültigen HTTP-Standards.

header_replace *ab Squid 2.5*

Syntax: header_replace *header_name message*
Diese Option ersetzt Header-Informationen in Anfragen, die zuvor mit header_access deny verboten wurden. Hiermit können also bewusst Header-Informationen manipuliert werden.
Beispiel: header_replace User-Agent Nutscrape/1.0 (PC-DOS; 8-bit)

ACHTUNG: Diese Option verstößt gegen die gültigen HTTP-Standards.

icon_directory /usr/local/squid/share/icons

Gibt das Verzeichnis an, in dem die Squid-internen Icons abgelegt sind.

ab Squid 2.5 **global_internal_statistic** on

Mit der Standardeinstellung (on) werden Zugriffe auf den Pfad »/squid-internal-static/« abgefangen und Squid-intern beantwortet (z. B. für interne Icons). Mit der Einstellung off werden diese URLs wie jeder andere URL extern angefragt.

Syntax: global_internal_statistic on|off

ab Squid 2.5 **short_icon_urls** off

Bestimmt die Form der URLs für Squids interne Icons. Standardmäßig (off) werde für interne Icons immer vollständige URLs ausgegeben (incl. Proxy-Name und Port). Wenn Sie diese Funktion auf on setzen, werde hierfür nur noch relative URLs ausgegeben.

Syntax: short_icon_urls on|off

error_directory /usr/local/squid/share/errors/English

Gibt das Verzeichnis an, in dem die Squid-internen Fehlermeldungen abgelegt sind.

minimum_retry_timeout 5

Gibt den absoluten *minimum Connect*-Timeout für Hosts mit mehreren IP-Adressen an.

maximum_single_addr_tries 3

Bestimmt die maximale Zahl von Verbindungsversuchen zu einem Host mit nur einer IP-Adresse.

Standardwert ist 3, Maximum entspricht 255 Versuchen.

ab Squid 2.5 **retry_on_error** on

Mit dieser Option können Sie Squid veranlassen, Anfragen auch nach einer Fehlermeldung erneut zu versuchen. Dies kann bei komplexen Verbünden oder fehlerhaften Konfigurationen vorübergehend sinnvoll sein.

Standardwert ist off.

Syntax: retry_on_error on|off

snmp_port 3401

Diese Option ist nur verfügbar, wenn Squid mit der Option --enable-snmp installiert wurde.

Bestimmt den Port, auf dem Squids interner SNMP-Server lauscht. Über diesen Port können die SNMP-Daten abgefragt werden. Soll Squid grundsätzlich keine SNMP-Anfragen beantworten, muss dieser Port auf 0 gesetzt werden.

5.12 Sonstige Optionen

snmp_access deny all *ab Squid 2.2*
> Diese Option ist nur verfügbar, wenn Squid mit der Option --enable-snmp installiert wurde.
> Syntax: snmp_access allow|deny [!]aclname ...
> Diese Option erlaubt oder verbietet den Zugriff auf den SNMP-Port.

snmp_incoming_address 0.0.0.0
> Diese Option ist nur verfügbar, wenn Squid mit der Option --enable-snmp installiert wurde.
> Bestimmt die IP-Adresse, über die SNMP-Pakete empfangen werden.
> Eine Adresse von 0.0.0.0 gibt an, dass SNMP-Pakete auf allen eingebundenen IP-Adressen empfangen werden.

snmp_outgoing_address 255.255.255.255
> Diese Option ist nur verfügbar, wenn Squid mit der Option --enable-snmp installiert wurde.
> Die hier festgelegte IP-Adresse wird für ausgehende SNMP-Pakete verwendet.
> Eine Adresse von 255.255.255.255 gibt an, dass für SNMP-Antworten immer die Adresse verwendet wird, über welche die Anfrage eingegangen ist.
> Beachten Sie, dass snmp_incoming_address und snmp_outgoing_address nicht den gleichen Wert haben dürfen, da beide Port 3401 benutzen!

as_whois_server whois.ra.net
> Gibt den WHOIS-Server an, der für AS-Nummern (Autonomous System Numbers) befragt werden soll.
> Hinweis: AS-Nummern werden beim Start von Squid abgefragt.

wccp_router 0.0.0.0 *ab Squid 2.3*
> Diese Option bestimmt den WCCP-Router für Squid.
> Mit der Angabe von 0.0.0.0 wird WCCP abgeschaltet.

wccp_version 4 *ab Squid 2.3*
> Bestimmt die zu verwendende WCCP-Version. Cisco IOS 11.2 unterstützt z. B. nur WCCP-Version 3.

wccp_incoming_address 0.0.0.0 *ab Squid 2.3*
> Bestimmt die IP-Adresse, über die WCCP-Pakete empfangen werden. Diese Option sollten Sie nur benutzen, wenn Sie über mehrere Netzwerk-Interfaces verfügen.
> Eine Adresse von 0.0.0.0 gibt an, dass WCCP-Pakete auf allen eingebundenen IP-Adressen empfangen werden.

wccp_outgoing_address 255.255.255.255 *ab Squid 2.3*
> Die hier festgelegte IP-Adresse wird für ausgehende WCCP-Pakete verwendet.

Eine Adresse von 255.255.255.255 gibt an, dass für WCCP-Antworten immer die Adresse verwendet wird, über welche die Anfrage eingegangen ist.

Beachten Sie, dass `wccp_incoming_address` und `wccp_outgoing_address` nicht den gleichen Wert haben dürfen, da beide Port 2048 benutzen!

5.13 Delay-Pool-Optionen

Delay-Pools erlauben es, in begrenztem Maße Bandbreiten zu beschränken. Hiermit kann für bestimmte Gruppen von Nutzern eine maximale *durchschnittliche* Bandbreite angegeben werden. In Verbindung mit ACLs ermöglicht es diese Funktion auch, sehr differenziert Bandbreiten zu begrenzen, z. B. für bestimmte Anwendungen (Downloads, MP3 etc.).

Die folgenden Optionen sind nur verfügbar, wenn Squid mit der Option `--enable-delay-pools` installiert wurde.

In der Datei squid.conf finden Sie diese Optionen unter:

```
# DELAY POOL PARAMETERS
# ---------------------
```

delay_pools 0

Hiermit bestimmen Sie die Gesamtzahl der einzurichtenden Delay-Pools (Summe über alle Klassen).

delay_class

Definiert für jeden Delay-Pool die zugehörige Delay-Klasse. Die Klasse gibt an, ob die Clients bei der Summenbildung der Bandbreite als einzelne Clients oder als Gruppe (Netz) zu betrachten sind. Für jeden einzurichtenden Delay-Pool muss hier eine eigene Zeile stehen.

Folgende Klassen stehen zur Verfügung:

Klasse 1: Für alle Anfragen dieses Pools gilt nur eine gesamte Bandbreitenbeschränkung.

Klasse 2: Jeder Client eines Class-C-Netzes und die Summe aller Clients fallen unter die Bandbreitenbeschränkung.

Klasse 3: Jeweils ein einzelner Client, ein Class-C-Subnetz und die Summe aller Clients fallen unter die Bandbreitenbeschränkung.

Beispiel:
```
delay_class 1 3 # Pool 1 ist ein Klasse-3-Delay-Pool
delay_class 2 2 # Pool 2 ist ein Klasse-2-Delay-Pool
delay_class 3 2 # Pool 3 ist ein Klasse-2-Delay-Pool
```

delay_access
>Hiermit wird bestimmt, welche Anfrage in welchen Delay-Pool fällt. Die Syntax entspricht der von Access-Regeln. Sie können über Access-Listen bestimmen, auf welche Anfrage ein bestimmter Delay-Pool angewendet werden soll.
>Syntax:
>delay_access *pool* allow|deny *acl1* [*acl2*] ...

delay_parameters
>Hiermit werden die eigentlichen Bandbreitenbeschränkungen für jeden einzelnen Delay-Pool bestimmt.
>Syntax für ein Klasse-1-Delay-Pool:
>delay_parameters *pool aggregate*
>Syntax für ein Klasse-2-Delay-Pool:
>delay_parameters *pool aggregate individual*
>Syntax für ein Klasse-3-Delay-Pool:
>delay_parameters *pool aggregate network individual*
>Dabei bedeuten:
>pool: Nummer des Delay-Pools.
>aggregate: Limit über den gesamten Pool.
>network: Limit über ein Class-C-Netzwerk innerhalb eines Pools.
>individual: Limit für einen einzelnen Client innerhalb eines Pools. Ein Limit besteht aus zwei Werten: dem Wert für die mittlere Bandbreite und dem Maximalwert, der in einem Rutsch zu übertragenen Datenmenge. Die beiden Werte werden durch einen Schrägstrich getrennt.
>Der Wert für die Bandbreite wird in Byte/Sekunde angegeben (nicht in Bit/s!).
>Der Wert -1 definiert kein Limit.

delay_initial_bucket_level 50
>Bestimmt die anfängliche Füllung eines Pools-Limits (in %), wenn Squid neu gestartet wurde. Hiermit werden Spitzenlasten beim Neustart unterdrückt.
>Standardwert: 50%

5.14 Weitere Optionen

In diesem Abschnitt finden Sie weitere Optionen, die z.T. erst später hinzugefügt und in keinem der o.g. Abschnitte eingefügt wurden. Diese Optionen finden Sie in der original squid.conf ebenfalls ohne eigene Abschnittskennzeichnung am Ende der Datei.

incoming_icp_average 6
incoming_http_average 4
incoming_dns_average 4
min_icp_poll_cnt 8
min_dns_poll_cnt 8
min_http_poll_cnt 8

>   Der Originaltext zu diesen Optionen spricht eigentlich für sich: *Heavy voodoo here. I can't even believe you are reading this. Are you crazy? Don't even think about adjusting these unless you understand the algorithms in comm_select.c first!*
>   Zu Deutsch: »Finger weg von diesen Optionen! Wer glaubt, dass er diese Optionen *sinnvoll* verändern kann, braucht dieses Handbuch nicht.«

max_open_disk_fds 0

>   Hiermit wir die maximale Anzahl zu verwendender *File Descriptors* bestimmt, die zum Öffnen von Dateien benutzt werden dürfen. Um zu verhindern, dass Festplattenzugriffe einen Flaschenhals bilden, kann Squid ab einer bestimmten Anzahl von Plattenzugriffen den Platten-Cache umgehen. Die Standardeinstellung »0« (unbegrenzt) schaltet diese Funktion ab.

offline_mode off

>   Wenn Sie diese Option einschalten (on), wird Squid die im Cache befindlichen Objekte ohne weitere Prüfung der Aktualität ausliefern. Das heißt, es ist keine Internetverbindung (offline) notwendig.

uri_whitespace strip

>   Diese Option bestimmt, wie mit Leerraum (*Whitespace*) zu verfahren ist.
>   Leerraum (z. B. Leerzeichen oder Tabulatoren) sind normalerweise keine gültigen Zeichen für *Uniform Resource Identifiers* (URI) nach RFC 2396.
>   Als Beispiel dient folgender URI: `http://www.mydom.net/Squid Proxy.html` (ein Leerschritt befindet sich zwischen `Squid` und `Proxy.html`)
>   Squid kennt folgende Methoden, mit solchen Zeichen umzugehen:

ab Squid 2.3

>   strip: Der Leerraum wird entfernt (empfohlen nach RFC 2616).
>   Beispiel: `http://www.mydom.net/SquidProxy.html`
>   deny: Die Anfrage wird zurückgewiesen, der Benutzer erhält die Fehlermeldung »Invalid Request«.

5.14 Weitere Optionen

allow: Die Anfrage wird unverändert erlaubt, der Leerraum bleibt erhalten. (Beachten Sie, dass Sie hier Probleme beim *Redirector* bekommen, der die übergebenen Optionen ebenfalls mit Leerraum trennt!)

encode: Die Anfrage ist erlaubt, und der Leerraum wird entsprechend RFC 1738 kodiert. Diese Option verstößt gegen die HTTP/1.1-Definition, die eine Veränderung von URIs durch Proxyserver verbietet.

Beispiel: `http://www.mydom.net/Squid%20Proxy.html`

chop: Die Anfrage ist erlaubt, und der URI wird beim ersten Leerraum abgeschnitten. Diese Option verstößt ebenfalls gegen die HTTP/1.1-Definition.

Beispiel: `http://www.mydom.net/Squid`

broken_posts *ab Squid 2.2*

Hiermit können ACLs (mit `allow` oder `deny` angegeben werden, für die, wenn sie zutreffen, bei einem PUT oder POST ein zusätzliches, abschließendes `CRLF` gesendet wird.

Dies ist nur bei Zugriffen auf einigen alten, fehlerhaften Webservern erforderlich.

mcast_miss_addr 255.255.255.255

Diese Option ist nur verfügbar, wenn Squid mit der Option `-DMULTICAST_MISS_STREAM` installiert wurde.

Ist Squid mit der o.g. Option installiert, wird jeder URL, dessen Objekt sich nicht im Cache befindet (*Cache Miss*), an die hier angegebene Multicast-Adresse gesendet.

Um diese Option zu nutzen, sollten Sie ein ausreichendes Verständnis von Multicast-Adressen besitzen.

mcast_miss_ttl 16

Diese Option ist nur verfügbar, wenn Squid mit der Option `-DMULTICAST_MISS_STREAM` installiert wurde.

Gibt eine TTL (Time-to-Live) für Multicast-Pakete an.

mcast_miss_port 3135

Diese Option ist nur verfügbar, wenn Squid mit der Option `-DMULTICAST_MISS_STREAM` installiert wurde.

Hiermit wird die Port-Nummer bestimmt, die Squid in Verbindung mit `mcast_miss_addr` verwendet.

mcast_miss_encode_key XXXXXXXXXXXXXXXX

Diese Option ist nur verfügbar, wenn Squid mit der Option `-DMULTICAST_MISS_STREAM` installiert wurde.

Die URLs, die per Multicast versendet werden, werden mit dem hier angegebenen Schlüssel verschlüsselt.

nonhierarchical_direct on *ab Squid 2.4*

Standardmäßig (on) sendet Squid jede *non-hierarchical*-Anfrage

(Anfragen, auf die `hierarchy_stoplist` zutrifft oder die nicht cache-bar sind) direkt an den Zielserver.

Wenn diese Option abgeschaltet wird (`off`), wird Squid auch solche Anfragen vorzugsweise an einen übergeordneten (Parent-) Proxy senden.

Das Abschalten dieser Option wird i.d.R. nur zusätzliche Verzögerungen bewirken, da die Objekte nicht im Cache gehalten werden. Für Konfigurationen hinter einer Firewall nutzen Sie besser die Option `never_direct`.

ab Squid 2.2 **prefer_direct** off

Normalerweise wird Squid für die meisten Anfragen einen übergeordneten Proxy (Parent) nutzen. Soll ein Parent jedoch erst dann genutzt werden, wenn eine direkte Anfrage fehlschlägt, muss diese Option auf on gesetzt werden.

In der Kombination `nonhierarchical_direct off` und `prefer_direct on` kann Squid veranlasst werden, den Parent nur als *Backup* zu benutzen, wenn keine direkte Verbindung möglich ist.

ab Squid 2.2 **strip_query_terms** on

Standardmäßig schneidet Squid Abfragedaten (*query-terms*) aus Datenschutzgründen für die Protokollierung ab. Wenn Sie auch Abfragedaten (die ggf. auch Passwörter enthalten können) protokollieren wollen, schalten Sie diese Option ab (`off`).

coredump_dir

Standardmäßig schreibt Squid *Corefiles* in das Verzeichnis, aus dem er gestartet wurde. Wenn mit dieser Option ein Pfad angegeben ist, wechselt Squid nach dem Start in dieses Verzeichnis. Ein *Corefile* wird dann in dieses Verzeichnis abgelegt.

ab Squid 2.3 **redirector_bypass** off

Wenn diese Option abgeschaltet ist (Standard), ein *Redirector* konfiguriert ist und alle Redirector-Prozesse belegt sind, müssen ausstehende Anfragen auf einen freien redirector-Prozess warten. Wenn dabei die *redirector-queue* überläuft (viel zu viele Anfragen), wird Squid mit einer »FATAL error«-Fehlermeldung beendet.

Wenn diese Option eingeschaltet ist (`on`), ein *Redirector* konfiguriert ist und alle Redirector-Prozesse belegt sind, werden ausstehende Anfragen nicht mehr an den Redirector weitergeleitet.

Sie sollten diese Option nur einschalten, wenn der Redirector nicht kritisch ist.

Wenn z. B. der Redirector eine Authentifizierung durchführt und alle Redirector-Prozesse belegt sind, würde ein Benutzer auch ohne Authentifizierung Zugriff auf die angeforderte Seite erhalten.

ignore_unknown_nameservers on

Standardmäßig prüft Squid, ob DNS-Antworten von derselben IP-Adresse empfangen werden, an die auch die DNS-Anfrage gestellt wurde. Wenn diese nicht übereinstimmen, wird eine Warnmeldung in *cache.log* geschrieben, und die DNS-Antwort wird ignoriert.

Wenn Sie zulassen wollen, dass Squid auch Antworten von unbekannten DNS-Servern annimmt, müssen Sie diese Option auf `off` setzen.

digest_generation on

Diese Option ist nur verfügbar, wenn Squid mit der Option `--enable-cache-digests` installiert wurde.

Hiermit bestimmen Sie, ob Squid für seinen eigenen Inhalt einen Cache-Digest erstellen soll. Dieser Digest wird anderen Proxys zum Download bereitgestellt.

Wenn kein lokaler Cache-Digest erzeugt werden soll, muss dies mit `off` abgeschaltet werden.

digest_bits_per_entry 5

Diese Option ist nur verfügbar, wenn Squid mit der Option `--enable-cache-digests` installiert wurde.

Bestimmt eine Bitzahl für die Erstellung eines komprimierten Cache Digests. Je höher dieser Wert ist, desto geringer ist die Wahrscheinlichkeit eines falschen Hits über Cache Digests, desto größer wird jedoch auch der Cache Digest.

digest_rebuild_period 3600

Diese Option ist nur verfügbar, wenn Squid mit der Option `--enable-cache-digests` installiert wurde.

Bestimmt das Zeitintervall in Sekunden, in dem der Cache Digest neu erstellt wird (Standard: 1 Stunde).

digest_rewrite_period 3600

Diese Option ist nur verfügbar, wenn Squid mit der Option `--enable-cache-digests` installiert wurde.

Bestimmt das Intervall, in dem der Cache Digest auf die Festplatte (in den Cache) geschrieben wird (Standard: 1 Stunde).

digest_swapout_chunk_size 4096

Diese Option ist nur verfügbar, wenn Squid mit der Option `--enable-cache-digests` installiert wurde.

Bestimmt den Anteil eines Cache Digests in Byte, der am Stück auf die Festplatte geschrieben werden kann (Standard: 4 KB).

digest_rebuild_chunk_percentage 10

Diese Option ist nur verfügbar, wenn Squid mit der Option `--enable-cache-digests` installiert wurde.

Bestimmt den Anteil eines Cache Digests in Prozent, der am Stück eingelesen werden kann (Standard: 10 %).

chroot
Mit dieser Option wird Squid angewiesen, beim Start ein `chroot()` auszuführen.

Diese Option wird benötigt, wenn Sie z. B. einen HTTP-Port < 1024 angeben, für dessen Nutzung root-Privilegien benötigt werden und Squid in einer `chroot()`-Umgebung arbeiten soll.

client_persistent_connections on
server_persistent_connections on
Squid unterstützt sowohl client- wie auch serverseitig *persistent Connections* (fortlaufende Verbindungen über mehrere Anfragen), sofern die Clients oder Server dies auch unterstützen.

Mit diesen Optionen können Sie client- und/oder serverseitig *persistent Connections* grundsätzlich abschalten.

ab Squid 2.5 **detect_broken_pconn** off
In einigen Fällen fehlerhafter HTTP-Implementierungen kommt es zu erheblichen Verzögerungen in Verbindung mit *persistent Connections* in Verbindung mit HTTP-Redirects. Wenn Sie diese Option einschalten (`on`), werden solche fehlerhaften Verbindungen erkannt und nach zehn Sekunden automatisch beendet.

ab Squid 2.5 **balance_on_multiple_ip** on
Einige Webserver betreiben eine Lastverteilung via »DNS Round Robin« über mehrere IP-Adressen.

Squid verteilt diese IP-Adressen pro Anfrage, was bei einigen benutzerspezifischen Sitzungen zu Problemen führt.

Mit dem Abschalten dieser Option (`off`) wird ein Rotieren der IP-Adresse erst bei einem Verbindungsfehler ausgelöst.

bis Squid 2.4 standardmäßig »on« **pipeline_prefetch** off
Zur Beschleunigung kann Squid unter bestimmten Voraussetzungen Anfragen parallel bearbeiten. Um ein Zugriffsprotokoll (access.log) führen zu können und für ein Bandbreitenmanagement (Delay-Pool) muss diese Option jedoch abgeschaltet bleiben.

ab Squid 2.4 **extension_methods**
Squid unterstützt nur bekannte Standardmethoden für HTTP-Anfragen (siehe Anhang C). Mit dieser Option können Sie bis zu 20 weitere Methoden hinzufügen. Diese Methoden werden ohne weitere Interpretation an den Webserver weitergeleitet.

ab Squid 2.4 **high_response_time_warning** 0
Wenn die über eine Minute berechnete, durchschnittliche Antwortzeit den hier angegebenen Wert (in Millisekunden) überschreitet, wird ein »WARNING...«-Log-Eintrag mit Debug-Level

0 erzeugt. Ist dieser Wert auf 0 gesetzt (Standard), wird die Funktion abgeschaltet.
Beispiel: `high_response_time_warning` 10000

high_page_fault_warning 0   *ab Squid 2.4*

Wenn die – über eine Minute summierte – Anzahl von *Page Faults* den hier angegebenen Wert überschreitet, wird ein »WARNING...«-Log-Eintrag mit Debug-Level 0 erzeugt. Ist dieser Wert auf 0 gesetzt (Standard), wird die Funktion abgeschaltet.
Beispiel: `high_page_fault_warning` 20

high_memory_warning 0   *ab Squid 2.4*

Wenn der von Squid benutzte (über *mallinfo* ermittelte) Hauptspeicher die hier angegebene Grenze überschreitet, wird ein »WARNING...«-Log-Eintrag mit Debug-Level 0 erzeugt. Ist dieser Wert auf 0 gesetzt (Standard), wird die Funktion abgeschaltet.
Beispiel: `high_memory_warning` 128 MB

store_dir_select_algorithm least-load   *ab Squid 2.4*

Diese Option bestimmt, wie neue Objekte auf die Cache-Verzeichnisse (cache_dir) verteilt werden. Der Standard (`least-load`) bestimmt, dass das Verzeichnis mit der geringsten Last bevorzugt wird. Alternativ kann hier `round-robin` gewählt werden, das die Verzeichnisse der Reihe nach anspricht.

forward_log   *ab Squid 2.4*

Erzeugt eine hier anzugebende Protokolldatei für *Server-Side*-Anfragen.
Diese Option ist noch in der Entwicklung und nur verfügbar, wenn Squid mit der Option `-DWIP_FWD_LOG` installiert wurde.

ie_refresh off   *ab Squid 2.4*

Microsofts Internet Explorer vor Version 5.5 Service Pack 1 haben ein Problem mit transparenten Proxys. Mit diesen IE-Versionen ist es nicht möglich, einen Refresh/ein Aktualisieren der Seite auszuführen.
Wenn Sie noch viele Clients mit Internet Explorer vor Version 5.5 SP1 haben, können Sie mit dieser Option (on) Squid veranlassen, für die betroffenen IE-Versionen grundsätzlich ein *Refresh* auszuführen.
Dies hat jedoch negative Auswirkungen auf die Cache-Hit-Rate des Proxys.

vary_ignore_expire off

Einige Webserver erzeugen abgewandelte `expire:`-Header, wenn Clients Anfragen mit HTTP/1.0 stellen. Diese Option ermöglicht es, abgewandelte `expire`-Header zu ignorieren.

Das Aktivieren dieser Option kann jedoch dazu führen, dass Objekte in den Cache gelangen, die nicht für einen Cache vorgesehen sind.

ab Squid 2.5 **sleep_after_fork** 0

Wenn hier ein Wert größer null angegeben wird, ruht der Squid-Prozess die angegebene Zeit (in Mikrosekunden) nach einem `fork()`-Systemaufruf.

Diese Option sollte nur benutzt werden, wenn Ihr System verstärkt `fork() failure` aufgrund von mangelndem virtuellen Speicher ausgibt.

ab Squid 2.5 **relaxed_header_parser** on

Standardmäßig (on) akzeptiert Squid jede Form von HTTP-Header, auch wenn diese kein korrektes Format aufweisen. In diesem Fall wird der Header vor der Weiterleitung korrekt formatiert.

Mit der Option warn kann in einem solchen Fall eine Warnung in der Protokolldatei (cache.log) ausgegeben werden.

Mit der Option off werden fehlerhafte Header mit einer Fehlermeldung zurückgewiesen.

Syntax: `relaxed_header_parser on|off|warn`

ab Squid3 **icap_enable** on|off

Hiermit wird die ICAP-Unterstützung grundsätzlich ein- bzw. ausgeschaltet.

ab Squid3 **icap_preview_enable** on|off

Schaltet mit on die ICAP-Vorschau ein. Standardwert: off

ab Squid3 **icap_preview_size** *n*

Hiermit wird der Umfang der ICAP-Vorschau bestimmt, die mit der Anfrage an den ICAP-Server gesendet werden soll. Mit dem Standardwert »-1« wird die Vorschau unbegrenzt gesendet. Dieser Wert kann mit den Serveroptionen überschrieben werden.

ab Squid3 **icap_default_options_ttl** *n*

Die Standard-TTL für alle ICAP-Optionen, für die nicht ein spezifischer TTL-Wert definiert wurde. Standardwert: 60

ab Squid3 **icap_persistent_connections** on|off

Schaltet »persistent connections« in der Kommunikation mit ICAP-Servern ein oder aus. Standardwert: on

ab Squid3 **icap_send_client_ip** on|off

Mit dem Wert on wird ein zusätzlicher Header-Eintrag »X-Client-IP« an den ICAP-Server gesendet. Der Eintrag enthält die ursprüngliche Client IP-Adresse. Standardwert: off

ab Squid3 **icap_send_client_username** on|off

Mit dem Wert on wird ein zusätzlicher Header-Eintrag »X-Client-

5.14 Weitere Optionen

Username« an den ICAP-Server gesendet. Der Eintrag enthält den Benutzer einer Proxy-Authentifizierung. Standardwert: off

icap_service *servicename vector bypass service_url*   ab Squid3

Definiert einen einzelnen ICAP-Service. Die Optionen können folgende möglichen Werte haben:

servicename	`servicename`	Frei wählbarer Name des Service
vector	`reqmod_precache` `reqmod_postcache` `respmod_precache*` `respmod_postcache*`	Hiermit wird bestimmt, an welcher Stelle der Verarbeitung einer Anfrage der ICAP-Service eingebunden wird. reqmod = Bearbeitung der Anfrage respmod = Bearbeitung der Antwort precache = vor Bearbeitung durch den Cache postcache = nach Bearbeitung durch den Cache
bypass	0 1	Mit dem Wert 1 kann der ICAP-Server übergangen werden, wenn dieser nicht erreichbar ist (Beipass). Mit dem Wert 0 wird in diesem Fall die Bearbeitung mit einer Fehlermeldung abgebrochen.
service_url	`icap://host:port/service`	URL des Service (Hostname des Servers, Port und Service-Typ)

* Diese Methoden waren zur Drucklegung noch nicht implementiert.

icap_class *name service1* [*service2*] ...   ab Squid3

Definiert eine ICAP-Servicekette. Es können hiermit mehrere Services definiert werden, die in genau dieser Reihenfolge durchlaufen werden.

icap_access *name* allow|deny [!]*acl* [[!]*acl*] ...   ab Squid3

Regelt die Verwendung der ICAP-Serviceketten anhand von ACLs.

Die Verarbeitung des Regelwerks erfolgt wie bei allen anderen Access-Regeln auch, der Reihe nach, bis zum ersten Treffer.

Eine standardmäßig definierte Kette mit dem Namen »None« kann als Vorgabewert für keine Kette verwendet werden.

5.15 Mindestkonfiguration für ein laufendes System

Für ein laufendes System müssen folgende Parameter aus der Datei squid.conf angepasst werden:

cache_peer

Falls Ihr Proxy nicht direkten Zugriff auf das Internet hat oder Sie nicht nur auf lokale Adressen zugreifen wollen, müssen Sie hier den übergeordneten Proxyserver – z. B. Ihre Firewall – eintragen.

Die Syntax lautet:

```
cache_peer parent.domain.net parent 3128 3130
```

parent.domain.net ist der Name Ihres übergeordneten Proxys bzw. Ihrer Firewall.

3128 ist der HTTP-Port, auf den Ihr nächster Proxy oder Ihre Firewall HTTP-Anfragen entgegennimmt (kann z. B. auch Port 80 oder 8080 lauten).

3130 ist der ICP-Port Ihres übergeordneten Proxys, falls es sich auch um einen Squid-Proxy handelt. Unterstützt dieser Proxy oder Ihre Firewall kein ICP, muss hier der Port 7 (echo) angegeben werden.

cache_mem

Dieser Wert ist abhängig vom Hauptspeicher Ihres Servers sowie von dem Betriebssystem und den Diensten, die sonst noch auf dem Server laufen. Der hier angegebene Wert ist *nicht* der Speicher, den Squid verwenden wird! Er gibt lediglich den *zusätzlichen* Speicher an, den Squid als RAM-Cache benutzt. Dazu kommen noch der Speicher für Squid selbst und die Metadaten (siehe 4.1.1). Im Zweifel sollten hier erst einmal 8 MB ausreichen:

```
cache_mem 8 MB
```

cache_dir

Hier muss noch das Cache-Verzeichnis bestimmt werden, in dem die Cache-Objekte abgelegt werden.

Die Syntax hierfür lautet:

```
cache_dir ufs /usr/local/squid/cache 100 16 256
```

5.15 Mindestkonfiguration für ein laufendes System

ufs Gibt den Verzeichnistyp an. Zurzeit wird dies in aller Regel ufs sein.

/usr/local/squid/cache gibt das Verzeichnis an, in dem die Cache-Struktur angelegt wird. Achten Sie darauf, dass hier genug Platz frei ist. Idealerweise handelt es sich bei diesem Verzeichnis um eine eigens für den Cache gemountete Platte.

100 Plattenspeicher in MB, der für den Cache belegt werden kann. Dieser Platz sollte *mindestens* frei sein. Der tatsächlich benötigte Platz liegt bei voller Ausnutzung deutlich darüber.

16 First-Level Directories: Anzahl der Verzeichnisse, die in erster Ebene angelegt werden.

256 Second-Level Directories: Anzahl der Verzeichnisse, die in zweiter Ebene angelegt werden.

acl, http_access

Zuletzt sollte auch der Zugriff auf den Proxy noch erlaubt werden. Dies wird über Access-Listen geregelt. Die Access-Listen werden in Kapitel 6 detailliert erklärt. Hier nur beispielhaft ein kleiner Standardregelsatz, um einem Netz (192.168.10.0/24) den HTTP-Zugriff zu erlauben und localhost den Zugriff auf den Cache-Manager:

```
acl manager proto cache_object
acl localhost src 127.0.0.1/255.255.255.255
acl all src 0.0.0.0/0.0.0.0
acl allowed_hosts src 192.168.10.0/255.255.255.0
http_access allow manager localhost
http_access deny manager all
http_access allow allowed_hosts
http_access deny all
icp_access allow allowed_hosts
icp_access deny all
```

Mit dieser Minimalkonfiguration sollte der Proxyserver, mit seinem Namen oder seiner IP-Adresse auf Port 3130 angesprochen, jedem Browser aus dem Netz 192.168.10.0/24 antworten:

```
cache_peer parent.domain.net parent 3128 3130
cache_mem 8 MB
cache_dir ufs /usr/local/squid/cache 100 16 256
acl manager proto cache_object
acl localhost src 127.0.0.1/255.255.255.255
acl all src 0.0.0.0/0.0.0.0
acl allowed_hosts src 192.168.10.0/255.255.255.0
```

```
http_access allow manager localhost
http_access deny manager all
http_access allow allowed_hosts
http_access deny all
icp_access allow allowed_hosts
icp_access deny all
```

6 Access-Listen

Mit Squid-Acces-Listen können Sie nahezu jede erdenkliche Zugriffsregel erstellen. Manche Firewall kann hier nicht mithalten. Diese Komplexität birgt jedoch auch einige Fallen, in die Sie stolpern können. Mancher Administrator soll daran schon verzweifelt sein ;-).

6.1 Aufbau von ACLs

Basis für alle Regelwerke sind Access-Listen (ACLs). ACLs definieren noch keine Erlaubnis oder kein Verbot, sie definieren grundsätzlich erst einmal eine Liste von einem bestimmten Datentyp, wie z. B. eine Liste von Clients, Webservern, Protokolltypen, Ports oder URLs.

Eine Access-Liste hat folgende Syntax:

```
acl aclname acltype string1 [string2] ...
```

oder

```
acl aclname acltype "filename"
```

acl gibt an, dass es sich um eine Access-Liste handelt. Danach folgt der Name der ACL. Der Name kann beliebig gewählt werden. *acltyp* gibt den Datentypen an. Danach folgt eine Liste der Einträge mit Leerzeichen getrennt (*string1* [*string2*] ...).

filename definiert eine Liste von Einträgen in einer externen Datei. In dieser Datei steht jeder Eintrag in einer eigenen Zeile. Um Squid mitzuteilen, dass es sich um einen Dateinamen und nicht um direkte Daten handelt, muss *filename* in Anführungszeichen gesetzt werden.

Beispiel:

```
acl TEST1 src 192.168.10.1/32 192.168.10.2/32
acl TEST2 src "/usr/local/squid/etc/liste.txt"
```

Jede ACL muss einen eindeutigen und *einmaligen* Namen besitzen. Eine ACL kann jedoch auch auf mehrere Zeilen aufgeteilt werden, die dann aber auf jeden Fall vom gleichen Typ sein müssen.

Beispiel:

```
acl Safe_ports port 80
acl Safe_ports port 443 563
acl Safe_ports port 1025-65535
```

ist gleichbedeutend mit:

```
acl Safe_ports port 80 443 563 1025-65535
```

6.2 ACL-Typen

Es gibt eine große Zahl möglicher ACL-Typen für unterschiedlichste Anwendungen. Die für Squid 2.5 gültigen ACL-Typen lauten:

arp mac-adresse

beinhaltet Ethernet-(MAC-)Adressen von Clients. Diese ACL kann nur genutzt werden, wenn Squid mit der Option --enable-arp-acl übersetzt wurde. Diese Funktion wird auch nicht von allen Betriebssystemen unterstützt. Es funktioniert u. a. mit Linux, Solaris und einigen BSD-Varianten.
Beispiel:
`acl TEST arp 00:0c:04:1a:b2:cf`

src ip-adresse/netzmaske

beinhaltet Client-IP-Adressen (Quelle der Anfrage) als Host-Adresse, Netzadresse oder Adressbereich mit der jeweiligen Netzmaske in Kurzform (z. B. /24) oder ausgeschrieben (z. B. /255.255.255.0).
Beispiel:
`acl TEST1 src 192.168.10.25/255.255.255.255`
`acl TEST2 src 192.168.1.0/24`
`acl TEST3 src 192.168.5.10-192.168.5.20/255.255.255.0`

dst ip-adresse/netzmaske

beinhaltet Server-IP-Adressen (Webserver bzw. Ziel der Anfrage). Das Eingabeformat entspricht dem von **src**.

myip ip-adresse/netzmaske

beinhaltet eine lokale Socket-IP. Die lokale IP-Adresse, auf die sich Clients verbinden.

srcdomain domainname

beinhaltet Client-Domainnamen (Domain, aus der die Anfrage kommt). Es trifft auf alle Clients innerhalb dieser Domain zu. Voraussetzung ist eine Rückwärtsauflösung der Client-IP-Adresse

durch einen Domainnameserver (DNS). Beispiel:
```
acl TEST srcdomain .mydomain.net
```
dstdomain domainname
: beinhaltet alle Ziel-(Web-)Server der angegebenen Domain. Die Angabe der Domain ist wie bei **srcdomain**.

srcdom_regex [-i] expression
: beinhaltet reguläre Ausdrücke für Client-Domainnamen. Reguläre Ausdrücke (Regular Expressions) werden hier nicht weiter behandelt. Etwas weiter hinten (Abschnitt 6.3) finden Sie einige Beispiele zum Thema reguläre Ausdrücke. In regulären Ausdrücken wird Groß-/Kleinschreibung berücksichtigt. Mit der Option -i wird Groß-/Kleinschreibung nicht mehr unterschieden. Voraussetzung ist eine Rückwärtsauflösung der Client-IP-Adresse durch einen Domainnameserver (DNS).

dstdom_regex [-i] expression
: beinhaltet reguläre Ausdrücke für Domainnamen von Ziel-(Web-)Servern. Die Regeln sind identisch mit **srcdom_regex**.

time [day] h1:m1-h2:m2
: beinhaltet ein Zeitfenster mit Wochentag und Uhrzeit, wobei *day* der englisch abgekürzte Wochentag ist (M = Montag, T = Dienstag, W = Mittwoch, H = Donnerstag, F = Freitag, A = Samstag, S = Sonntag). *h1:m1* und *h2:m2* sind Angaben in Stunden:Minuten, wobei *h1:m1* < *h2:m2* sein muss. Beispiel:
```
acl TEST1 time 08:00-16:00 # jeden Tag 8-16 Uhr
acl TEST2 time S 00:00-23:59 # jeden Sonntag 0-24 Uhr
```

url_regex [-i] expression
: beinhaltet reguläre Ausdrücke für URLs. Auch hier wird mit der Option -i die Groß-/Kleinschreibung ignoriert. Beispiel:
```
acl TEST url_regex ^http://www
```

urlpath_regex [-i] expression
: beinhaltet reguläre Ausdrücke für den Pfadteil eines URL (ohne den Teil für Protokoll und Host-Name).
Beispiel:
```
acl TEST urlpath_regex -i \.png$
```

port port
: beinhaltet TCP/IP-Portnummern für Ziel-(Web-)Server. Die Portnummern können als Liste von Einzelports oder als Portbereich angegeben werden.
Beispiel:
```
acl TEST1 port 80 81 21
acl TEST2 port 0-1024
```

myport port
> beinhaltet die lokale Socket-Portnummer. Dabei handelt es sich um den Port, auf den der Client seine Anfrage geschickt hat.
> Beispiel:
> `acl TEST myport 3128`

proto protocol
> beinhaltet Protokolltypen für eine aufzubauende Verbindung. Hiermit kann nach den von Squid unterstützten Protokollen gefiltert werden.
> Beispiel:
> `acl TEST proto FTP`

method method
> beinhaltet HTTP-Anfragemethoden. Eine Liste der gültigen Methoden finden Sie in Anhang C.
> Beispiel:
> `acl TEST method GET POST`

browser [-i] expression
> beinhaltet einen regulären Ausdruck zur Beschreibung von Browsern. Hiermit kann nach bestimmten Browsertypen oder Browserversionen unterschieden werden. Ausgewertet wird die Angabe von User-Agent im Header der Client-Anfrage.
> Beispiel:
> `acl TEST browser -i ^Mozilla.*`

ident username
> beinhaltet den User-Namen des auf dem Client angemeldeten Benutzers, wie er in einer Ident-Anfrage an den Client zurückgegeben wird. Geben Sie als *username* REQUIRED an, um jeden existierenden und über ident aufzulösenden Nutzer zuzulassen.
> Beispiel:
> `acl TEST ident moritz`

ident_regex [-i] expression
> beinhaltet reguläre Ausdrücke für Benutzernamen nach Ident-Abfragen.
> Beispiel:
> `acl TEST ident_regex ^USR0[123]`

src_as number
> beinhaltet Quellnetze, die über AS-Nummern (Autonomous System Number) identifiziert werden. Diese ACL kann nur in Verbindung mit der Access-Regel `cache_peer_access` verwendet werden.
> Beispiel:
> `acl TEST src_as 1273`

dst_as number
> beinhaltet Zielnetze, die über AS-Nummern (Autonomous System

Number) identifiziert werden. Diese ACL kann nur in Verbindung mit der Access-Regel `cache_peer_access` verwendet werden.
Beispiel:
`acl TEST dst_as 1239 1273`

proxy_auth username
beinhaltet Benutzer, die über einen externen Prozess authentifiziert werden. Geben Sie als *Username* REQUIRED an, um jeden existierenden Benutzer zuzulassen.
Beispiel:
`acl TEST proxy_auth max moritz`

proxy_auth_regex [-i] expression
beinhaltet reguläre Ausdrücke für Benutzer, die über einen externen Prozess authentifiziert werden.
Beispiel:
`acl TEST proxy_auth_regex -i ^USR[0123]`

snmp_community string
beinhaltet einen SNMP Community String. Diese ACL kann nur verwendet werden, wenn Squid mit der Option `--enable-snmp` übersetzt wurde.
Beispiel:
`acl TEST snmp_community public`

maxconn number
beinhaltet die maximale Anzahl gleichzeitiger Verbindungen von einer einzelnen Client-IP-Adresse.
Beispiel:
`acl TEST maxconn 16`

req_mime_type [-i] expression1 ...
beinhaltet reguläre Ausdrücke für Request Content-Type Header (Inhaltstypen).
Beispiel:
`acl TEST req_mime_type -i ^multipart/form-data$`

ACLs sind ein wesentlicher Bestandteil von Squid. Sie haben daher auch durchaus Einfluss auf seine Performance. So erfordern z. B. die ACL-Typen `src_domain` und `srcdom_regex` eine Rückwärtsauflösung der Client-IP-Adresse per DNS. Dies führt unweigerlich zu einer – wenn auch meist geringen – Verzögerung jeder betroffenen Anfrage.

ACLs können auch mehrere Datenelemente beinhalten. Diese Elemente sind dann ODER-verknüpft. Das heißt, die ACL trifft zu, wenn mindestens ein Datenelement der ACL zutreffend ist.

Die im folgenden Beispiel aufgelisteten ACLs bilden einen Grundsatz an ACLs, die in jeder Konfigurationsdatei enthalten sein sollten.

Hier werden einige grundsätzliche (Standard-)Listen definiert, auf die im Folgenden häufiger Bezug genommen wird:

```
# Standard ACLs:
acl all src 0.0.0.0/0.0.0.0
acl manager proto cache_object
acl localhost src 127.0.0.1/255.255.255.255
acl SSL_ports port 443 563
acl Safe_ports port 80          # http
acl Safe_ports port 21          # ftp
acl Safe_ports port 443 563     # https, snews
acl Safe_ports port 70          # gopher
acl Safe_ports port 210         # wais
acl Safe_ports port 1025-65535  # unregistered ports
acl Safe_ports port 280         # http-mgmt
acl Safe_ports port 488         # gss-http
acl Safe_ports port 591         # filemaker
acl Safe_ports port 777         # multiling http
acl CONNECT method CONNECT
```

6.3 Reguläre Ausdrücke

Reguläre Ausdrücke spielen insbesondere bei komplexeren ACLs eine entscheidende Rolle. Mit regulären Ausdrücken kann so ziemlich alles oder nichts ausgedrückt werden. Das Thema allein füllt ganze Bücher. Hier folgt ein kleiner Einblick in die Möglichkeiten, die reguläre Ausdrücke bieten, mit einigen praktischen Anwendungsbeispielen in ACLs.

Einige gängige Basisausdrücke (ohne Anspruch auf Vollständigkeit):

a einzelnes (genau dieses) Zeichen

abc feste (genau diese) Zeichenfolge (Hintereinanderschreibung von Zeichen)

\(...\) Klammerausdruck

[*abc*] einzelnes Zeichen aus einer Menge (entweder »*a*« oder »*b*« oder »*c*«)

[^*abc*] einzelnes Zeichen nicht aus einer Menge (nicht »*a*«, nicht »*b*«, nicht »*c*«)

. beliebiges einzelnes (ein) Zeichen

a* nichts oder beliebig oft wiederholtes Zeichen (»« »*a*«, »*aa*«, »*aaa*«, ...)

.* beliebige Zeichenfolge (mindestens ein Zeichen)

a+ vorhandenes und beliebig oft wiederholtes Zeichen (»*a*«, »*aa*«, »*aaa*«, ...)
a? dieses oder kein Zeichen (»« oder »*a*«)
a\\{n\\} *n*-fach wiederholtes Zeichen (a\\{4\\} := »aaaa«)
a\\{n,m\\} *n..m*-fach wiederholtes Zeichen (a\\{2,4\\} := »aa«, »aaa« oder »aaaa«)
a\\{n,\\} mindestens *n*-fach wiederholtes Zeichen
\\ bewertet ein folgendes Zeichen mit Sonderfunktion als normales Zeichen (\\. := ».« (Punkt, als nicht mehr beliebiges Zeichen))
^ Beginn einer Zeile
$ Ende einer Zeile

Beispiele:

\\(Ph|F\\)otogra\\(ph|f\\)ie := Photographie, Photografie, Fotographie, Fotografie

^\\(www|ftp\\).*\\.de$:= Ein Ausdruck, der mit »www« oder »ftp« beginnt und mit ».de« endet. Beispiel: www.*irgendwas*.de oder ftp.*irgendwas*.de, aber auch www1.*irgendwas*.de.

6.4 Access-Regeln

Nachdem die Access-*Listen* definiert sind, folgt nun die Anwendung der Listen in den Access-*Regeln*.

Eine Access-Regel baut sich wie folgt auf:

`regeltyp allow|deny [!]acl1 [[!]acl2] ...`

Regeltyp gibt die Art der Regel an, die angewendet werden soll (eine Liste der möglichen Regeltypen folgt am Ende dieses Abschnitts). Darauf folgt ein `allow` oder `deny` für Erlauben oder Verbieten und zum Schluss eine oder mehrere ACLs. Es wird der Regeltyp erlaubt oder verboten, wenn *alle* folgenden ACLs zutreffen.

Beispiel:

```
acl TEST src 192.168.11.3/32
http_access allow TEST
```

Im o.g. Beispiel wird eine ACL mit dem Namen TEST vom Typ src (Quell-IP-Adressen) mit dem Inhalt 192.168.11.3 definiert. In der zweiten Zeile bestimmt der Regeltyp `http_access`, dass eine HTTP-Anfrage erlaubt ist (allow), wenn die ACL TEST zutrifft. Das heißt, die HTTP-Anfrage ist erlaubt, wenn der Client die IP-Adresse 192.168.11.3 hat.

Eine ACL kann mit einem vorangestellten »!« umgekehrt werden (! = nicht). Bezogen auf das o.g. Beispiel bedeutet die Regel

```
http_access allow !TEST
```

dass die HTTP-Anfrage erlaubt ist, wenn die ACL TEST *nicht* zutrifft, d. h., der Client *nicht* die IP-Adresse 192.168.11.3 hat. Daraus ergibt sich auch, dass

```
http_access deny !TEST und http_access allow TEST
```

grundsätzlich die gleiche Aussage haben, in der Zusammensetzung mit weiteren Regeln jedoch unterschiedliche Auswirkungen haben können.

Regeltypen   Hier nun die Beschreibung der einzelnen Regeltypen:

http_access

> erlaubt oder verbietet Clients den Zugriff auf den HTTP-Port von Squid. Das heißt einfach ausgedrückt: Surfen mit einem Browser über diesen Proxy wird erlaubt oder verboten.
>
> Wenn keine `http_access`-Zeile existiert, ist der Zugriff grundsätzlich *verboten*.
>
> Wenn keine der angegebenen Zeilen zutrifft, ist der Standardwert das *Gegenteil* der *letzten* `http_access`- Zeile.
> Regelt die letzte Zeile ein deny, ist der Zugriff für alle nicht zutreffenden Anfragen *erlaubt*.
> Regelt die letzte Zeile ein allow, ist der Zugriff für alle nicht zutreffenden Anfragen *verboten*.

ab Squid 2.5   **http_reply_access**

> erlaubt oder verbietet Squid, eine Antwort (Reply) an den Client zu senden.
>
> Diese Regel ergänzt die `http_access`-Regel. Wenn keine `http_reply_access`-Zeile existiert, ist das Versenden von Antworten grundsätzlich *erlaubt*. Ansonsten gelten die gleichen Regeln wie bei `http_access`.

icp_access

> erlaubt oder verbietet anderen Proxys (Clients) den Zugriff auf den ICP-Port von Squid. Das heißt, ICP-Anfragen von anderen Proxys werden erlaubt oder verboten.

miss_access

> erlaubt oder verbietet bestimmten Clients, *cache-misses* (Objekte, die sich nicht im Cache befinden) durch den Proxy weiterzuleiten.

cache_peer_access

> legt fest, welche Anfragen an einen bestimmten Nachbar-Proxy (Peer) gesendet werden sollen bzw. nicht gesendet werden dürfen.

ident_lookup_access
: definiert, welche Anfragen einen Ident-Lookup erfordern.

always_direct
: definiert, welche Anfragen direkt an den Zielserver gesendet werden sollen.

never_direct
: definiert, welche Anfragen *nie* direkt an den Zielserver gesendet werden dürfen.

snmp_access
: legt fest, welche Clients Anfragen an den SNMP-Port von Squid stellen dürfen.

delay_access
: legt fest, welche Clients über einen Delay-Pool (zur Bandbreitensteuerung) beantwortet werden müssen.

broken_posts
: legt fest, für welche Anfragen Squid ein extra CRLF (Umbruch, Zeilenvorschub) nach POST-Sendungen anhängen soll. Einige Server brechen ab, wenn sie am Ende des POST-Message-Bodys keine Leerzeile vorfinden (Broken Posts).

no_cache
: definiert Server-Antworten (Objekte), die nicht in den Cache abgelegt werden dürfen.

redirector_access
: legt fest, welche Anfragen an einen Redirector weitergeleitet werden.

Access-Regeln können eine oder mehrere ACLs enthalten.

Sind mehr als eine ACL enthalten, werden die ACLs UND-verknüpft. Das heißt, die Regel trifft nur zu, wenn *jede* enthaltene ACL zutrifft.

Für jeden einzelnen Request werden die Regeln in der Reihenfolge, in der sie in der Konfigurationsdatei stehen, abgearbeitet. Das heißt, die Konfigurationsdatei wird zeilenweise von oben nach unten durchlaufen. Es wird dabei jede durchlaufene Regel geprüft, so lange bis die erste Regel erfüllt ist.

Ist eine Regel erfüllt, wird an dieser Regel die weitere Regelbearbeitung abgebrochen. Alle folgenden Regeln – egal ob sie zutreffen oder nicht – werden also nicht mehr berücksichtigt!

Um eine sinnvolle Reihenfolge in den Access-Regeln beizubehalten und zur besseren Übersichtlichkeit ist in der Standardkonfiguration ein bestimmter Bereich vorgesehen, in dem Sie Ihre eigenen Access-Regeln definieren sollten. Dieser Bereich ist überschrieben mit der Zeile:

```
# INSERT YOUR OWN RULE(S) HERE TO ALLOW ACCESS FROM YOUR CLIENTS
```

Nach dieser Zeile können Sie Ihre eigenen Regeln einfügen. Damit ist sichergestellt, dass die Standardregeln des Systems unverändert bleiben.

6.5   Und, oder, doch nicht?

Folgendes Beispiel soll die unterschiedliche Regelbearbeitung abhängig von der Regelschreibweise verdeutlichen. Im Wesentlichen sind drei Regeln zu beachten:

- Innerhalb einer ACL gilt ODER-Verknüpfung. Es muss also mindestens ein Element der ACL zutreffen.
- Innerhalb von Access-Regeln gilt UND-Verknüpfung. Es müssen also alle angegebenen ACLs zutreffen.
- Access-Regeln werden von oben nach unten abgearbeitet, bis die erste Regel zutrifft. Alle auf einen Treffer folgenden Regeln gleichen Typs werden ignoriert.

Es folgt ein einfaches Beispiel mit drei Regelwerken, die auf den ersten Blick scheinbar das Gleiche tun.

Die ACLs:

```
acl ALL src 0.0.0.0/0.0.0.0
acl USER1 ident Max
acl USER2 ident Moritz
acl USER3 ident Max Moritz
```

Es wird eine ACL mit dem Namen ALL definiert, die *alle* Quell-IP-Adressen enthält (0.0.0.0/0.0.0.0 = alle IP-Adressen aller Netze). Es gibt weiter eine ACL USER1, die den User Max enthält, eine weitere (USER2) mit dem User Moritz und eine letzte ACL (USER3), welche die User Max und Moritz enthält.

Regelwerk 1:

```
http_access allow USER1
http_access allow USER2
http_access deny ALL
```

1. Wenn die ACL USER1 erfüllt ist (User = Max), wird der Zugriff erlaubt. Wenn nicht, geht's weiter:
2. Wenn die ACL USER2 erfüllt ist (User = Moritz), wird der Zugriff erlaubt. Wenn nicht, geht's weiter:

3. Wenn keine vorherige Regel erfüllt ist, wird allen Clients der Zugriff verweigert.

Es wird also Max und Moritz der Zugriff erlaubt, allen anderen verboten.

Regelwerk 2:

```
http_access allow USER1 USER2
http_access deny ALL
```

1. Wenn die ACL USER1 und USER2 erfüllt sind, wird der Zugriff erlaubt. Wenn nicht, geht's weiter:
2. Wenn keine vorherige Regel erfüllt ist, wird allen Clients der Zugriff verweigert.

In diesem Beispiel müssen in Zeile 1 beide ACLs erfüllt sein (UND-Verknüpfung). Da beide vom gleich Typ sind, jedoch mit unterschiedlichem User, kann diese Bedingung nie erfüllt werden. Der User für eine Anfrage kann nicht gleichzeitig Max *und* Moritz heißen. Es wird also *keinem* Client der Zugriff erlaubt.

Regelwerk 3:

```
http_access allow USER3
http_access deny ALL
```

1. Wenn die ACL USER3 erfüllt ist (der User ist in der Liste »Max Moritz« enthalten), wird der Zugriff erlaubt. Wenn nicht, geht's weiter:
2. Wenn keine vorherige Regel erfüllt ist, wird allen Clients der Zugriff verweigert.

In der ACL USER3 sind die User Max und Moritz definiert. Innerhalb einer ACL gilt eine ODER-Verknüpfung. Das heißt, die ACL trifft zu, wenn mindestens eines der darin enthaltenen Elemente zutrifft.

Der Zugriff wird also erlaubt, wenn der User Max oder Moritz heißt, allen anderen wird der Zugriff verboten. Die Regel ist identisch mit Regelwerk 1.

Beispiel für eine sinnvolle Anwendung der UND-Regel:

```
acl ALL src 0.0.0.0/0.0.0.0
acl USER ident Max Moritz
acl SERVER dstdomain .squid-cache.org
```

```
http_access allow USER SERVER
http_access deny ALL
```

Das oben gezeigte Regelwerk definiert eine ACL USER, in der die Benutzer Max und Moritz enthalten sind, und eine ACL SERVER für die Zieldomain *.squid-cache.org.

In der nächsten Zeile wird der Zugriff erlaubt, wenn die ACLs USER und SERVER zutreffen, d. h. wenn der Benutzer in der ACL USER und das Ziel der Anfrage in der ACL SERVER enthalten ist. Sind nicht beide Bedingungen erfüllt, greift die letzte Regel, die allen Clients den Zugriff verweigert.

Es wird also der Zugriff erlaubt, wenn Max oder Moritz auf einen Server in der Domain squid-cache.org zugreift. Anfragen anderer Benutzer oder zu anderen Ziel-Domains werden verboten.

6.6 Weitere praktische Beispiele

Es folgen nun einige weitere Beispiele aus der Praxis, die zum einen die Regelbearbeitung verdeutlichen, zum anderen als praktische Vorlagen für eigene Regelwerke dienen können.

6.6.1 Bestimmte Server nicht cachen

Sie haben eigene Server mit vielen Daten im lokalen Netz mit schneller Anbindung. Unter Umständen hat es keinen Sinn, die Daten dieses Servers zusätzlich im Proxy zu speichern.

```
acl no_cache_servers dstdomain .mein-netz.de
no_cache deny no_cache_servers
```

Damit wird verhindert, dass Objekte von Servern aus der Domain mein-netz.de in den Cache aufgenommen werden.

6.6.2 Internetzugang nur für bestimmte IP-Adressen

Sie wollen bestimmten Clients auf IP-Basis den Zugang ins Internet erlauben, alle anderen sollen nur in das lokale Intranet (hier 192.168.10.0/255.255.255.0) zugreifen.

```
acl all src 0/0
acl local dst 192.168.10.0/24
acl internet src "/usr/local/squid/etc/internet.src"
http_access allow local
```

6.6 Weitere praktische Beispiele

```
http_access allow internet
http_access deny all
```

Zeile 2 definiert Ihr lokales Netz als Zieladresse (dst). In Zeile 3 wird eine Datei bestimmt, in der die Client-Adressen (src), die Zugriff auf das Internet erhalten sollen, enthalten sind. Zeile 4 erlaubt grundsätzlich den Zugriff auf alle lokalen Zieladressen. Zeile 5 erlaubt allen Clients, die in der angegebenen Datei aufgeführt sind, den generellen Zugriff (überallhin). Zeile 6 verbietet allen anderen den Zugriff.

Die Datei /usr/local/squid/etc/internet.src aus Zeile 3 muss manuell angelegt werden und enthält die für das Internet zugelassenen IP-Adressen. Beispiel:

```
192.168.10.21/255.255.255.255
192.168.10.34/255.255.255.255
192.168.10.35/255.255.255.255
```

Diese Datei muss für den Squid-Prozess (cache_effective_user) lesbar sein.

6.6.3 Zugang nur zu bestimmten Zeiten

Aus bestimmten Gründen (z. B. Kostenreduzierung) soll der Internetzugang nur zu bestimmten Zeiten zur Verfügung stehen. In der Hauptzeit (Montag bis Freitag 8:00 Uhr bis 18:00 Uhr) soll kein Internetzugang möglich sein.

Nur zur Arbeitszeit

```
acl all src 0/0
acl local dst 192.168.10.0/24
acl zeit time 8:00-18:00
http_access allow local
http_access allow !zeit
http_access deny all
```

Zeile 2 definiert wieder das lokale Netz als Ziel. Zeile 3 definiert einen Zeitraum, hier von 8–18 Uhr. In Zeile 4 werden alle Zugriffe in das lokale Netz erlaubt. In Zeile 5 werden alle Zugriffe erlaubt, die *nicht* in der definierten Zeit liegen.

Sie haben einen Server, auf den zu bestimmten Zeiten nur von einem ausgewählten Client zugegriffen werden darf (Wartungszeiten). Außerhalb dieser Wartungszeiten darf jeder zugreifen. Die Wartungszeiten sind freitags 13:00 Uhr bis 15:00 Uhr.

Zur Wartung

```
acl all src 0/0
acl admin src 192.168.10.1/32
```

```
acl wartung time F 13:00-15:00
http_access allow admin
http_access allow !wartung
http_access deny all
```

Zeile 2 definiert den Client, der Administrationsrechte haben soll. Zeile 3 definiert das Wartungsfenster (freitags 13–15 Uhr). In Zeile 4 wird dem Admin-PC uneingeschränkter Zugriff gewährt. Zeile 5 gewährt allen anderen Zugriff, sofern sie nicht innerhalb der Wartungszeiten liegen.

6.6.4 Bestimmte Seiten sperren

Bannliste Sie wollen den Zugang zu bestimmten Seiten grundsätzlich sperren. Eine entsprechende *Bannliste* von zu sperrenden Domains liegt in einer externen Datei (/etc/banlist.txt) vor.

```
acl all src 0/0
acl ban dstdomain "/etc/banlist.txt"
http_access deny ban
http_access allow all
```

Zeile 2 definiert eine Datei, die Domains enthält, die gesperrt werden sollen. Zeile 3 verbietet den Zugriff auf die in dieser Datei enthaltenen Domains. In Zeile 4 wird allen anderen der Zugriff erlaubt.

Nur für bestimmte Aufgaben Sie wollen, dass der Internetzugang nur für bestimmte Aufgaben genutzt wird. Das heißt, es darf nur auf vorher freigegebene Server zugegriffen werden. Die Liste der erlaubten Server liegt in einer externen Datei (/usr/local/etc/free.txt) vor. Lokale Server sollen jedoch immer erreichbar sein.

```
acl all src 0/0
acl local dst 192.168.10.0/24
acl freelist dst "/usr/local/etc/free.txt"
http_access allow local
http_access allow freelist
http_access deny all
```

Zeile 2 definiert das lokale Netz als Ziel. Zeile 3 definiert eine Liste von Ziel-IP-Adressen in einer externen Datei. In Zeile 4 wird der Zugriff auf das lokale Netz pauschal erlaubt. In Zeile 5 wird für die in Zeile 3 definierten Zieladressen der Zugriff erlaubt. Zeile 6 verbietet wieder alles andere.

7 Authentifizierung

Mit der Access-Liste proxy_auth kann der Proxyserver veranlasst werden, alle oder bestimmte Zugriffe nur nach einer Benutzerauthentifizierung zuzulassen.

Hierzu verfügt der Proxy über eine Möglichkeit, *Authentifizierungsmodule* einzubinden, die nach beliebigen Verfahren eine Authentifizierung durchführen können. Dabei wird unterschieden zwischen interner und externer Authentifizierung:

- Die interne Authentifizierung erfolgt auf dem Proxyserver selbst durch das entsprechende Modul, z. B. anhand der auf dem Server eingerichteten Nutzer (/etc/passwd).
- Die externe Authentifizierung erfolgt ebenfalls über ein entsprechendes Modul, das jedoch die Authentifizierung nicht selbst durchführt, sondern weiterleitet an einen externen Server oder Dienst (z. B. Windows NT, RADIUS oder LDAP).

7.1 Funktion

Die Kommunikation Proxy–Authentifizierungsmodul funktioniert recht simpel. Der Proxy gibt den vom Client im Header gesendeten Benutzernamen und das Passwort an das Modul weiter. Das Modul prüft die Übereinstimmung und gibt bei erfolgreicher Authentifizierung einen Statuswert OK an den Proxyserver zurück. Im Falle einer fehlgeschlagenen Authentifizierung oder eines sonstigen Fehlers gibt das Modul den Statuswert ERR zurück.

Damit ist es auch recht einfach, eigene Authentifizierungsmodule zu schreiben. Abbildung 7.1 verdeutlicht den Ablauf:

1. Der Browser sendet einen Request an den Proxy.
2. Der Proxy beantwortet den Request selbst mit 401 (Unauthorized).
   Er veranlasst damit den Browser, den Anwender nach seinem Benutzernamen und Passwort zu fragen.

Abbildung 7.1
Ablaufschema einer Authentifizierung

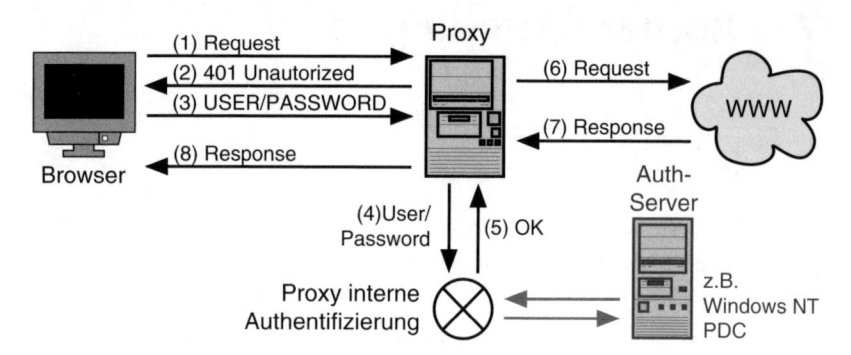

3. Der Browser sendet die Anfrage erneut, diesmal jedoch mit dem vom Anwender eingegebenen Benutzernamen und Passwort im Header.
4. Der Proxy prüft anhand des in der Konfigurationsdatei angegebenen Authentifizierungsmoduls die Übereinstimmung von Benutzernamen und Passwort.
   Das Authentifizierungsmodul kann seinerseits hierzu einen externen Authentifizierungsserver befragen (z. B. einen Windows NT Domänen-Controller).
5. Das Authentifizierungsmodul sendet ein OK an den Proxyserver, wenn das Passwort für den angegebenen Benutzer korrekt geprüft werden konnte. Anderenfalls wird ein ERR an den Proxy zurückgegeben.
6. Im Falle eines OK sendet der Proxy – falls nötig – einen Request an den angefragten Webserver.
   Hat der Proxy das Objekt im Cache, wird es ggf. auch direkt an den Browser gesendet (8).
7. Der Webserver antwortet dem Proxy i.d.R. mit dem angefragten Objekt.
8. Der Proxy sendet eine Response mit dem vom Browser angeforderten Objekt bzw. der Antwort des Webservers.

7.2 Squid-Konfiguration

Die Proxy-Authentifizierung von Squid wurde sowohl in der Konfiguration wie auch in den externen Modulen im Laufe der Entwicklung mehrfach überarbeitet. Daher ist die Konfiguration sehr versionsabhängig. Sie sollten zuerst prüfen, welche Squid-Version in Betrieb ist, um dann die entsprechende Konfiguration vorzunehmen. Der Schwerpunkt dieses Kapitel liegt bei Squid 2.5/Squid 3. Alle ausführlicher beschriebenen Beispiele beziehen sich – sofern nicht anders genannt – auf die Version ab 2.5.

Welche Version im Einsatz ist, erfahren Sie, wenn Sie Squid mit der Kommandozeilenoption »-v« aufrufen:

```
# squid -v
Squid cache: Version 2.5.STABLE12
configure options: -q --prefix=/usr --sysconfdir=/etc/squid
--bindir= ...
```

Für eine erfolgreiche Authentifizierung müssen vier Voraussetzungen gegeben sein:

- Ein funktionierendes Authentifizierungsmodul wie in 7.1 beschrieben.
- Die Konfiguration des Moduls in Squid mittels authenticate_program oder auth_param.
- Eine Access-Liste vom Typ proxy_auth.
- Eine Access-Regel (http_access) mit der entsprechenden ACL.

Die Konfiguration der externen Authentifizierungsmodule selbst wird weiter unten in diesem Kapitel detaillierter beschrieben. Die Konfiguration der Module in der Squid-Konfigurationsdatei hat sich mit Squid 2.5 wesentlich geändert. Hier werden kurz beide Konfigurationen (Squid bis 2.4 und ab 2.5) beschrieben:

Squid bis 2.4

Squid 2.4 unterstützt nur eine Basic-Authentifizierung. Das heißt, Benutzername und Passwort müssen im Klartext eingegeben werden und werden dann direkt authentifiziert. Auch hier muss ein entsprechendes Authentifizierungsprogramm angegeben werden. Die Optionen für Squid 2.4 werde hier nur kurz erklärt:

authenticate_program */usr/local/bin/ncsa_auth /etc/squid/.htpasswd*
  Hiermit wird das Authentifizierungsprogramm mit seinen Optionen bestimmt (hier ncsa_auth).
authenticate_children *5* Bestimmt die Zahl der zu startenden Authentifizierungsprozesse (hier 5).
authenticate_ttl *1 hour* Bestimmt die Gültigkeitsdauer einer erfolgreichen Authentifizierung, bis erneut geprüft werden muss (hier 1 Std.).
authenticate_ip_ttl *0 seconds* Hiermit kann festgelegt werden, dass eine Authentifizierung die angegebene Zeitspanne an diese IP gebunden bleibt. Damit kann verhindert werden, dass sich Benut-

zer mehrfach an unterschiedlichen Rechnern authentifizieren. (0 schaltet diese Funktion ab)

authenticate_ip_ttl_is_strict *on* Hiermit wird die authenticate_ip_ttl-Option verschärft. Es wird für die angegebene Zeitspanne keine erneute Authentifizierung zugelassen oder verlangt.

Squid ab 2.5

Squid ab 2.5 unterstützt verschiedene Authentifizierungsschemen. Neben der basic-Authentifizierung, mit dem direkten Abgleich von Benutzernamen und Passwort, werden jetzt auch sichere Verfahren wie z. B. digest- oder ntlm-Authentifizierung unterstützt.

Hierzu muss das benötigte Authentifizierungsschema bereits während der Installation mit einkompiliert werden.

Beispiel:

```
./configure
...
--enable-auth="basic ntlm" \
--enable-basic-auth-helpers "ldap"
--enable-ntlm-auth-helpers "winbind"
...
```

In den gängigen Standarddistributionen sollte dies bereits in den Binaries enthalten sein.

Das gewünschte Authentifizierungsmodul muss existieren und funktionsfähig sein.

Eine Sammlung gängiger Module ist Bestandteil des Squid-Pakets. Diese finden Sie im Quellcode im Verzeichnis ./helpers/ (relativ zum Quellverzeichnis). Zur Installation wechseln Sie in das jeweilige Verzeichnis und führen dort die Befehle make und make install aus (Letzteres als Benutzer root unter Unix/Linux). Alternativ können Sie die benötigten Module zusammen mit Squid installieren lassen, wenn Sie diese in der configure-Option --enable-*schema*-auth-helpers="*Modulname*" – wie im Beispiel oben – mit angeben.

In den gängigen Standarddistributionen sollten die häufigsten Module ebenfalls bereits installiert sein, so dass Sie auch hier nichts zu tun brauchen.

Darüber hinaus gibt es noch externe Module anderer Projekte. Das bekannteste wird das ntlm-Modul des Samba-Projekts sein. Dies installieren Sie – wenn nötig – gemäß der Anleitung des jeweiligen Projekts.

Wenn nun auch das Authentifizierungsmodul vorhanden ist und funktioniert, muss lediglich noch die Konfiguration von Squid erfolgen (squid.conf). Hier gibt es im Wesentlichen eine Konfigurationsoption mit mehreren Werten, je nach verwendetem Authentifizierungsschema und -modul. Die detaillierte Beschreibung der Optionen finden Sie im Abschnitt 5.5.

Die wichtigsten Parameter hier noch einmal beispielhaft in Kürze:

`auth_param basic program /usr/sbin/ncsa_auth /etc/squid/.htpasswd`
: Es wird das basic-Schema mit dem NCSA-Modul und der angefügten Passwort-Datei benutzt.

`auth_param basic children 5` Es werden fünf Authentifizierungsprozesse gestartet, die parallel arbeiten können. Wenn alle fünf Prozesse belegt sind, wird die nächste Anfrage verzögert, bis wieder ein Prozess für die Authentifizierung frei ist.

`auth_param basic realm Squid proxy-caching web server` Mit realm wird der Name bestimmt, der im Abfragefenster zur Eingabe der Benutzerdaten angezeigt wird. Hier wird »Squid proxy-caching web server« ausgegeben.

`auth_param basic credentialsttl 2 hours` Eine erfolgreiche Authentifizierung wird zwei Stunden lang gespeichert, bis die Benutzerdaten erneut mit dem Authentifizierungsmodul abgeglichen werden. Das heißt, es kann im Extremfall bis zu zwei Stunden dauern, bis sich eine Änderung der Benutzerrechte auswirkt.

Alternativ für das NTLM-Schema würde es so aussehen:

`auth_param ntlm program /usr/sbin/ntlm_auth` Es wird das NTLM-Schema mit dem ntlm_auth-Modul verwendet (Authentifizierung gegen eine Windows-Domäne via Samba Winbind)

`auth_param ntlm children 6` Es werden sechs Authentifizierungprozesse gestartet.

`auth_param ntlm max_challenge_reuses 0` Bestimmt, wie oft ein vergebener Challenge benutzt werden darf (0 heißt, dass er nicht erneut benutzt werden darf und somit auch nicht im Cache gehalten wird).

`auth_param ntlm max_challenge_lifetime 30 minutes` Bestimmt die Zeit, wie lange ein Challenge maximal genutzt werden darf.

7.3 Authentifizierungsmodule

Squid liefert selbst eine Vielzahl möglicher Authentifizierungsmodule als Hilfsprogramme (Helpers) mit. Sie können aber auch Hilfsprogramme aus anderen Quellen (z. B. Samba) oder selbst geschriebene Programme benutzen. Die Funktion zur Anbindung an Squid ist sehr simpel und wurde bereits zu Beginn dieses Kapitels beschrieben.

7.3.1 getpwnam und NCSA

Die simpelste Form der Authentifizierung unter Unix/Linux sind die klassischen Methoden mittels getpwnam- oder NCSA-Authentifizierung. Beide Methoden eignen sich nur für kleinere lokale Nutzerauthentifikationen. Wobei hier getpwnam die Standard-Passwortdatei des Unix-Systems nutzt. Dies ist sicher nur in Ausnahmefällen sinnvoll, da hier für jeden Proxy-Benutzer auch ein lokaler Unix-Account angelegt werden müsste. Beide Methoden funktionieren gleichermaßen simpel, so dass hier nur NCSA exemplarisch beschrieben wird.

NCSA-Authentifizierung mittels ncsa_auth ist das gleiche Verfahren, wie es beim Apache-Webserver zu Einsatz kommt. Es muss auch hier eine Passwortdatei mittels `htpasswd` erstellt werden, bzw. es wird eine bereits für Apache erstellte Datei mit genutzt.

Das Modul wird – falls noch nicht in der Unix-/Linux-Distribution vorhanden – einfach wie folgt aus dem Quellverzeichnis von Squid installiert:

```
cd helpers/basic_auth/NCSA/
make
su
make install
```

Eine neue Passwortdatei /etc/squid/.htpasswd mit dem Benutzer »*testuser*« und dem Passwort »*geheim*« wird z. B. mit

```
htpasswd -c /etc/squid/.htpasswd testuser geheim
```

angelegt. (Die Option »-c« legt eine neue Datei an bzw. überschreibt eine bereits vorhandene.)

Weitere Benutzer können dann einfach mit

```
htpasswd /etc/squid/.htpasswd testuser2 auchgeheim
```

angelegt werden.

Wird kein Passwort angegeben, so fordert htpasswd zur verdeckten Eingabe des Passworts auf.

Dateieigentümer beachten! Achten Sie darauf, dass Sie die Datei mit dem Eigentümer von Squid (`cache_effective_user`) anlegen und entsprechend restriktive Rechte vergeben, da sie sonst von Squid nicht gelesen werden kann oder möglicherweise andere Nutzer die Benutzer und Passwörter auslesen können.

In Squid (ab Squid 2.5) wird ncsa_auth wie folgt eingebunden:

```
auth_param basic program /usr/sbin/ncsa_auth /etc/squid/.htpasswd
auth_param basic children 3
auth_param basic realm Squid proxy-caching web server
auth_param basic credentialsttl 2 hours
```

In Versionen bis Squid 2.4 lautet die Option:

```
authenticate_program /usr/sbin/ncsa_auth
/etc/squid/.htpasswd
```

7.3.2 PAM

Als modularer Authentifizierungsmechanismus für unterschiedlichste Anwendungen bei gleicher Datenbasis werden in letzter Zeit Pluggable Authentication Modules (PAM) immer beliebter.

So gibt es natürlich auch für Squid ein entsprechendes Modul, das wie gehabt ggf. aus dem Quellverzeichnis von Squid installiert werden muss:

```
cd helpers/basic_auth/PAM/
make
su
make install
```

Falls es nicht bereits Bestandteil der Distribution ist, müssen folgende Konfigurationen überprüft werden:

Auswahl der zu verwendenden Authentifizierungsquelle (hier z. B. Unix-/Linux-Benutzer) in der Datei /etc/pam.conf:

```
squid auth     required pam_unix.so
squid account  required pam_unix.so
```

Oder in der modularen Form über Includes in der ggf. neu anzulegenden Datei /etc/pam.d/squid:

```
auth    required pam_unix.so
account required pam_unix.so
```

Für Squid selbst wird in der Datei squid.conf beispielhaft die folgende Konfiguration aufgenommen:

```
auth_param basic program /usr/sbin/pam_auth
auth_param basic children 5
auth_param basic realm Squid proxy-caching web server
auth_param basic credentialsttl 2 hours
```

7.3.3 LDAP

Plattformübergreifend sehr verbreitet ist das Lightweight Directory Access Protocol (LDAP). Inzwischen gibt es zahlreiche Projekte, die eine Authentifizierung gegen diesen Verzeichnisdienst unterstützen. Squid selbst bringt hierzu das Modul squid_ldap_auth mit.

squid_ldap_auth benutzt ebenfalls das Basic-Schema, also eine direkte Übergabe von Benutzernamen und Passwort.

Aufgrund der unterschiedlichsten Ausprägungen von LDAP ist dieser Abschnitt unterteilt. Im ersten Teil wird die grundsätzliche Funktion an einem beliebigen LDAP-Server beschrieben. Im zweiten Abschnitt wird auf einige Spezialitäten von LDAP in einer Windows-ADS-Ausprägung eingegangen. Da auch ein Windows-ADS-Domaincontroller LDAP-Anfragen unterstützt, kann so auch mittels LDAP gegen einen ADS-Domaincontroller authentifiziert werden.

LDAP

Eine einfache LDAP-Authentifizierung für Benutzer der Domäne mydomain.org durch den LDAP-Server ldap.mydomain.org könnte wie folgt aussehen:

```
auth_param basic program /usr/sbin/squid_ldap_auth
-b "dc=mydomain,dc=org" -f "uid=%s" ldap.mydomain.org
auth_param basic children 4
auth_param basic realm Squid proxy-caching web server
auth_param basic credentialsttl 3 hours
```

LDAP (Windows ADS)

Eine LDAP-Authentifizierung gegen einen ADS-Domaincontroller ist deutlich komplexer.

Es muss hier z. B. auch eine Authentifizierung des Abfragenden (in diesem Fall das squid_ldap_auth-Modul) erfolgen. Desweiteren muss bekannt sein, ob es sich beim verwendeten Directory-Server bzw. Domaincontroller um ein Global Catalog Server handelt. Dieser verwendet nicht den Port 389 (wie LDAP üblich), sondern den Port 3268 (Global Catalog) für die Beantwortung von Authentifizierungsanfragen.

Beispiel:
Domainname: ads.local, Domaincontroller: 192.168.1.1, Bind-User: Squid im Verzeichnis Users, Passwort: geheim, der Domaincontroller ist gleichzeitig Global Catalog Server:

```
auth_param basic program  /usr/sbin/squid_ldap_auth -P -R -b
"DC=ads,DC=local" -D "CN=Squid,CN=Users,DC=ads,DC=local" -w
geheim    -f "(&(objectClass=Person)(userPrincipalName=%s))"
192.168.1.1:3268
auth_param basic children 6
auth_param basic realm Squid proxy-caching web server
auth_param basic credentialsttl 2 hours
```

7.3.4 NTLM/WINBIND

Das ntlm_auth-Modul ist Bestandteil des Samba-Pakets und ermöglicht auch eine Authentifizierung für Squid. Es erfordert jedoch ein funktionierendes Samba-Winbind. Sie müssen also zuerst Samba installieren und Winbind konfigurieren, bevor Sie ntlm_auth nutzen können. ntlm_auth unterstützt sowohl das Basic-Schema wie auch das sicherere ntlm-Schema. Vorteile von ntlm sind:

- ❏ Erhöhte Sicherheit durch das Challenge-Response-Verfahren. Das heißt, es werden keine Benutzer-/Passwort-Daten mehr übertragen.
- ❏ Die Authentifizierung kann (wenn vom Browser unterstützt) völlig transparent erfolgen. Es wird dann kein eigenes Fenster zur Authentifizierung aufgehen, und es werden die Logindaten der Workstation per Challenge-Response direkt durchgereicht.

Nachteile dieses Verfahrens:

- ❏ Es gibt weniger Kontrollmöglichkeit der Zugriffsrechte. Wenn ein User sich an der Windows-Domäne angemeldet hat und damit gültige Credentials übergibt, ist er authentifiziert und kann surfen.
- ❏ Der genutzte Domaincontroller muss NetBIOS over TCP unterstützen, was bei reinem ADS nicht mehr unbedingt nötig wäre. Meist ist dies jedoch aus Kompatibilitätsgründen zu Windows NT ohnehin eingeschaltet.

Installation von Samba-Winbind

Zuerst müssen Sie Samba mit ADS- und Winbind-Unterstützung installieren. In der Standardkonfiguration der aktuell gängigen Linux-Distributionen sollte dies bereits in den Binary-Paketen enthalten sein. Wenn Sie Samba aus den Originalquellen installieren, müssen Sie ggf. die configure-Optionen entsprechend angeben.

Hier ein Beispiel aus der Samba-Installation von SuSE Linux 10 (siehe samba.spec in SuSE-Quellpaket):

```
./configure \
--prefix=/usr \
--localstatedir=/var \
--with-configdir=/etc/samba \
--with-privatedir=/etc/samba \
--with-fhs \
--with-quotas \
--with-msdfs \
--with-smbmount \
--with-ads \
--with-pam \
--with-pam_smbpass \
--with-syslog \
--with-utmp \
--with-sambabook=/usr/share/swat/using_samba \
--with-swatdir=/usr/share/swat \
--with-libsmbclient \
--with-winbind \
--with-winbind-auth-challenge
```

Samba übersetzen und installieren (falls aus den Quellen installiert wird):

```
make
make install
```

Anschließend muss Winbind konfiguriert werden.

In der Samba-Konfiguration (/etc/samba/smb.conf) müssen folgende Optionen korrekt gesetzt sein:

```
security = ads
password server = MyDomainController
encrypt passwords = yes
winbind separator = \
idmap uid = 10000-20000
```

```
idmap gid = 10000-20000
winbind enum users = yes
winbind enum groups = yes
realm = mydomain.org
winbind use default domain = yes
```

Anpassen der Kerberos-Konfiguration in der Datei /etc/krb5.conf:

```
[libdefaults]
ticket_lifetime = 24000
default_realm = mydomain.org
dns_lookup_realm = yes
dns_lookup_kdc = yes
[realms]
mydomain.org = {
kdc = ads.mydomain.org
}
```

Die Datei /etc/nsswitch.conf muss winbind als Quelle enthalten:

```
Passwd:  files winbind
group:   files winbind
hosts:   files winbind dns
```

Prüfen Sie nun noch die Rechte auf die Winbind-Pipe. Sie finden die Datei im Verzeichnis windbindd_privileged.
Beispiel:

/var/cache/samba/winbindd_privileged/

Das Verzeichnis muss zumindest Leserechte, die Pipe-Datei muss Lese- und Schreibrechte für Squid haben. Da die Rechte auf die Datei bei root bleiben müssen, ist es sinnvoll, das Verzeichnis der gleichen Gruppe zuzuweisen wie unter »cache_effective_group« in der Datei squid.conf definiert. Die Gruppenrechte sollten zumindest auf Lesen und Ausführen (r-x) gesetzt werden.
Beispiel: cache_effective_group ist in der squid.conf auf den Gruppennamen »squid« gesetzt:
Setzen der Gruppenrechte:

chmod 750 /var/cache/samba/winbind_privileged

Setzen der Gruppenzugehörigkeit:

chgrp squid /var/cache/samba/winbind_privileged

7 Authentifizierung

Wenn alles so weit fehlerfrei installiert und konfiguriert ist, müssen Sie abschließend noch mit Ihrem Server der ADS-Domäne beitreten. Dieser Schritt ist nur einmalig während der Installation erforderlich:

```
net ads join -U Administrator
```

Damit sollte eine Authentifizierung über ntlm_auth und winbind möglich sein.

Installation und Konfiguration von squid

Squid muss bei der Installation mit folgenden Optionen übersetzt werden:

```
./configure --prefix=/usr \
--sysconfdir=%{squidconfdir} \
--bindir=/usr/sbin \
--sbindir=/usr/sbin \
...
--enable-auth="basic ntlm" \
...
--enable-ntlm-fail-open
```

In Binaries von Standarddistributionen ist dies meist bereits der Fall.

Das Authentifizierungsprogramm ntlm_auth hat im Wesentlichen folgende Syntax:

```
ntlm_auth --helper-protocol=Protokolltyp
```

Als Protokolltyp sind folgende drei für Squid gebräuchlich, von denen Sie das für Ihre Konfiguration Nötige auswählen:

squid-2.4-basic Basic-Authentifizierung für einen Squid 2.4.
squid-2.5-basic Basic-Authentifizierung für einen Squid 2.5.
squid-2.5-ntlmssp NTLM-Authentifizierung für einen Squid 2.5 (Challenge-Response Protocol).

Beispiel für eine Konfiguration via ntlm_auth:

```
auth_param ntlm program            /usr/sbin/ntlm_auth --helper-protocol=squid-2.5-ntlmssp
auth_param ntlm children 6
auth_param ntlm realm Squid proxy-caching web server
auth_param ntlm max_challenge_reuses 0
auth_param ntlm max_challenge_lifetime 60 minutes
auth_param basic program           /usr/sbin/ntlm_auth --helper-protocol=squid-2.5-basic
```

```
auth_param basic children 6
auth_param basic realm Squid proxy-caching web server
auth_param basic credentialsttl 60 minutes
```

Es sollte zum Schluss immer ein basic-Schema angegeben werden. Damit werden Benutzer, die keinen Browser nutzen, der eine transparente Windows-Authentifizierung ermöglicht, zur Eingabe von Benutzernamen und Passwort aufgefordert. Ansonsten wäre eine Authentifizierung für diese Benutzer nicht möglich.

7.4 Zugriffsregelung

Abschließend muss dann nur noch das gewünschte Access-Regelwerk konfiguriert werden. Hierzu dient der ACL-Typ proxy-auth.

Mit proxy-auth wird eine Liste von Benutzern erstellt. Zusätzlich gibt es den Schlüsselwert REQUIRED. Dieser Schlüsselwert definiert *jeden* erfolgreich authentifizierten Benutzer und erspart so eine Auflistung und Pflege aller Benutzer.

Beispiele:
Hiermit wird allen angemeldeten Benutzern der Zugriff erlaubt:

```
acl Users proxy_auth REQUIRED
http_access allow Users
http_access deny all
```

Zugriff für bestimmte Benutzer:

```
acl Users proxy_auth Administrator Bernd Claus Dieter
http_access allow Users
http_access deny all
```

Zugriff für die in dieser Datei eingetragenen Benutzer:

```
acl Users proxy_auth "/etc/squid/users.allow"
http_access allow Users
http_access deny all
```

8 Redirector

Ein Redirector bezeichnet im weitesten Sinne eine Umleitung.

Es handelt sich hierbei um ein externes Programm, das in die interne Verarbeitungskette von *Client-Anfragen* eingefügt wird.

Dazu wird ein Schnitt durch den eingehenden Datenstrom gezogen, an dem alle oder ausgewählte Client-Anfragen anhand von ACLs ausgefiltert werden.

Diese Anfragen werden über eine definierte Schnittstelle an ein externes Programm übergeben. Das externe Programm muss die Anfragen entweder im Originalzustand oder verändert wieder zurückliefern, und sie werden dann an derselben Stelle wieder in den üblichen internen Verarbeitungsweg von Squid zurückgeführt. Squid bearbeitet diese Anfrage dann so weiter, als käme sie direkt vom Client.

Das heißt, ein Redirector bietet im Wesentlichen die Möglichkeit, Client-Anfragen zu manipulieren.

Zu Beachten ist dabei, dass der Redirector nur clientseitig eingesetzt werden kann. Er bekommt lediglich die Anfrage des Clients und kann auch nur diese (im Original oder verändert) zurückgeben.

Die Antworten auf eine solche Anfrage – ob aus dem Cache oder von einem entfernten Webserver – gehen stets direkt zum Client.

Das heißt, ein Redirector bekommt von Squid nicht den Inhalt eines auszuliefernden Objekts und kann auch keine Inhalte an Squid zurückliefern!

Fazit: Ein Redirector kann nur sehr bedingt als Inhaltsfilter eingesetzt werden, da er nur Anfragen filtern kann, nicht jedoch die tatsächlichen Inhalte einer Antwort.

8.1 Funktion eines Redirectors

Ein Redirector wird – wie bereits beschrieben – in den Strom der eingehenden Client-Anfragen gehängt.

Alle Client-Anfragen werden an den Redirector weiter geleitet. Anhand von Access-Listen können auch bestimmte Anfragen ausgenommen oder nur bestimmte Anfragen über den Redirector geleitet werden.

Abbildung 8.1
Schema des Redirectors

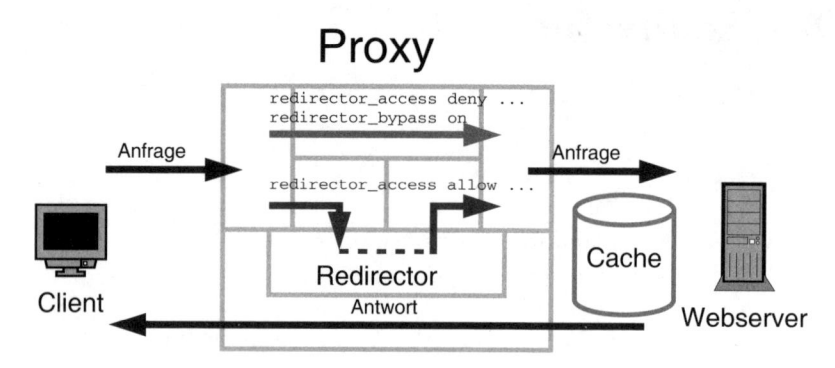

Dem Redirector werden dabei folgende Daten übergeben:

- Angefragter URL
- IP-Adresse des Clients und ggf. sein FQDN
- Ggf. Benutzer über Proxy-Authentifizierung oder Ident-Abfrage
- HTTP-Anfragemethode

Der Redirector liefert nur den URL (ggf. mit einem vorangestellen Statuscode) an Squid zurück.

Squid bearbeitet den zurückgegeben URL so, als wäre er direkt vom Client geliefert worden.

Liefert der Redirector einen leeren Wert zurück, wird die originale Client-Anfrage von Squid ausgeführt.

8.2 Konfiguration des Redirectors

Die Konfiguration eines Redirectors ist recht simpel. Squid kennt lediglich fünf Optionen, mit denen ein Redirector konfiguriert wird.

Die Hauptarbeit dürfte hier bei der Konfiguration des Redirector-Programms selbst liegen (z. B. SquidGuard). Da es sich hierbei jedoch um eigene Programme handelt, die nicht Bestandteil von Squid sind, kann hier auf die Konfiguration des Redirectors selbst nicht im Detail eingegangen werden.

In Kapitel 22 ist ein Beispiel für die Konfiguration des sehr verbreiteten Redirectors SquidGuard gegeben.

8.2.1 Wahl eines Redirectors

Wie oben bereits beschrieben, ist ein Redirector ein externes Programm, das nicht zum Lieferumfang von Squid gehört. Damit Squid mit dem

Redirector zusammen arbeiten kann, muss dieses Programm erst einmal bekannt gemacht werden.

Mit der Option:

`redirect_program /pfad/programm_name [-option]`

wird Squid der Name des Redirector-Programms mit seinen ggf. nötigen weiteren Kommandozeilenoptionen bekannt gegeben.

Beispiel: `redirector_program /usr/local/squidGuard/squidGuard -C`

8.2.2 Optimierung des Redirectors

Squid kann eine hohe Anzahl von Client-Anfragen beantworten. Je nach Komplexität des Redirectors kann die Bearbeitungszeit im Redirector jedoch erheblich länger sein. Squid kann die nächste Anfrage erst an den Redirector schicken, wenn dieser die letzte Anfrage bearbeitet und einen URL zurückgeliefert hat. Damit ein komplexer Redirector hier nicht zum Flaschenhals wird, kennt Squid zwei kombinierbare Mechanismen:

Redirector-Pool

Squid kann mehrere Redirector-Prozesse parallel starten und Anfragen jeweils an den nächstfreien Redirector weiterleiten.

Die Zahl der zu startenden Redirector-Prozesse bestimmen Sie mit:

`redirector_children n`

Wobei *n* die Anzahl der zu startenden Redirector-Prozesse angibt.

Redirector-Bypass

Wenn kein freier Redirector zur Verfügung steht, werden alle Anfragen, die zurzeit nicht durch einen Redirector bearbeitet werden können, direkt ausgeführt.

So ist selbst bei höchstem Anfrageaufkommen jede Verzögerung von Anfragen durch fehlende Redirector-Prozesse ausgeschlossen, es kann jedoch auch nicht mehr garantiert werden, dass jede Anfrage durch den Redirector läuft.

Diese Möglichkeit sollte also mit Bedacht gewählt werden. Nutzen Sie einen Redirector z. B. nur als Werbeblocker, wäre es sicher unkritischer, wenn bei hoher Last einmal die eine oder andere Werbeeinblendung durchrutscht, als wenn Anfragen durch das Warten auf einen freien Redirector verzögert würden. Diese Option kann mit

`redirector_bypass on|off`

ein- oder ausgeschaltet werden.

8.2.3 Host-Header anpassen

Ein Redirector kann den vom Client angegebenen URL verändern. Dabei kann neben dem Pfadteil auch der Host-Teil verändert werden. Squid wird bei einer Änderung des Host-Teils auch den Host-Header der Anfrage anpassen.

Unter Umständen (z. B. bei Reverse-Proxys) ist dies jedoch nicht sinnvoll. Hier können Sie das Anpassen des Host-Headers mit der Option

```
redirect_rewrites_host_header on|off
```

ein- oder ausschalten.

8.3 Konfiguration für einen Redirector

Ein Redirector wird – wie bereits beschrieben – mit folgenden fünf Optionen konfiguriert:

- redirect_program
- redirect_children
- redirector_bypass
- redirect_rewrites_host_header
- redirector_access

Im Folgenden finden Sie einige Beispiele für die Konfiguration eines Redirectors. Im ersten Beispiel zusätzlich auch ein kleines Redirector-Programm in Perl zur Demonstration der Redirector-Schnittstelle.

8.3.1 Ein eigener Redirector

Die grundsätzliche Funktion eines Redirectors ist simpel. Das folgende Skript soll zeigen, wie einfach ein Redirector auch selbst zu programmieren ist.

Das Redirector-Programm Das folgende kleine Perl-Skript bildet bereits einen vollständigen – wenn auch sehr einfachen – Redirector ab. Jede eingehende Anfrage eines Clients wird durch die im Perl-Skript angegebene URL ersetzt.

```perl
#!/usr/local/bin/perl
$|=1; while (<>) {
```

```
s@http://fromhost.com@http://tohost.org@;
print;
}
```

Die Konfiguration von Squid

```
redirect_program /usr/local/rdtest/test.pl
redirect_children 1
redirector_bypass off
redirect_rewrites_host_header on
redirector_access allow all
```

Zeile 1 gibt den Namen des zu startenden Redirectors (hier unser Perl-Skript) an.

Zeile 2 bestimmt, dass nur ein Redirector-Prozess gestartet werden soll.

Zeile 3 gibt an, dass der Redirector auch dann zu benutzen ist, wenn dieser belegt ist und Anfragen dadurch verzögert werden müssen.

Zeile 4 bestimmt, dass Squid ggf. auch den Host-Header der Anfrage anpassen soll.

Zeile 5 legt fest, dass alle Anfragen den Redirector durchlaufen sollen.

Das Ergebnis Starten Sie Squid (neu), und geben Sie in Ihrem Client ein beliebigen URL ein. Immer wenn der URL den Rechnernamen *fromhost.com* enthält, wird dieser durch *tohost.org* ersetzt.

8.3.2 Konfiguration eines Webfilters

Hier nun eine Konfiguration, wie sie z. B. für den Webfilter SquidGuard (siehe Kapitel 22) verwendet wird:

```
redirect_program /usr/local/squidGuard/bin/squidGuard
redirect_children 5
redirector_bypass off
redirect_rewrites_host_header on
acl local dst 192.168.10.0/24
acl firmdomain dst_dom??? .myfirm.com
redirector_access deny local
redirector_access deny firmdomain
redirector_access allow all
```

Mit redirector_program werden als Erstes das Verzeichnis und Name des Redirector-Programms angegeben. In diesem Fall soll SquidGuard als Webfilter verwendet werden.

Von diesem Programm werden fünf Instanzen (redirector_children 5) gestartet, die parallel Anfragen bearbeiten können. Da dieser Redirector zwingend genutzt werden soll, auch wenn alle Redirector-Prozesse belegt sind (redirector_bypass off), sollte diese Zahl hoch genug gewählt werden, so dass es möglichst zu keiner Verzögerungen durch belegte Redirectors kommt.

Mit der Access-Regel redirector_access wird noch bestimmt, dass bis auf Zugriffe auf das lokale Netzwerk (acl local) und auf Server der eigenen Firmendomäne (acl firmdomain) alle Zugriffe über den Webfilter laufen sollen.

8.3.3 Konfiguration eines Werbeblockers

Das folgende Beispiel ist eine sinnvolle Einstellung für den Werbeblocker AdZapper:

```
redirect_program /usr/local/bin/squid_redirect
redirect_children 3
redirector_bypass on
redirect_rewrites_host_header on
acl admins src 172.16.2.10 172.16.2.11 172.16.2.12
redirector_access deny admins
redirector_access allow all
```

Mit redirector_program werden wieder das Verzeichnis und Name des Redirector-Programms angegeben; in diesem Fall der Werbeblocker AdZapper (/usr/local/bin/squid_redirect).

Von diesem Programm werden drei Instanzen (redirector_children 3) gestartet, die parallel Anfragen bearbeiten können. Wenn alle Redirector-Prozesse belegt sind, ist es weniger kritisch, wenn einmal eine Werbeeinblendung durchrutscht, als wenn Anfragen verzögert werden, bis ein Redirector frei ist. Daher werden bei einer Belegung aller Redirectors Anfragen am Redirector vorbeigeführt (redirector_bypass on) und damit auf eine Filterung verzichtet.

Mit der Access-Regel redirector_access wird bestimmt, dass Administratoren (acl admins) zu Testzwecken am Redirector vorbeigeführt werden.

9 Transparenter Proxy und HTTPD-Accelerator

Neben dem *üblichen* Proxyeinsatz als *Clientproxy*, z. B. in lokalen Netzen, gibt es noch eine spezielle Form des Proxys, den so genannten *transparenten Proxy* oder *Reverse-Proxy*. Dieser Anwendungsfall unterscheidet sich im Wesentlichen dadurch vom normalen Proxy, dass sich dieser hier nicht direkt als Proxy zu erkennen gibt. Der Client merkt i.d.R. nicht, dass er einen Proxy nutzt, und kann dessen Nutzung auch nicht verhindern.

Um so etwas einzurichten, sind jedoch erweiterte Rahmenbedingungen zu schaffen, die über die Konfiguration des eigentlichen Proxys hinausgehen. Hierzu sind vertiefte Kenntnisse über das vorhandene Betriebssystem, die Netzwerktechnik und andere Dienste – z. B. DNS – erforderlich. Auf die Konfiguration der Rahmenbedingungen für den Einsatz eines transparenten Proxys wird daher nur grundsätzlich und exemplarisch eingegangen.

9.1 Transparenter Proxy

Ein transparenter Proxy ist, wie der Name schon sagt, für den Client *unsichtbar*, eben *transparent*. Das heißt, der Client kennt den Proxy nicht und muss diesen auch nicht im Browser konfigurieren. Er kommuniziert wie mit einem Webserver.

Anfragen eines Clients an einen Webserver werden an zentraler Stelle auf den Proxy umgeleitet. Dieser sucht, wie von einem Proxy gewohnt, zuerst im eigenen Cache und stellt die Anfragen dann bei Bedarf stellvertretend an den eigentlichen Webserver. Dem Client wiederum antwortet er wie der angesprochene Webserver.

9.1.1 Vorteile

Für einen transparenten Proxy können u. a. folgende Gründe sprechen:

- ❑ Es sind zu viele (unterschiedliche) Browser manuell für einen Proxyserver zu konfigurieren.
  Sie haben z. B. ein Netz mit mehreren hundert oder tausend Clients über mehrere Standorte verteilt. Der Konfigurationsaufwand der Clients ist erheblich.
- ❑ Sie haben keinen Einfluss auf die Konfiguration der Browser.
  Sie sind z. B. ein Serviceprovider für Einwahlkunden, auf deren Browserkonfiguration Sie keinen Einfluss haben.
- ❑ Es werden Browser verwendet, die keine Möglichkeit zur Proxykonfiguration bieten.
  Sie nutzen z. B. spezielle Browser oder Software, die einen Internetzugang via HTTP benötigt, ohne die Möglichkeit, einen Proxyserver anzugeben.

In den o.g. Fällen bietet sich ein transparenter Proxyserver an. Sie richten an zentraler Stelle einen Proxyserver ein und leiten den HTTP-Verkehr zwangsweise über diesen Proxy. Die jeweiligen Clients müssen dabei nicht angefasst werden. Sie bekommen im Idealfall nicht einmal mit, dass sie über einen Proxyserver arbeiten.

9.1.2 Nachteile

Transparente Proxys haben jedoch nicht nur Vorteile. Der einfachen Administration der Clients stehen z.T. gravierende Nachteile gegenüber, die im Betrieb durchaus zu einigen Problemen führen können.

Der HTTP-Verkehr muss durch andere Mechanismen (z. B. Router) auf den Proxy umgeleitet werden. Squid selbst bietet hierfür keine Möglichkeit. Hierzu müssen netztechnische Voraussetzungen geschaffen werden.

- ❑ Eingeschränkte Nutzung des Proxys
  In der Regel wird nur ein Port (80:HTTP) auf den Proxy umgeleitet. Browser-Zugriffe etwa auf FTP-Server oder Webserver auf anderen Ports (Beispiel: http://www.beispiel.org:81/) werden dabei nicht umgeleitet. Diese Zugriffe wird ein Browser direkt versuchen und ggf. scheitern.
- ❑ Interpretation eines transparenten Proxys
  Transparente Proxys arbeiten ohne Wissen des Nutzers. Daten werden zwangsweise umgeleitet, ähnlich einem Hacker-Angriff (*Man in the Middle Attack*). Eine Entscheidung, ob es sich um

einen transparenten Proxy oder einen echten Angriff handelt, ist schwer möglich.
- Anfrageproblematik
Ein Browser verhält sich häufig unterschiedlich, je nachdem, ob ein Proxy konfiguriert ist oder nicht. Ist ein Proxy im Browser konfiguriert, wird die Anfrage mit vollständigem URI an den Proxy weitergegeben. Beispiel: http://www.squid-cache.org/squidnow.html
Ist kein Proxy konfiguriert, geht der Browser davon aus, dass er die Anfrage an den Webserver direkt stellt. Dabei sind Protokoll- und Serverangaben im URL nicht mehr zwingend erforderlich. Wenn sich der Browser direkt an www.squid-cache.org auf dessen HTTP-Port verbindet, reicht in der Anfrage der relative Pfad der gesuchten Datei (/squidnow.html).
Ein transparenter Proxy kann jedoch mit der Anfrage nach einem relativen Pfad nichts anfangen. Er sieht zwar in der Anfrage noch, dass die Datei /squidnow.html verlangt wird, aber von welchem Server? HTTP oder FTP? Den angefragten Server kann er bei HTTP/1.1 dem Host-Header entnehmen (Host: www.squid-cache.org), nicht jedoch dem Port der Anfrage. Bei HTTP/1.0 ist ein Host-Header nicht einmal zwingend erforderlich.
- Aktualisierung
Des Weiteren wird ein Browser bei einer erneuten Anfrage (Aktualisieren/Reload) einem Proxyserver im Header der Anfrage mitteilen, dass er das Objekt vom Webserver direkt holen soll und nicht aus seinem eigenen Cache (Pragma: no-cache). Glaubt der Browser hingegen, direkt mit dem Webserver zu kommunizieren, sind diese Header-Informationen unnötig und werden nicht von allen Browsern erzeugt. Ein transparenter Proxy wird dies also als normale Anfrage werten und ggf. erneut aus dem Cache liefern. Eine echte Aktualisierung des Objekts ist dann für den Browser unmöglich.
- Ausfallrisiko
Fällt der transparente Proxy aus, steht i.d.R. kein Internetzugang mehr zur Verfügung, da dieser Proxy vom Client nicht manuell umgangen werden kann. Es muss also ggf. für eine höhere Ausfallsicherheit gesorgt werden.

Der Einsatz eines transparenten Proxys sollte also wohl überlegt sein, und man sollte alle Vor- und Nachteile sorgfältig abwägen. Gerade die Liste der Nachteile zeigt, dass ein transparenter Proxy keine »ideale Proxylösung« ist, sondern eher eine Ausnahmelösung, die kleinere Probleme in Kauf nimmt, um größere Probleme (z. B. bei nicht proxyfähigen Anwendungen) oder erheblichen Aufwand (in großen Netzen) zu vermeiden.

9.1.3 Installation

Ein transparenter Proxy lässt sich nicht allein mit Squid realisieren. Da dieser von den Clients, wie bereits beschrieben, nicht freiwillig genutzt wird, benötigen Sie einen Mechanismus, der den HTTP-Verkehr einsammelt und zum Proxy leitet. Hierzu gibt es im Wesentlichen zwei Ansätze:

Umleitung durch »Policy based Routing«

Sie benötigen einen Rechner, der direkt im HTTP-Datenstrom hängt, z. B. einen Router oder eine Firewall oder einen Proxy mit zwei Netzwerkkarten. An dieser Stelle können Sie den HTTP-Verkehr ausfiltern und umleiten.

Das folgende Beispiel zeigt exemplarisch die Konfiguration eines Linux-Rechners mit *iptables*:

```
iptables -t nat -A PREROUTING -i eth0 -p tcp --dport 80 -j DNAT
--to 192.168.10.20:3128
```

Ohne hier detailliert auf die Syntax von iptables einzugehen: Es wird der auf dem Interface eth0 eingehende Verkehr gefiltert und der gesamte tcp-Verkehr mit dem Zielport 80 auf die IP-Adresse 1892.168.10.20 auf Port 3128 (z. B. einem Squid-Proxy) umgeleitet.

Etwas einfacher ist die Umleitung, wenn der Proxy auf demselben Rechner läuft und lediglich der Port umgeleitet werden muss:

```
iptables -t nat -A PREROUTING -i eth0 -p tcp --dport 80 -j RE-
DIRECT --to-port 3128
```

Hier wird nur auf den Port 3128 auf den eigenen Rechner umgeleitet.

Verwendung eines Routers/Switches

Die Aufgabe des Redirectors kann auch ein (WCCP-)Router oder ein intelligenter Switch übernehmen.

Ein WCCP-fähiger Router kann gezielt HTTP-Verkehr ausfiltern und an Proxyserver weiterleiten. Dabei ist auch eine Lastverteilung möglich. Squid unterstützt in neueren Versionen das WCCP-Protokoll und kann mit solchen Routern kommunizieren.

So genannte Layer-4- oder Layer-7-Switche sind in der Lage, recht performant Datenverkehr zu filtern.

Ein Layer-4-Switch tut dies wie ein Router anhand von IP-Adressen und Ports, ein Layer-7-Switch hingegen kann gezielter arbeiten, da dieser auch URLs erkennen und interpretieren kann. Hiermit können einige Nachteile eines transparenten Proxys umgangen werden. So können z. B. nicht cachebare URLs von der Umleitung ausgenommen oder Anfragen, die fehlschlagen, direkt weiter geroutet (geswitcht) werden.

Konfiguration von Squid

Auf Seiten des Proxys ist die Installation verhältnismäßig simpel. Folgende Optionen müssen eingestellt werden:

`httpd_accel_host virtual`
Diese Option gibt an, an welchen Host die Anfragen weitergeleitet werden sollen. Da transparente Proxys i.d.R. nur relative Pfadangaben in der URL bekommen und keine Protokoll- und Host-Informationen, muss dem Proxy mitgeteilt werden, an welchen Host die Anfrage gestellt werden soll. Für transparente Proxys gibt »virtual« an, dass der Hostname aus dem »Host:«-Feld des Headers entnommen werden soll.

`httpd_accel_port 80`
Diese Option gibt analog zu `httpd_accel_host` den Port an, an den die Anfrage auf den Zielhost geschickt werden soll. Da es hierfür jedoch keine entsprechende Angabe im HTTP-Header gibt, muss der Zielport hier fest vorgegeben werden. Es kann hier auch nur ein Port angegeben werden, der für alle Zielhosts benutzt wird.

`httpd_accel_with_proxy on`
Wenn Squid als transparenter *und* als »normaler« Proxy genutzt werden soll, ist diese Option einzuschalten (on).

`httpd_accel_uses_host_header on`
Mit dieser Option wird Squid angewiesen, das »Host:«-Feld aus dem HTTP-Header auszulesen und den hier angegebenen Server als Ziel anzusprechen. Diese Option *muss* bei einem transparenten Proxy auf on gesetzt sein.

9.2 HTTPD-Accelerator (Reverse Proxy)

Eine besondere Form des transparenten Proxys ist der *Reverse Proxy* oder *HTTPD-Accelerator*. Hierbei wird ein transparenter Proxy vor einen Webserver gestellt, um *nur diesen* zu cachen.

Accelerator = Beschleuniger

9.2.1 Vorteile

Häufige Gründe für den Einsatz eines HTTPD-Accelerators sind unter anderem:

- Beschleunigung eines Webservers
  Durch einen Cache-Proxy vor dem Webserver können viele häufig gestellte Anfragen bereits von diesem Proxy beantwortet werden und werden so gar nicht erst an den Webserver durchgereicht. Dies kann besonders komplexe Webserver, die stark frequentiert werden, deutlich entlasten und so die Antwortzeiten reduzieren.
- Absicherung eines Webservers
  Durch einen Reverse Proxy wird der Webserver von den Clients abgeschottet. Jeder Client kommuniziert nur mit dem vorangestellten Proxy und nicht mit dem Webserver. Nur der Proxy selbst hat direkten Zugriff auf den Webserver. So können anfällige oder gefährdete Webserver relativ einfach vor Angriffen geschützt werden.
  Sofern es keine anderen Zugriffsmöglichkeiten gibt, müsste ein Angreifer erst einmal den Proxy überwinden, um auf den Webserver zu gelangen.
- Lastverteilung
  Ein Reverse Proxy kann auch eingeschränkt als Load-Balancer genutzt werden, um Anfragen auf mehrere Webserver zu verteilen und die Antworten gleichzeitig zu cachen.
- Zugriffsregelung
  Ein Reverse Proxy könnte ebenfalls dazu genutzt werden, mangelnde Zugriffsrechte eines Webservers zu ersetzen. Die Zugriffsregelung erfolgt dabei auf dem Proxy und nicht mehr auf dem Webserver.

9.2.2 Nachteile

- Ausfallrisiko
  Bei Ausfall des HTTPD-Accelerators ist der Webserver nicht mehr erreichbar.

9.2.3 Installation

Die Installation eines HTTPD-Accelerators ist ähnlich der Installation eines transparenten Proxys, nur dass dieser direkt als Webserver angesprochen wird. Der Accelerator muss also wie ein Webserver die Anfra-

9.2 HTTPD-Accelerator (Reverse Proxy)

gen direkt (auf Port 80:HTTP) annehmen und wie ein Webserver antworten. Der Client muss den Accelerator direkt ansprechen können, d. h., auch der Name des Webservers muss auf den Accelerator und nicht auf den eigentlichen Webserver verweisen. Der Webserver selbst ist für den Client nicht erreichbar.

DNS-Konfiguration

Etwas schwieriger ist es, die passende Umgebung für einen HTTPD-Accelerator zu schaffen.

Der Accelerator wird *stellvertretend* für den Webserver eingesetzt (Reverse Proxy). Das heißt, in der DNS-Auflösung etwa für www.beispiel.org muss der Client die IP-Adresse des Proxys zurückbekommen und an diesen seine Anfrage stellen. Der offizielle DNS-Eintrag für den Webserver muss also auf den Proxy zeigen.

Wie aber findet nun der Proxy den »echten« Webserver?

Im einfachsten Fall (nur ein Webserver hinter dem Accelerator) kann dieser fest in der Konfiguration des Proxys eingetragen werden (`httpd_accel_host`).

Sind mehrere Webserver hinter dem Accelerator versteckt, muss der Accelerator-Proxy die Webserver anhand des »Host:«-Eintrags im HTTP-Header der Anfrage identifizieren. Hierzu kann er jedoch nicht mehr den offiziellen DNS befragen, da er ja für diese Webserver selbst als Ziel eingetragen ist. Der Proxy würde also wieder nur sich selbst befragen.

Hierfür gibt es nun zwei Lösungsansätze:

- ❏ Ein zweiter DNS (oder Split-DNS) gibt dem Proxy die »echte« IP-Adresse des Webservers.
- ❏ Die Webserver werden auf dem Proxy selbst in der hosts-Datei aufgelöst.

Beide Varianten führen zum gleichen Ergebnis. Für kleine Installationen ist die hosts-Lösung sicher einfacher umzusetzen. Für Installationen mit mehreren HTTPD-Accelerators ist eine Split-DNS-Lösung auf Dauer einfacher zu pflegen. Für die hosts-Lösung sollte der interne DNS von Squid bereits bei der Installation abgeschaltet werden (configure-Option: `--disable-internal-dns`).

Konfiguration von Squid

In der Konfiguration von Squid sind im Wesentlichen folgende Optionen einzustellen:

`http_port 80`
Bestimmt den Port, auf dem der Proxyserver lauschen soll. In der Regel wird dies der Port 80 (Webserver) sein.

`httpd_accel_host 192.168.10.2`
Diese Option gibt an, an welchen Host die Anfragen ggf. weitergeleitet werden sollen. Da ein HTTPD-Accelerator selbst wie ein Webserver arbeitet, wird auch nur dieser vom Client angesprochen. Hat Squid die angefragten Daten nicht (aktuell) im Cache, wird er die Anfrage an diese Adresse weiterleiten.

`httpd_accel_host virtual`
Wenn Squid als HTTPD-Accelerator für mehrere Webserver dient, muss hier »virtual« angegeben werden. Die Adresse des »echten« Webservers muss Squid dann anhand des Hostnamens aus dem »Host:«-Feld des HTTP-Headers ermitteln.

`httpd_accel_port 80`
Diese Option gibt analog zu »httpd_accel_host« den Port an, an den die Anfrage auf den »echten« Webserver geschickt werden soll. Läuft dieser Webserver auf demselben Rechner wie der HTTPD-Accelerator, muss sich dieser Port (und damit der Port des Webservers) vom `http_port` unterscheiden!

`httpd_accel_with_proxy on`
Wenn Squid als HTTPD-Accelerator *und* als »normaler« Proxy genutzt werden soll, ist diese Option einzuschalten (on).

`httpd_accel_uses_host_header off`
Diese Option sollte bei HTTP-Accelerator-Proxys abgeschaltet sein (off).

10 Bandbreitensteuerung mit Delay-Pools

Im Internet ist wohl nichts so schnell ausgeschöpft wie die Bandbreite der Internetverbindung. Hatten vor einigen Jahren noch Modems mit 9600 Baud (Bit/s!) ausgereicht, um einmal eine (Text-)Mail zu verschicken oder in einem Artikel zu schmökern, so sind jetzt ISDN und (Standard-)DSL schon nicht mehr schnell genug, um die neuesten MP3-Files und Videos aus dem Netz zu saugen ...

Müssen sich dann noch mehrere Arbeitsplätze einen Anschluss teilen, kommt schnell die Frage auf, wer blockiert wen? Um die stets zu knappe Bandbreite möglichst gleichmäßig (oder auch gerade nicht) unter den Nutzern zu verteilen, bietet Squid die Möglichkeit einer begrenzten Bandbreitensteuerung mit Hilfe von *Delay-Pools*.

10.1 Funktion von Delay-Pools

Erst einmal vorweg: Eine direkte Bandbreitensteuerung auf Transportebene ist mit Squid nicht möglich. Zum einen bietet das zugrunde liegende Protokoll IPv4 nur ungenügende Voraussetzungen für echte Bandbreitenzuordnung, zum anderen arbeitet Squid in erster Linie auf Applikationsebene, also weit über dieser Transportschicht.

Delay-Pools kann man sich am besten wie ein »Schaufelrad« vorstellen, das je nach Größe der verwendeten Schaufeln und der Frequenz, in der diese gefüllt und entleert werden, den maximalen Durchsatz an Daten begrenzt. Die einzelnen »Datenhäufchen« einer solchen Schaufel hingegen werden ganz normal über das Netz transportiert und nutzen dabei die maximale gerade im Netz verfügbare Bandbreite aus.

»Schaufelrad«

Delay-Pools werden deshalb über zwei Werte definiert, *Restore* und *Maximum*. *Restore* bestimmt die eigentliche Bandbreite in Byte/Sekunde, *Maximum* bestimmt die maximale Datenmenge in Byte, die in einem Rutsch übertragen wird.

Restore und Maximum

Die mit *Maximum* definierte Datenmenge wird ganz normal über das Netz übertragen, d. h. ggf. mit der vollen zur Verfügung stehenden Bandbreite und ohne weitere Begrenzung. Anhand des eigentlichen Bandbreitenwertes *Restore* berechnet Squid, wie lange er das nächste Paket verzögern muss, um auf die durchschnittliche, mit *Restore* vorgegebene Bandbreite zu kommen.

So wird die vorgegebene Bandbreite als *Nettobandbreite* im Mittel durchaus eingehalten, ein einzelnes Datenpaket kann jedoch deutlich schneller zum Client transportiert werden.

Nachteile dieser Methode:

- Die Bandbreiten sind Nettowerte, d. h. reine Daten. Durch die HTTP- und TCP/IP-Header wird die reale Bandbreite immer etwas höher liegen.
- Die Datenpakete werden »häufchenweise« transportiert. Je nach Konfiguration kann es zwischen den einzelnen Datenhaufen zu deutlichen Verzögerungen kommen, wenn die festgelegte Bandbreite überschritten ist.

Vorteil dieser Methode:

- Bei geschickter Konfiguration wird ein normaler Nutzer die Bandbreitenbegrenzung nicht als störend empfinden. Da jeweils ein größeres Paket an Daten sehr schnell ausgeliefert wird, kann ein Nutzer eine angeforderte Seite sehr schnell erhalten, und während er diese liest, läuft die bandbreitenbedingte Verzögerung für seinen Pool unbemerkt ab. So werden lediglich größere Downloads spürbar verzögert.

10.2 Installation von Delay-Pools

Um Delay-Pools in Ihrem Squid-Proxy zu aktivieren, müssen zwei Bedingungen erfüllt sein. Der vorhandene Squid-Prozess muss die Delay-Pool-Unterstützung enthalten, und es müssen Delay-Pools in Ihrer Konfigurationsdatei definiert werden.

10.2.1 Delay-Pool-Unterstützung in Squid

Um Delay-Pools überhaupt nutzen zu können, muss Squid mit der configure-Option (`--enable-delay-pools`) installiert werden. Bei vielen Distributionen, z. B. SuSE-Linux, ist dies bereits in der Standardinstallation der Fall. Bei anderen Distributionen oder wenn Sie direkt vom Quellcode installieren, müssen Sie dies ggf. berücksichtigen, bevor Sie Delay-Pools nutzen.

10.2.2 Konfiguration von Delay-Pools

Zunächst einmal müssen Sie festlegen, wie viele Delay-Pools Sie einrichten möchten. Sie können für unterschiedliche Anwendungen, Benutzer oder Benutzergruppen jeweils eigene Delay-Pools mit individuellen Bandbreiten definieren. Damit Squid weiß, wie viele Delay-Pools er anlegen muss, geben Sie mit der ersten Option die Anzahl der einzurichtenden Pools vor, zum Beispiel:

```
delay_pools 4
```

Hiermit werden insgesamt vier Delay-Pools angelegt, deren einzelne Definition später folgt.

Delay-Pool-Klassen

Squid kennt grundsätzlich drei verschiedene Arten von Delay-Pools, die so genannten *Klassen* (Delay Class 1 bis Delay Class 3). Jede dieser Klassen kennt unterschiedliche Parameter zur Definition von Bandbreitenbegrenzungen.

Ein Delay-Pool der Klasse 1 ist die einfachste Form eines Delay-Pools. In einem Klasse-1-Pool wird die Bandbreite *aller* Verbindungen zusammengefasst und darf die hier festgelegte Bandbreite nicht überschreiten. Das heißt, alle Nutzer dieses Delay-Pools *zusammen* werden auf ein Maximum begrenzt. *Delay Class 1*

In einem Pool der Klasse 2 kann zusätzlich zu einer Gesamtbandbreite (wie in Klasse 1) auch eine individuelle Bandbreite anhand des letzten Bytes der IP-Adresse festgelegt werden. Das heißt, Sie können eine Obergrenze pro Benutzer und eine absolute Obergrenze für *alle* Benutzer festlegen. *Delay Class 2*

Ein Delay-Pool der Klasse 3 schließlich erlaubt zusätzlich noch eine Begrenzung für jedes der (Class-C-)Subnetze. Sie können hiermit also eine Begrenzung pro Benutzer, eine Obergrenze für jedes Class-C-Subnetz und eine maximale Obergrenze für *alle* Nutzer einrichten. *Delay Class 3*

Mit der Option `delay_class` wird den einzelnen Pools die Klasse zugewiesen.
Beispiel:

```
delay_class 1 1
delay_class 2 3
delay_class 3 2
delay_class 4 2
```

Hiermit wird dem Delay-Pool 1 die Klasse 1, dem Pool 2 die Klasse 3 und den Pools 3 und 4 jeweils die Klasse 2 zugewiesen.

Parameter eines Delay-Pools

Nun haben Sie bestimmt, wie viele Delay-Pools angelegt werden und welcher Delay-Pool welche Klasse bekommt. Was noch fehlt sind die eigentlichen Bandbreitengrenzen innerhalb der jeweiligen Pools.

Diese werden – ähnlich den Klassen – mit einer eigenen Option (`delay_parameters`) dem einzelnen Delay-Pool zugewiesen. Ein einzelner Parameter besteht dabei, wie schon in Abschnitt 10.1 beschrieben, aus zwei Werten, *Restore* und *Maximum*. Beide Werte werden durch einen Schrägstrich (/) getrennt.

Beispiel: 2500/5600

2500 ist der Wert für *Restore*, 5600 der Wert für *Maximum*. Der Wert für *Restore* muss kleiner oder gleich *Maximum* sein. Je nach Klasse des Delay-Pools gibt es bis zu drei solcher Parameterpaare.

Eine Ausnahme stellt der Wert -1 dar. -1 bedeutet in jedem Fall *keine* Begrenzung.

Beispiele:

```
delay_parameters 1 8192/8192
delay_parameters 2 -1/-1 32768/32768 3600/8192
delay_parameters 3 8192/8192 1800/1800
```

Zeile 1: Der Delay-Pool 1 ist ein Pool der Klasse 1. Die Bandbreite ist für die Summe aller Nutzer dieses Pools auf 64 KBit/s (8192 Byte/s) beschränkt.

Zeile 2: Der Delay-Pool 2 ist ein Pool der Klasse 3. Die Bandbreite für den gesamten Pool ist nicht beschränkt (-1), für jedes Class-C-Subnetz wird eine Obergrenze von 256 KBit/s (32768 Byte/s) festgelegt, und jeder einzelne Nutzer darf maximal 28,8 KBit/s (3600 Byte/s) nutzen, wobei höchstens 8 KByte (8192 Byte) am Stück ausgeliefert werden können.

Zeile 3: Der Delay-Pool 3 ist ein Pool der Klasse 2. Die Bandbreite ist für die Summe aller Nutzer dieses Pools auf 64 KBit/s (8192 Byte/s) beschränkt. Jeder einzelne Nutzer wird jedoch auf 14,4 KBit/s (1800 Byte/s) beschränkt.

Zugriffsregelungen für Delay-Pools

Nun sind alle Delay-Pools vollständig definiert. Als letzter Schritt muss noch definiert werden, welche Anfrage welchem Delay-Pool zuzuordnen ist. Dies geschieht mit ACLs und Access-Regeln. Die zugehörige Access-Regel heißt `delay_access`.

Syntax: delay_access *pool* allow|deny [!]*acl* ...

Beispiel:

```
acl small_clients src 192.168.10.0/24
delay_pools 1
delay_class 1 2
delay_parameters 1 8192/8192 3600/8192
delay_access 1 allow small_clients
delay_access 1 deny all
```

Das obige Beispiel definiert einen Delay-Pool der Klasse 2 für das Class-C-Netz 192.168.10.0/24. Jeder einzelne Client in diesem Pool kann eine Bandbreite von 28,8 KBit/s (3600 Byte/s) nutzen, wobei jedoch bis zu 8 KB (8192 Byte) in einem Rutsch übertragen werden. Alle Clients in diesem Pool zusammen dürfen maximal eine Bandbreite von 64 KBit/s (8192 Byte/s) belegen.

10.3 Umrechnungstabelle für Bandbreiten

Tabelle 10.1 listet gängige Bandbreiten als Bitrate mit den zugehörigen Werten in Byte/s für die direkte Verwendung in Delay-Pools auf (der Dezimalpunkt dient nur der besseren Lesbarkeit und darf bei Delay-Pools nicht mit eingegeben werden).

Bit/s	Byte/s	KBit/s	Byte/s	MBit/s	Byte/s
1.200	150	16	2.048	1	131.072
2.400	300	32	4.096	1,5	196.608
4.800	600	(ISDN) 64	8.192	2	262.144
9.600	1.200	(ISDN) 128	16.384	10	1.310.720
14.400	1.800	256	32.768	20	2.621.440
28.800	3.600	512	65.536	34	4.456.450
		(T-DSL) 768	98.304	100	13.107.200
				155	20.316.200

Tabelle 10.1
Gängige Bandbreiten

11 Squid personalisieren

Gemeint sind hier persönliche Anpassungen, die *diesen* Proxy als *Ihren* Proxy zu erkennen geben. Das fängt bei einem passenden Host-Namen an und hört bei angepassten Fehlermeldungen mit Firmenlogo und »Content Style« auf.

Kurz gesagt, das Aussehen und Auftreten Ihres Proxys wird verändert, nicht seine grundsätzliche Funktion, getreu dem Motto »Kleider machen Leute«.

11.1 Host-Namen und Identifizierung

Es gibt im Wesentlichen zwei Optionen, wie der Proxy nach außen in Erscheinung tritt, `visible_hostname` und `proxy_auth_realm` bzw. `auth_param`. Zwei weitere Optionen bestimmen zusätzliche Namen für die Erreichbarkeit bzw. Identifikation des Servers.

Folgende Optionen können angepasst werden:

proxy_auth_realm Wenn sich die Benutzer bei Ihrem Proxyserver authentifizieren müssen, wird der hier angegebene Text zusammen mit der Abfrage nach Benutzernamen und Passwort ausgegeben, damit der Benutzer weiß, wo er sich authentifiziert. *bis Squid 2.4*
Beispiel: `proxy_auth_realm` *Squid-Handbuch Proxyserver*

auth_param Kennt für die meisten Authentifizierungsschemata die Option `realm`, die der früheren Option `proxy_auth_realm` entspricht. *ab Squid 2.5*
Beispiel: `auth_param basic realm` *Squid-Handbuch Proxyserver*

visible_hostname Hiermit wird der angezeigte Host-Name festgelegt. Squid wird in Fehlermeldungen und Ähnlichem den hier angegebenen Namen für sich verwenden. Ist kein Name angegeben, wird der Standard-Host-Name (Ergebnis von `gethostname()`) verwendet.

unique_hostname Wenn mehrere Server (z. B. in einem Cluster) den gleichen `visible_hostname` verwenden, muss hiermit ein zweiter, einmaliger Host-Name vergeben werden. Anderenfalls kann eine Endlosschleife (Loop) von den Servern nicht erkannt werden.

hostname_aliases Gibt eine Liste weiterer Host-Namen an, die für diesen Server im DNS eingetragen sind.

Die folgenden beiden Optionen enthalten E-Mail-Adressen möglicher Ansprechpartner:

cache_mgr Gibt die E-Mail-Adresse des lokalen Proxy-Administrators an. Diese Adresse kann mit Fehlermeldungen als Ansprechpartner ausgegeben werden oder zur Benachrichtigung des Administrators dienen, wenn z. B. der Squid-Prozess abstürzt.

ftp_user Diese Option bestimmt die E-Mail-Adresse, die als Passwort für anonyme FTP-Logins verwendet wird. Einige streng kontrollierende FTP-Server prüfen auch bei anonymem FTP das eingegebene Passwort auf eine gültige Maildomain.

11.2 Fehlermeldungen

Fehlermeldungen sind der häufigste und wohl bedeutendste Anlass, zu dem Ihr Proxyserver nach außen – dem Benutzer gegenüber – in Erscheinung tritt.

Um den Administrator vor unnötigen Rückfragen zu verschonen, sollten diese möglichst einleuchtend und verständlich sein.

11.2.1 Anpassen der Standardfehlermeldungen

Squid kennt ca. 30 Standardfehlermeldungen, die in verschiedenen Sprachen mitgeliefert werden. Standardmäßig werden eher schlichte, aber für Techniker durchaus gut erläuterte, englische Fehlermeldungen ausgegeben.

Die Sprache der Fehlermeldungen kann beim Übersetzen der Quellen von Squid mit der configure-Option `--enable-err-language=`*lang* angegeben werden. Für deutsche Fehlermeldungen übersetzen Sie Squid mit der Option `--enable-err-language=German`. Die Angabe der Sprache muss dem Namen im Verzeichnis errors/ relativ zum Quellpfad entsprechen. Das heißt, für jede unterstützte Sprache ist hier ein eigenes Verzeichnis angelegt.

Alternativ kann bei einem bereits installierten Squid über die Option `error_directory` in der Datei *squid.conf* ein anderes Verzeichnis bestimmt werden:

```
error_directory /usr/local/squid/share/errors/German
```

In diesen Verzeichnissen befinden sich die Standardfehlermeldungen als HTML-Textdatei. Die Dateien beginnen grundsätzlich mit ERR_ gefolgt von einem Namen, der den Fehler beschreibt ohne eine der üblichen Endungen wie .html. Beispiel: ERR_ACCESS_DENIED

11.2.2 Eigene Fehlermeldungen

Sie können zu den bereits vorhandenen Fehlermeldungen auch eigene Fehlermeldungen erzeugen. Hierzu müssen Sie nur eine neue ERR_...-Datei im *errors*-Verzeichnis erstellen (am einfachsten durch Kopieren einer bereits vorhandenen Seite) und entsprechend Ihren Vorstellungen bearbeiten.

Einbinden können Sie diese Seite über die Option deny_info in Ihrer *squid.conf*. Mit deny_info wird die neu erstellte Seite an eine Access-Liste (ACL) gebunden. Wird nun ein Zugriff aufgrund dieser ACL verweigert, wird die entsprechende Fehlermeldung ausgegeben.

Beachten Sie beim Erstellen der Seite, dass die Standardfehlermeldungen keinen abschließenden »HTML-Fuß« besitzen. Sie enden mit der letzten Zeile im Body. Das Ende der HTML-Seite wird automatisch durch den folgenden Text ersetzt, wenn in der Fehlermeldung selbst keine Standardsignatur (Variable %S) verwendet wurde:

```
<BR clear="all">
<HR noshade size="1px">
<ADDRESS> Generated %T by %h (%s) </ADDRESS>
</BODY>
</HTML>
```

Wenn Sie diese Standardfußzeile ändern wollen, müssen Sie in *jeder* einzelnen Fehlermeldung manuell eine Fußzeile einfügen.

Beispiel: Haben Sie eine eigene Fehlermeldung erstellt und diese z. B. als ERR_MEIN_FEHLER abgespeichert, dann können Sie diese Seite über

```
acl mein_Netz dst 192.168.10.0/24
deny_info ERR_MEIN_FEHLER mein_Netz
http_access deny mein_Netz
...
```

an die hier im Beispiel definierte ACL mein_Netz anbinden. Wird ein Benutzer nun aufgrund dieser ACL zurückgewiesen, bekommt er die Fehlermeldungsseite ERR_MEIN_FEHLER angezeigt.

11.2.3 Variablen für eigene Fehlermeldungen

Innerhalb einer Fehlermeldungsseite können verschiedene Variablen verwendet werden. Variablen beginnen mit einem »%«, gefolgt von einem Buchstaben (Achtung: Groß-/Kleinschreibung beachten!).

Diese Variablen (siehe Tabelle 11.1) werden bei Ausgabe der Seite durch die entsprechenden aktuellen Werte ersetzt.

Code	wird ersetzt durch
%B	URL mit »FTP %2f-hack«
%c	Squid-Fehlercode (siehe Anhang B)
%d	Sekunden seit Eingang der Anfrage (zurzeit nicht implementiert)
%e	Fehlernummer
%E	strerror()
%f	FTP-Anfragezeile
%F	FTP-Antwortzeile
%g	Meldung des FTP-Servers
%h	Host-Name des Proxys
%H	Host-Name des (lokalen) Servers
%i	Client IP-Adresse
%I	(Web-)Server IP-Adresse
%L	Inhalt der err_html_text-Option in der Datei squid.conf
%M	Anfragemethode (Request Method), siehe auch Anhang C
%m	Fehlermeldung, die von einer externen Authentifizierung zurückgegeben wurde
%p	URL-Portnummer
%P	verwendetes Protokoll
%R	Vollständige HTTP-Anfrage (Request) des Clients
%S	Squid-Standardsignatur
%s	Proxy-Software mit Versionsnummer
%t	Lokale Zeit
%T	Standardzeit (UTC)
%U	URL ohne Passwort
%u	URL mit Passwort (ab Squid 2.5)
%w	E-Mail-Adresse des Administrators (cache_mgr)
%z	DNS-Server-Fehlermeldung

Tabelle 11.1
Variablen für eigene Fehlermeldungen

12 Der Betrieb

Im folgenden Kapitel wird der Betrieb (das Operating) eines Squid-Proxyservers beschrieben. Begonnen wird bei den ersten Vorbereitungen für den Start des Proxys, weiter geht es über die Beobachtung im laufenden Betrieb, das Erkennen von Auffälligkeiten, die Auswertung der Logdateien bis hin zu Statistik und Accounting.

Ziel sollte dabei stets ein vorausschauendes und nicht ein nacheilendes Operating sein. Sie sollten also möglichst in der Lage sein, anhand der Betriebsdaten mögliche Engpässe und Fehlerquellen zu erkennen, *bevor* es zu spürbaren Auswirkungen kommt, und nicht erst nach einem »Absturz« die Ursache ermitteln.

12.1 Vorbereitungen für den Start

Vor dem ersten Start von Squid müssen folgende Dinge geprüft werden:

- ❑ Ist die Konfiguration abgeschlossen und befinden sich alle Konfigurationsdateien an der richtigen Stelle?
- ❑ Sind die unter `cache_dir` angegebenen Cache-Verzeichnisse angelegt, und sind die ggf. dafür vorgesehenen Festplatten(-partitionen) gemountet?
- ❑ Ist der für den Squid-Prozess angegebene Benutzer (`cache_effective_user`) Besitzer des Cache-Verzeichnisses, und hat er auf das Cache-Verzeichnis Schreibrechte (insbesondere nach dem Mounten einer weiteren Festplatte)?
- ❑ Existiert das angegebene Log-Verzeichnis und hat der Squid-Benutzer (`cache_effective_user`) in diesem Verzeichnis Schreibrechte?

Sind alle Voraussetzungen geprüft, muss die Cache-Verzeichnisstruktur mit dem Kommandozeilenparameter -z erstmals angelegt werden:

```
user@local:~> squid -z
2002/08/07 19:26:50| Creating Swap Directories
```

Daraufhin sollte im Cache-Verzeichnis die gesamte Ordnerstruktur für den Cache angelegt sein (je nach Betriebssystem und Cache-Größe kann dies einige Minuten dauern).

Wenn Squid keine Zugriffsrechte auf das Cache-Verzeichnis hat, erscheint z. B. folgende Fehlermeldung:

```
user@local:~> squid -z
2002/08/07 19:26:50| Creating Swap Directories
FATAL: Failed to make swap directory
/usr/local/squid/cache/00: (13) Permission denied
Squid Cache (Version 2.4.STABLE7): Terminated abnormally.
CPU Usage: 0.000 seconds = 0.000 user + 0.000 sys
Maximum Resident Size: 0 KB
Page faults with physical i/o: 11
```

In diesem Fall prüfen Sie nochmals die Rechte auf das Verzeichnis. Wurden die Cache-Verzeichnisse korrekt angelegt, erscheint keine weitere Meldung. Sie können sich dann das Cache-Verzeichnis anschauen und sollten darin die unter cache_dir angegebene Zahl von Level-1-Verzeichnissen zweistellig in Hexadezimalform vorfinden.

Beispiel für den Standardwert von cache_dir (16 Level-1-Verzeichnisse):

```
user@local:~> ls /usr/local/squid/cache
. .. 00 01 02 03 04 05 06 07 08 09 0A 0B 0C 0D 0E 0F
```

Nun sollte dem ersten Probelauf von Squid nichts mehr im Wege stehen.

12.2 Kommandozeilenoptionen von Squid

Squid wird im Wesentlichen über die Konfigurationsdatei (squid.conf) konfiguriert. Einige Parameter lassen sich jedoch auch beim Start von Squid in der Kommandozeile angeben. Diese Parameter werden im Folgenden beschrieben. Basis für die Beschreibung ist Squid 2.4.

Syntax:
squid [-dhsvzCDFNRVYX] [-f *file*] [-[au] *port*] [-k *signal*]

Die Kommandozeilenoptionen haben im Einzelnen folgende Bedeutung:

-a *port*   Gibt den HTTP-Port an, auf dem Squid Anfragen von Clients entgegennimmt (entspricht http_port in der Datei squid.conf).

-d *level*	Gibt Logmeldungen/Debugging-Informationen bis zum angegebenen Level auch an stderr aus.
-f *file*	Benutzt die hier angegebene Konfigurationsdatei anstelle der Standarddatei (/usr/local/squid/etc/squid.conf).
-h	Gibt eine Beschreibung der Kommandozeilenoptionen aus.
-k *signal*	Prüft die Konfigurationsdatei und sendet das angegebene Signal an den laufenden Prozess. reconfigure lädt die Konfigurationsdatei neu, ohne Squid dafür zu beenden. rotate rotiert die Logdateien um eins weiter. shutdown beendet Squid. interrupt beendet Squid mit Abbruch aller Verbindungen. kill beendet Squid sofort, mit Abbruch aller Verbindungen und ohne Logfiles zu schreiben. debug schaltet ein vollständiges Debugging ein/aus. check prüft, ob der Squid-Prozess noch läuft. parse prüft nur die Konfigurationsdatei auf Syntaxfehler.
-s	Schaltet das Logging nach Syslog ein. Logmeldungen werden hiermit auch an den lokalen Syslog-Dämon gesendet.
-u *port*	Gibt den ICP-Port an. Der ICP-Port kann mit dem Wert 0 auch abgeschaltet werden (entspricht icp_port in der Datei squid.conf).
-v	Gibt die Version von Squid aus.
-z	Legt die Cache-Verzeichnisstruktur (neu) an.
-C	Fängt keine *fatal*-Signale ab.
-D	Schaltet den anfänglichen DNS-Test ab.
-F	Reorganisiert den Cache. (Beantwortet keine Anfrage, bis alle Cache-Metadaten eingelesen und reorganisiert sind.)
-N	Schaltet den interaktiven Modus ein. (Squid läuft in der Shell nicht als Dämon.)
-R	Setzt keine SO_REUSEADDR-Option auf den Socket.
-S	Eine intensivere Überprüfung des Caches beim Start von Squid wird eingeschaltet.

-V   Schaltet die »Virtual Host«-Unterstützung im HTTPD-Accelerator-Modus ein.

-X   Schaltet ein vollständiges Debugging bei der Prüfung der Konfigurationsdatei ein.

-Y   Gibt während eines *fast-reload* nur UDP_HIT oder UDP_MISS_NOFETCH zurück, bis die Metadaten eingelesen sind.

12.3 Starten von Squid

Für einen ersten Probelauf kann Squid interaktiv von der Konsole aus im Debug-Modus gestartet werden. Dabei werden die Debug-Informationen direkt auf der Konsole ausgegeben, und Squid kann jederzeit z. B. mit [Strg] + [C] beendet werden.

Der folgende Auszug zeigt beispielhaft die Ausgabe eines Squid 2.4 unter SuSE Linux im Debug-Level 1:

```
root@local:~# squid -NCd1
2002/08/07 19:47:12| Starting Squid Cache version 2.4.STABLE7 for i686-pc-linux-gnu...
2002/08/07 19:47:12| Process ID 3129
2002/08/07 19:47:12| With 1024 file descriptors available
2002/08/07 19:47:12| Performing DNS Tests...
2002/08/07 19:47:12| Successful DNS name lookup tests...
2002/08/07 19:47:12| DNS Socket created on FD 4
2002/08/07 19:47:12| Adding nameserver 192.168.10.5 from /etc/resolv.conf
2002/08/07 19:47:12| User-Agent logging is disabled.
2002/08/07 19:47:12| Unlinkd pipe opened on FD 9
2002/08/07 19:47:12| Swap maxSize 102400 KB, estimated 17066 objects
2002/08/07 19:47:12| Target number of buckets: 853
2002/08/07 19:47:12| Using 8192 Store buckets
2002/08/07 19:47:12| Max Mem size: 8192 KB
2002/08/07 19:47:12| Max Swap size: 102400 KB
2002/08/07 19:47:12| Rebuilding storage in /var/cache/squid (CLEAN)
2002/08/07 19:47:12| Using Least Load store dir selection
2002/08/07 19:47:12| Set Current Directory to /var/cache/squid
2002/08/07 19:47:12| Loaded Icons.
2002/08/07 19:47:12| Accepting HTTP connections at 0.0.0.0, port 3128, FD 10.
2002/08/07 19:47:12| Accepting ICP messages at 0.0.0.0, port 3130,
```

12.3 Starten von Squid

```
FD 11.
2002/08/07 19:47:12| Accepting SNMP messages on port 3401, FD 12.
2002/08/07 19:47:12| WCCP Disabled.
2002/08/07 19:47:12| Ready to serve requests.
2002/08/07 19:47:12| Done scanning /var/cache/squid swaplog (0 entries)
2002/08/07 19:47:12| Finished rebuilding storage from disk.
2002/08/07 19:47:12|     0 Entries scanned
2002/08/07 19:47:12|     0 Invalid entries.
2002/08/07 19:47:12|     0 With invalid flags.
2002/08/07 19:47:12|     0 Objects loaded.
2002/08/07 19:47:12|     0 Objects expired.
2002/08/07 19:47:12|     0 Objects cancelled.
2002/08/07 19:47:12|     0 Duplicate URLs purged.
2002/08/07 19:47:12|     0 Swapfile clashes avoided.
2002/08/07 19:47:12|   Took 0.5 seconds ( 0.0 objects/sec).
2002/08/07 19:47:12| Beginning Validation Procedure
2002/08/07 19:47:12|   Completed Validation Procedure
2002/08/07 19:47:12|   Validated 0 Entries
2002/08/07 19:47:12|   store_swap_size = 84k
2002/08/07 19:47:13| storeLateRelease: released 0 objects
```

Nach einigen Start- und Statusmeldungen, die je nach Installationsoptionen variieren können, sollte irgendwann (etwa zu Beginn der zweite Hälfte der Ausgabe) die Zeile:

```
Ready to serve requests.
```

auf dem Bildschirm erscheinen. Ab hier ist der Proxyserver bereit, Anfragen von Clients entgegenzunehmen. Es folgen noch einige, den Cache betreffende, statistische Daten, und der Proxy ist voll arbeitsfähig.

Im späteren Dämonbetrieb finden Sie diese Ausgaben in der unter cache_log angegebenen Datei (Standard: cache.log).

Sind bis hier keine Fehler aufgetreten, können Sie die Funktion des Proxys mit einem Browser testen. Der Proxy sollte entsprechend Ihrer Konfiguration funktionieren.

Testen

Alle ggf. dann noch auftretenden Fehler, z. B. aufgrund einer fehlerhaften Eingabe im Browser oder von Konfigurationsfehlern, werden auf der Konsole des Proxys ausgegeben. Erscheinen auch hier keine weiteren Fehlermeldungen, kann Squid mit [Strg] + [C] beendet werden. Sie können ihn jetzt auch im Dämonmodus starten.

Je nach verwendetem Betriebssystem oder Distribution sind bereits entsprechende Start- und Stopp-Skripte vorhanden, die Squid automatisch starten oder stoppen. Näheres hierzu entnehmen Sie bitte der Dokumentation Ihres Betriebssystems.

Wenn Sie die Originalquellen von Squid verwenden, können Sie ihn im einfachsten Fall ohne weitere Angabe starten:

```
root@local:~ # squid
```

Ggf. ist es sinnvoll, beim Start weitere Optionen anzugeben, wie z. B. -s für ein Logging nach Syslog. Mit dem Befehl:

```
root@local:~ # squid -k shutdown
```

können Sie Squid im Dämonmodus jederzeit wieder beenden.

12.4 Betriebsparameter

Der folgende Abschnitt gibt Ihnen einige Hinweise, worauf Sie beim Betrieb eines Squid-Proxyservers besonders achten sollten. Dies sind in erster Linie Betriebsparameter, die Ihnen Ihr Betriebssystem zur Verfügung stellt. Daher können Anzeigen je nach Betriebssystem auch unterschiedlich ausfallen. Im Zweifel müssten Sie hier die Dokumentation Ihres Betriebssystems zu Rate ziehen. Die folgenden Beispiele orientieren sich an Linux.

12.4.1 CPU-Auslastung

Die CPU-Auslastung sollte bei einem reinen (Cache-)Proxyserver in aller Regel keinen Engpass darstellen, benötigt also auch keine besondere Überwachung.

Lediglich wenn Sie ein älteres Modell im Einsatz haben oder Ihr Server noch weitere Dienste zur Verfügung stellen muss (wovon aufgrund der intensiven Platten- und Hauptspeichernutzung von Squid abzuraten ist), sollten Sie hierauf gelegentlich einen Blick werfen.

Ebenso wenn Sie Ihren Proxyserver mit umfangreichen Regelwerken oder gar einem zusätzlichen Webfilter (Squidguard o.Ä.) ausgestattet haben, sollten Sie auch die CPU-Auslastung regelmäßig prüfen.

Beispiel:
```
> uptime
12:51pm up 5 days, 23:39, 2 users, load average: 0.15, 0.17, 0.15
```

Bei diesem Server liegt die Last (load average) bei ca. 0,15 und ist damit noch völlig unkritisch. Sollte die Last auf über 1,0 ansteigen, wird mehr

12.4 Betriebsparameter

Prozessorleistung gefordert, als zur Verfügung steht. In diesem Fall sollten Sie auf jeden Fall genauer untersuchen, welcher Prozess Ihr System so auslastet.

12.4.2 Speichernutzung

Die Hauptspeichernutzung ist sicher eines der kritischsten Betriebsparameter im Squid.

Die folgende Abbildung zeigt die Ausgabe von »top« auf einem in Betrieb befindlichen und gut frequentierten Proxyserver:

```
4:18pm  up 67 days,  6:26,   2 users,   load average: 0.25, 0.22, 0.20
29 processes: 27 sleeping, 2 running, 0 zombie, 0 stopped
CPU states:   4.3% user,  7.1% system,   0.0% nice,  88.4% idle
PID  USER    PRI  NI  SIZE  RSS  SHARE STAT  %CPU %MEM   TIME  COMMAND
397  root     0    0  1028  1028  844  S      0.0  0.0   0:00  squid
398  squid   17    0  949M  949M  1252 R     12.5 46.3 11280m  squid
408  squid    2    0  348   348   284  S      1.9  0.0  93:18  unlinkd
233  root     0    0  632   632   520  S      0.0  0.0   0:13  syslogd
368  root     0    0  664   664   560  S      0.0  0.0   0:00  cron
342  root     0    0  1784  1784  1592 S      0.0  0.0   0:00  ntpd
...
```

Der Proxyserver ist ausgestattet mit einem Intel-Pentium-III-Prozessor 900 MHz, 2 GB RAM und einer 80 GB großen Cache-Partition. Er bearbeitet zu Spitzenzeiten etwa 6000 Anfragen pro Minute.

Prozessnummer 397 ist der überwachende Vaterprozess, Prozess 398 ist der eigentlich arbeitende Squid-Prozess. Er benutzt zu Spitzenzeiten etwa 12,5% der CPU und 46,3% des Hauptspeichers.

Der überwiegende Teil des Hauptspeicherbedarfs von 949 MB wird für die Metadaten der ca. 10 Mio. Cache-Objekte benötigt (72 Byte pro Objekt). Ein vollständiges Löschen des Caches reduziert den Speicherbedarf der o.g. Konfiguration auf ca. 24 MB (dies sollte jedoch nicht das »Mittel der Wahl« sein, um Speicherengpässe zu beseitigen!). Sie sollten bei jeder Erhöhung der Cache-Kapazität den Hauptspeicher im Auge behalten und entsprechend nachrüsten.

Kommt es dauerhaft zu Engpässen und eine Hauptspeicheraufrüstung ist nicht möglich, dann muss der Cache (Option cache_dir) reduziert werden. Die Reduzierung des Caches über die cache_dir-Einträge greift jedoch erst verzögert, da die danach überzähligen Cache-Objekte erst nach und nach aus dem Cache entfernt werden.

12.4.3 Plattenplatz

Squid arbeitet sehr intensiv auf der Festplatte. Daher sollten Sie Ihren Plattenplatz regelmäßig kontrollieren. Eine voll gelaufene Platte kann dazu führen, dass Squid seine Arbeit komplett einstellt.

Cache

Den größten Anteil der Plattenbelegung dürfte – je nach Konfiguration – der Cache beanspruchen. Prüfen Sie daher regelmäßig Ihre Cache-Partition auf ihre Plattenfüllung. Ggf. müssen Sie mit der Option cache_dir nachjustieren.

Logs

Logdateien können ebenfalls eine beträchtliche Größe annehmen. Insbesondere die Zugriffsprotokolle (access.log) können sowohl eine ggf. zu kleine Partition, aber auch die von Ihrem Betriebssystem vorgegebene maximale Dateigröße überschreiten.

Eine gut durchdachte Logdatei-Verwaltung kann hier vor Ausfällen schützen.

12.5 Logdateien

Squid erzeugt im laufenden Betrieb, abhängig von der jeweiligen Konfiguration, mehrere Logdateien mit unterschiedlichem Inhalt. Die gängigen Logdateien, deren Bedeutung und Inhalt werden in diesem Abschnitt detailliert erläutert.

12.5.1 squid.out

Wenn Squid über das mitgelieferte Skript *RunCache* gestartet wird, werden in diese Datei alle zur Startzeit erzeugten Konsolenausgaben sowie *Fatal Errors* geschrieben.

Wenn Squid im Dämonmodus gestartet wird, stehen diese Informationen i.d.R. in den – in der Konfigurationsdatei *squid.conf* definierten – Logdateien zur Verfügung.

12.5.2 cache.log

Diese Datei enthält alle Debug- und Fehlermeldungen, die vom Squid-Prozess während des Betriebs erzeugt werden. Sie finden hier Informationen, wann und wie Squid gestartet und beendet wurde, welche Fehler während des Betriebs aufgetreten sind und – je nach Debug-Level – statistische Informationen.

Bei einem Fehler lohnt sich auf jeden Fall zuerst ein Blick in diese Datei. Auch im Normalbetrieb können hier ggf. schon Hinweise auf bevorstehende Probleme gefunden werden.

12.5.3 useragent.log

Diese Datei ist nur verfügbar, wenn Squid mit der Option `--enable-useragent-log` installiert und in der Konfigurationsdatei (squid.conf) hierfür mit `useragent_log` eine Zieldatei definiert wurde. In dieser Datei finden Sie Informationen über verwendete Browser und Betriebssysteme Ihrer Clients.

12.5.4 store.log

Die Datei *store.log* protokolliert das Ablegen und Entfernen von Objekten aus dem Platten-Cache. Diese Informationen dienen hauptsächlich zur Fehlersuche. Eine andere sinnvolle Anwendung ist zurzeit mangels brauchbaren Auswerteprogrammen nicht bekannt. Daher kann das Protokoll auch ohne Probleme abgeschaltet werden.

Jede Zeile der Datei besteht aus elf durch Leerzeichen getrennte Spalten mit folgender Aufteilung:

```
time   action  file_number  status  datehdr
lastmod  expires  type  sizes  method  key
```

Die Zeile wurde hier aus Platzgründen auf zwei Zeilen umbrochen.

time
    Dieser Zeitstempel gibt das Datum und die Uhrzeit des Requests auf Millisekunden genau im UNIX-Format (Sekunden seit dem 1.1.1970) an.

action
    Beschreibt die Aktion, die auf das Objekt angewendet wurde:

    CREATE   Zurzeit unbenutzt.
    RELEASE   Das Objekt wurde aus dem Speicher entfernt.
    SWAPOUT   Das Objekt wurde auf Platte ausgelagert.
    SWAPIN   Das Objekt wurde von Platte in den Speicher gelesen.

file_number
    Die Dateinummer des Objekts im Cache.
    Die Dateinummer FFFFFFFF bestimmt Objekte, die nur im Speicher gehalten werden (*memory only objects*).

status
: Der Statuscode der HTTP-Antwort (siehe Anhang B).

datehdr
: Der Wert von »Date:« aus dem HTTP-Header der Antwort.

lastmod
: Der Wert von »Last-Modified:« aus dem HTTP-Header der Antwort.

expires
: Der Wert von »Expires:« aus dem HTTP-Header der Antwort.

type
: Der *major*-Wert für den Content-Type des Objekts oder unknown, wenn kein Wert bestimmt werden konnte (siehe Anhang H).

sizes
: Dieses Feld enthält zwei Werte, die durch einen Schrägstrich getrennt sind. Die Größenangabe des Inhalts, wie sie im HTTP-Header unter Content-Length: angegeben ist, und die tatsächlich gelesene Größe des Objekts.

method
: Die Zugriffsmethode für das Objekt (siehe Anhang C).

key
: Die Bezeichnung des Objekts, gewöhnlich der URL.

12.5.5 access.log

In der Datei access.log werden *alle* Anfragen an den Proxyserver geloggt, d. h. nicht nur die aufgerufene Seite selbst, auch alle darin enthaltenen Verknüpfungen, z. B. zu enthaltenen Bildern, Skripten etc., die mit der Seite geladen werden.

Das Format der Logeinträge kann in der Datei *squid.conf* teilweise verändert werden. Ein Standardeintrag (Original Logfile) könnte wie folgt aussehen:

```
1015432147.168 1029 192.168.2.7 TCP_MISS/200 1538
GET http://www.foo.bar/index.html -
FIRST_UP_PARENT/fw.mynet.org text/html
```

Jeder Logeintrag steht jeweils in einer Zeile. Die Beispielzeile wurde aus Platzgründen auf drei Zeilen umbrochen.

Die Zeile besteht aus zehn Feldern, die durch Leerraum getrennt sind.

```
time    elapsed   remotehost   code/status   bytes
method   URL   rfc931
peerstatus/peerhost   type
```

Die einzelnen Felder haben folgende Bedeutung:

12.5 Logdateien

time
: Dieser Zeitstempel gibt Datum und Uhrzeit des Requests auf Millisekunden genau im UNIX-Format (Sekunden seit dem 1.1.1970) an.

elapsed
: Die Zeit in Millisekunden, die benötigt wurde, die Anfrage zu beantworten.

remotehost
: Die IP-Adresse des anfragenden Clients (kann in der Konfigurationsdatei `squid.conf` anonymisiert werden).

code/status
: Durch einen Schrägstrich getrennt: der interne Rückgabecode des Squid-Proxy und ein Rückgabewert im HTTP-Code-Format (siehe Anhänge A und B).

bytes
: Das Datenvolumen des übertragenen Objekts in Byte.

method
: Die Request-Methode der Anfrage (siehe Anhang C).

URL
: Der URL des Requests (angefragtes Objekt).

rfc931
: Das Ergebnis von Ident-Lookups nach RFC 931, falls dies eingeschaltet ist. Standardmäßig sind Ident-Lookups ausgeschaltet (im Logfile wird ein »–« eingetragen).

peerstatus/peerhost
: Der interne Rückgabewert, wie/wo die angefragten Daten geholt wurden (Hierarchy-Codes) / Rechner, an den die Anfrage weitergeleitet wurde (siehe Anhang D).

type
: Der Content-Type des angeforderten Objekts oder ein »–«. (siehe Anhang H).

Wenn Sie mit der Option `emulate_httpd_log on` (siehe Abschnitt 5.4) in der Konfigurationsdatei (squid.conf) das »Common Logfile Format« eingeschaltet haben, finden Sie in dieser Datei webserverkonforme Einträge der Form:

```
remotehost  rfc931  authuser [date] "method URL"  status  bytes
```

Diese Einträge können mit jedem Tool zur Auswertung von Webserver-Logdateien weiterverarbeitet werden. Es fehlen jedoch hier alle proxy-spezifischen Informationen.

13 Squid optimieren

Eigentlich sollte dieser Abschnitt als Unterpunkt in das Kapitel Operating, da es bei einer wohl überlegten Installation nicht mehr viel zu optimieren gibt.

Da ich jedoch aus eigener Erfahrung weiß, dass in vielen Administratoren natürlich auch der Ehrgeiz steckt, aus ihren Systemen das Maximum herauszuholen – was auch immer ein bisschen Gratwanderung zwischen Effizienz und Unsicherheit ist –, habe ich mich doch zu einem eigenen Kapitel entschlossen.

Squid hat ziemlich viele »Schrauben«, an denen man »drehen« kann, und einige verleiten schnell zu der Annahme, hier könnte noch etwas herauszuholen sein.

Tatsache ist jedoch – und ich spreche da wirklich aus eigener Erfahrung –, dass man sehr genau wissen sollte, was man tut, sonst ist der Preis viel höher als der – meist nur subjektive – Erfolg.

13.1 Prozessor/Regelwerke

Squid arbeitet grundsätzlich schon recht gut und ohne bedeutende Prozessorlast. Hier gibt es also wenig zu optimieren. Der Durchsatz und die Prozessorlast werden geringfügig durch die Regelwerke der Access-Listen beeinflusst. Je weniger ACLs durchlaufen werden müssen, desto schneller kann die Anfrage beantwortet werden.

Hier einige Ansatzpunkte für die Optimierung der ACLs:

- Setzen Sie so wenige ACLs wie möglich ein.
- Nutzen Sie vorzugsweise *einfache* ACLs (src, dst, dstdomain). Komplexe ACLs (z. B. reguläre Ausdrücke) oder ACLs, die eine externe Bearbeitung erfordern (DNS- oder Indent-Abfragen), können die Anfragen deutlich verzögern.
- ACLs werden der Reihe nach (wie sie in der Datei squid.conf erscheinen) abgearbeitet. Wenn eine ACL greift, werden die folgenden *nicht* mehr durchlaufen. Setzen Sie also ACLs, welche die

meisten Treffer haben, möglichst weit oben in die Konfiguration (ggf. auch durch geschickte Kombination von `allow` und `deny`).
- Wenn Sie komplexe ACLs auf Basis von regulären Ausdrücken verwenden, können Sie deren Bearbeitung durch den Einsatz des GNUregex-Pakets verbessern (Configure-Option `--enable-gnuregex`).

13.2 Hauptspeicher

Wenn etwas chronische Mangelware ist bei Squid, dann ist es der Hauptspeicher (siehe auch Abschnitt 4.1.1).

Hauptspeicher mit gutem Durchsatz und eine gute Speicherverwaltung haben wesentlichen Einfluss auf die Antwortzeit Ihres Proxys. Hier sind Intel-basierte Plattformen meist etwas im Nachteil.

Achten Sie darauf, dass der Server möglichst wenig (besser gar keinen) Swap beansprucht. Wenn Sie feststellen, dass verstärkt auf die Festplatte ausgelagert werden muss, rüsten Sie Ihren Hauptspeicher nach, oder reduzieren Sie den Cache-Bereich Ihres Proxys.

Squid allein (nur Programmdaten) benötigt nur etwa 4–6 MB (abhängig von der Version und den eingebundenen Modulen). Dies ist fast vernachlässigbar, wenn man den »Arbeitsspeicher« hinzuaddiert, der je nach Konfiguration anfällt.

Folgende Optionen beeinflussen den Speicherbedarf:

cache_dir Die hier insgesamt angegebene Größe des Proxy-Caches (bei mehreren `cache_dir`-Zeilen die Summe aller) bestimmt im Wesentlichen den Speicherbedarf, da für jedes Objekt im Cache die Metadaten (72 bzw. 104 Byte) im Hauptspeicher gehalten werden. Das heißt, pro Gigabyte Cache werden mindestens 5 MB RAM benötigt.

cache_mem Hiermit wird die Größe des von Squid reservierten Hauptspeichers für *In-Transit objects*, *Hot Objects* und *Negative-Cached Objects* bestimmt. Diese sollte nicht mehr als ein Drittel des gesamten Hauptspeichers betragen (bei gutem Speicherausbau sind 10–20% des Hauptspeichers empfehlenswert).

maximum_object_size_in_memory Bestimmt die maximale Größe der Objekte, die im Hauptspeicher als Cache gehalten werden. Diese sollten auf jeden Fall kleiner als `cache_mem` sein. Je kleiner dieser Wert, desto mehr Objekte können im Hauptspeicher gehalten werden. Mit vielen kleinen Objekten im Speicher wird Squid i.d.R. performanter als mit wenigen großen. Die Übertragungszeit von großen Objekten ist meist so groß, dass sich der Vorteil eines Caches im Hauptspeicher nicht mehr auswirkt.

ipcache_size

fqdncache_size Auch diese beiden Optionen verbrauchen Speicher, sie sollten jedoch nur reduziert werden, wenn der zur Verfügung stehende Speicher sehr gering ist. In der Regel fallen diese Werte nicht nennenswert ins Gewicht.

Beispiel:
Sie wollen einen Proxy unter Linux betreiben. Der Server hat eine Cache-Partition von 20 GB, als mem_cache sind 64 MB eingeplant.

Betriebssystem (Linux)	~ 32 MB
Squid 2.4 (Programmdaten)	~ 6 MB
cache_mem	64 MB
Metadaten für 20 GB Cache (20 * 5 MB)	~ 100 MB
Summe:	~ 202 MB
Empfehlung:	≥ 256 MB

Diese Berechnung stellt das absolut untere Limit dar.

So ist z. B. der Wert für cache_mem kein absoluter Wert. Bei einem hoch frequentierten Proxy kann Squid diesen Wert auch überschreiten. Ebenso kommen noch einige Daten hinzu, die hier nicht berücksichtigt sind. Daher sollte der so berechnete Speicherwert auf jeden Fall eher aufgerundet, nie jedoch abgerundet werden!

Wer sichergehen will, kann hier durchaus noch einmal 20–50% aufschlagen, ohne damit gleich unsinnig hohe Speicherinvestitionen zu tätigen. Der tatsächliche Speicherbedarf sollte auf jeden Fall im laufenden Betrieb regelmäßig kontrolliert werden.

13.3 Festplatten

Auch bei den Festplatten hat man einiges an Optimierungsmöglichkeiten. Das beginnt bei der Auswahl der richtigen Plattentypen und endet bei der Zugriffsart.

13.3.1 Plattenauswahl

Selbstverständlich ist wohl, dass eine Platte mit hoher Drehzahl und schneller Positionierung klare Vorteile bringt. Bei hoch frequentierten Servern ist die Plattennutzung sehr intensiv. Sie sollten daher auch entsprechende Serverplatten verwenden, um häufige Ausfälle zu vermeiden.

Insbesondere bei SCSI-Systemen sind für den Cache mehrere kleine Platten einer großen vorzuziehen. Zum einen kann auf die Platten parallel zugegriffen werden, was die Zugriffe zusätzlich beschleunigt, zum anderen bringt es eine höhere Ausfallsicherheit.

Ein RAID-System dagegen ist – zumindest für den Cache – nicht sinnvoll. Die hier gespeicherten Daten sind nicht »unternehmenskritisch« und jederzeit durch ein erneutes Anfordern der Objekte wiederherstellbar. Somit reduziert ein RAID-System nur die Gesamtkapazität des Caches und verlangsamt die Zugriffe durch unnötige Redundanz.

13.3.2 Dateisystem und Mount-Optionen

Der Cache besteht aus vielen, überwiegend kleinen Objekten, die als einzelne Dateien auf der Platte abgelegt werden. Ein ideales Dateisystem sollte also mit sehr vielen kleinen Dateien sehr schnell umgehen können.

Da die Zahl der Dateien pro Verzeichnis bei vielen Dateisystemen begrenzt ist, legt Squid für den Cache eine Verzeichnisstruktur in zwei Ebenen an. Diese ist ggf. an das Dateisystem anzupassen.

reiserfs   Ich habe unter Linux mit *reiserfs* ganz gute Erfahrungen gemacht. Das alte *ext2*-Format hat gegenüber einem Journaling-Filesystem den entscheidenden Nachteil, dass bei einem Absturz des Systems sehr lange Plattenprüfungen (ggf. bis zu mehreren Stunden und mit anschließendem manuellen Dateisystemcheck) nötig sind. Darüber hinaus ist *reiserfs* schneller als *ext2*. Einige Testberichte schreiben von einer bis zu 20% besseren Performance.

Zurzeit wird im Squid-Projekt auch an einer direkten Unterstützung von reiserfs gearbeitet. Dabei soll eine reiserfs-Partition direkt als Cache angesprochen werden (ohne dass diese über den Kernel gemountet werden muss).

Über die Stabilität und Geschwindigkeit anderer Journaling-Filesystems wie *ext3* oder *xfs* lagen bis zur Veröffentlichung dieses Kapitels noch keine ausreichenden Erfahrungen vor.

Üblicherweise schreibt Unix/Linux für jede Datei das Datum des letzten Zugriffs auf die Platte. Aufgrund der vielen Dateizugriffe im Cache und der Tatsache, dass diese Informationen für den Cache völlig uninteressant sind, kann der Plattenzugriff zusätzlich beschleunigt werden, wenn diese Option beim Mounten der Platte abgeschaltet wird.

Beispiel: Die Datei /etc/fstab

```
/dev/sda2   /boot     ext2      defaults            1 2
/dev/sda3   /         ext2      defaults            1 2
/dev/sda1   swap      swap      pri=42              0 0
/dev/sda5   /var      reiserfs  defaults            1 2
/dev/sdb1   /cache1   reiserfs  rw,notail,noatime   0 0
/dev/sdc1   /cache2   reiserfs  rw,notail,noatime   0 0
/dev/sdd1   /cache3   reiserfs  rw,notail,noatime   0 0
```

Hier sind drei Cache-Platten eines SCSI-Controllers eingebunden (sdb1, sdc1, sdd1), auf denen das Dateisystem *reiserfs* installiert ist und für die keine Zugriffsinformationen geschrieben werden (Option: noatime).

13.3.3 cache_dir

Um Fragmentierung und Überläufe der Festplatten zu vermeiden, sollten max. 80% der Nettokapazität der Festplatte für den Cache verwendet werden.

Die Verzeichnisstruktur muss an die Cache-Kapazität angepasst werden. Die Anzahl der Level-1-Verzeichnisse kann nach folgender Faustformel berechnet werden:

$$L1 = (((Cache \div Objekt) \div L2) \div 256) * 2$$

Cache Größe des Cache-Verzeichnisses in KB.
Objekt Durchschnittliche Größe eines Objekts im Cache. Diese hängt stark von der Angabe der maximum_object_size ab und schwankt i.d.R. zwischen 10 und 20 KB. Als sichere Größe können Sie hier von 15 KB ausgehen.
L1 Anzahl der Level-1-Verzeichnisse.
L2 Anzahl der Level-2-Verzeichnisse (als Standardwert empfohlen: 256).

Beispiel:
Die Cache-Platte hat eine Nettokapazität von 18 GB, die durchschnittliche Objektgröße wird mit 15 KB angenommen, und es werden wie empfohlen 256 L2-Verzeichnisse angelegt.

Cache = 14 GB (80% von 18 GB abgerundet!)
Objekt = 15 KB (Erfahrungswert)
L2 = 256 (wie empfohlen)
$L1 = (((14.000.000 \div 15) \div 256) \div 256) * 2 = 29 \ (aufgerundet)$
Die optimale cache_dir-Zeile für dieses Beispiel lautet also:
cache_dir ufs 14000 29 256

Achtung: Die Verzeichnisebenen L1 und L2 lassen sich nach dem Anlegen der Verzeichnisstruktur (squid -z) nicht mehr ändern. Eine Veränderung an diesen Parametern erfordert das Löschen des gesamten Caches auf dieser Platte!

13.3.4 Zugriffsschema

Das Zugriffsschema bestimmt, wie Squid auf den Platten-Cache zugreift. Hierzu wurden in letzter Zeit mehrere unterschiedliche Verfahren entwickelt.

Standardschema ist *ufs*.

Laut offizieller Squid FAQ ist *diskd* beim Plattenzugriff ca. 400% schneller als *ufs*. Diskd nutzt das gleiche Speicherformat wie ufs, allerdings mit separaten Prozessen, um ein Blockieren des Squid-Prozesses bei der Plattennutzung zu vermeiden.

Die cache_dir-Zeile für das o.g. Beispiel lautet dann:

```
cache_dir diskd 14000 29 256
```

Weitere Optionen für *diskd* finden Sie unter Abschnitt 5.4.

Um diskd nutzen zu können, muss das entsprechende Modul bei der Installation von Squid eingebunden werden:

```
configure --enable-storeio=diskd,ufs
```

13.4 Logs

Squid schreibt während des Betriebs mehrere Logdateien. Diese können bei einem stark genutzten Proxy sehr umfangreich werden. Zur weiteren Optimierung können Sie die Logdateien auf ein Minimum beschränken, sofern diese nicht benötigt werden.

Das Protokoll *store.log* dient allein zur Fehlersuche im Cache-Zugriff und kann im Regelbetrieb ohne Probleme abgeschaltet werden:

```
cache_store_log none
```

Weitere Logdateien können je nach Erfordernis ggf. eingeschränkt oder ebenfalls abgeschaltet werden.

13.5 Cache

Beim Cache ist Optimieren schon etwas schwieriger. Man kann zwar mit einigen Optionen Einfluss auf das Cache-Verhalten nehmen, sollte aber die Auswirkungen auf jeden Fall im Auge behalten. Diese sind nicht immer so, wie man es vielleicht erwartet.

13.6 Weitere Optionen

13.6.1 max_open_disk_fds

Sollte sich die Festplatte als Flaschenhals herausstellen, kann mit dieser Option ggf. nachgearbeitet werden. Sie haben damit die Möglichkeit, ab einer bestimmten Zahl von gleichzeitigen Plattenzugriffen den Platten-Cache zu umgehen. Weitere Anfragen werden dann ohne den Platten-Cache beantwortet (direkt vom Parent oder Zielserver geholt).

Ob es allerdings schneller ist, bei hoher Last die Objekte über eine möglicherweise ebenfalls langsame Internetanbindung direkt zu holen, anstatt auf die langsame Platte zu »warten«, muss im Einzelfall entschieden werden.

13.6.2 fqdn-cache

Dieser Cache hält Domainnamen einer Rückwärtsauflösung vor. Sofern Rückwärtsauflösungen (IP-Adressen nach Domainnamen) erforderlich sind, z. B. für ACLs oder eine ausführliche Protokollierung, kann dieser Cache ggf. vergrößert werden.

13.6.3 dns-cache

Dieser Cache enthält die Ergebnisse der letzten DNS-Anfrage. Je größer dieser Cache, desto weniger DNS-Anfragen sind notwendig.

13.6.4 Timeouts

Squid hat eine Menge Timeout-Optionen für unterschiedlichste Funktionen, die zumindest teilweise voneinander abhängen oder sich gegenseitig beeinflussen können. Die Timeouts sind im Laufe der jahrelangen Entwicklung von Squid für den Regelbetrieb als Cache-Proxy optimiert worden.

Stellen Sie sich also zuerst einmal folgende Fragen:

- ❏ Haben Sie einen Cache-Proxy, der so weit ab von der normalen Regel arbeitet, dass die bereits erprobten und aufeinander abgestimmten Standardwerte der Timeouts bei Ihrem Proxy nicht mehr passen könnten?

- Haben Sie so viel Verständnis für die internen Abläufe von Squid, dass Sie genau einschätzen können, wie sich eine geplante Veränderung dieser Werte auf Ihr Gesamtsystem, inkl. alle Abhängigkeiten, auswirken wird?
- Haben Sie nicht gerade was Besseres zu tun?

O.k., wenn Sie sich immer noch nicht davon abhalten lassen wollen, beherzigen Sie wenigstens folgenden Rat:

1. Ändern Sie immer nur einen Wert, und dokumentieren Sie dies.
2. Beobachten Sie die Auswirkungen über einen längeren Zeitraum (mehrere Tage).
3. Sollte die Änderung negative oder *keine* Auswirkungen haben, stellen Sie die Option auf den ursprünglichen Wert zurück. Erst dann ändern Sie eine andere Option.

Wenn Sie an mehreren Schrauben gleichzeitig drehen, werden Sie hinterher nicht mehr feststellen können, welche Änderung sich wie ausgewirkt hat. Die positiven oder negativen Auswirkungen können sich auch erst viel später (z. B. mit steigender Cache-Füllung oder Anfrageaufkommen) bemerkbar machen.

14 Praktische Anwendungsbeispiele

In diesem Kapitel finden Sie eine Reihe praktischer Anwendungsbeispiele mit einem Squid-Proxyserver. Es wird versucht, die gängigsten Anwendungsfälle exemplarisch darzustellen und die nötigen Anpassungen der Konfigurationsdaten zu beschreiben.

Der Aufbau der Beispiele ist grundsätzlich wie folgt:

Vorgaben Beschreibt die technischen Vorgaben der Beispielkonfiguration wie Host-Namen, IP-Adressen und -Netze, Ports, Dateinamen und sonstige relevante Vorgaben für den Beispielfall.

Wenn dieses Beispiel auf Ihren Anwendungsfall passen sollte, müssen Sie auf jeden Fall mindestens diese Werte an Ihre Umgebung anpassen.

Installation Beschreibt die Voraussetzungen für das Beispiel wie die benötigte Hardware, Abhängigkeiten von anderen Diensten und die Installationsoptionen für Squid, falls es sich nicht um eine Standardinstallation handelt.

Konfiguration Beschreibt die Konfiguration des Proxyservers (squid.conf). Hierbei werden nur die Veränderungen an der Standardkonfiguration beschrieben. Unveränderte Einträge werden aus Platzgründen nicht aufgelistet.

Weitere relevante Optionen Hier werden ggf. weitere Konfigurationsmöglichkeiten aufgezählt, die jedoch im Beispiel nicht weiter berücksichtigt wurden.

Die Standardkonfiguration eines Squid als *Stand-alone*-Proxy wird hier nicht extra beschrieben. Dies sollte nach den vorhergehenden Kapiteln kein Problem mehr sein.

14.1 Proxy für den Internetzugang über eine Firewall

Es soll ein Proxyserver hinter einer Firewall installiert werden. Die Firewall arbeitet als Application-Level-Gateway mit einem eigenen Proxy,

14 Praktische Anwendungsbeispiele

der aber keine Cache-Funktionalität enthält und somit auch keine Inter-Cache-Kommunikation unterstützt. Die Firewall ist der einzige Zugang zum Internet. Im lokalen Netz sind ggf. auch lokale Webserver für Intranetanwendungen zu finden. Alle Clients sollen standardmäßig den Proxy nutzen.

Abbildung 14.1
Proxy hinter einer Firewall

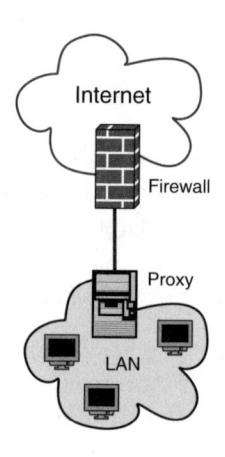

14.1.1 Vorgaben

Firewall-Hostname:	fw.mydom.org
Firewall-Proxy-Port:	80
Lokales Netz:	192.168.20.0/255.255.255.0
Proxy-Host-Name:	proxy.mydom.org
Proxy-HTTP-Port:	3128
Clients im lokalen Netz:	ca. 50

14.1.2 Installation

Für das oben beschriebene Beispiel würde ein solider Standard-PC mit normaler Ausstattung (Pentium III 900 MHz, 256 MB RAM, 30 GB HDD) oder besser in aller Regel ausreichen. Sie sollten auf eine schnelle stabile Festplatte Wert legen und beim Speicher eher größer ansetzen. Für den Cache empfiehlt sich auf jeden Fall eine eigene Platte.

Squid kann in der Standardkonfiguration verwendet werden; entweder in einer mit der Distribution ausgelieferten Version oder aus den Originalquellen ohne weitere Anpassungen übersetzt.

14.1.3 Konfiguration

Die Firewall wird als einziger Nachbar und übergeordneter Proxy (parent) definiert. Der HTTP-Port der Firewall ist Port 80, ICP wird

14.1 Proxy für den Internetzugang über eine Firewall

von der Firewall nicht unterstützt, daher wird hier der Port 7 (echo) angegeben. no-query weist Squid nochmals an, keine ICP-Anfragen an diesen Nachbarn zu senden.

```
cache_peer fw.mydom.org parent 80 7 no-query
```

Der Cache im Hauptspeicher wird der o.g. Hardware entsprechend erst einmal mit 32 MB vorsichtig angesetzt. Sollten sich im laufenden Betrieb (bei gefülltem Platten-Cache) noch Freiräume zeigen, kann der Wert etwas erhöht werden.

Der Platten-Cache wird ebenfalls grob abgeschätzt mit 20 GB angesetzt. Der Wert ergibt sich aus dem verfügbaren Plattenplatz (30 GB) abzüglich Betriebssystem und Logfiles und dem verfügbaren Hauptspeicher (Speicherbedarf mindestens 5 MB pro GB Cache). Beobachten Sie, wie lange es braucht, bis der Cache gefüllt ist. Die Zahl der Level-1-Cache-Verzeichnisse (40) wurde anhand der Schätzformel (siehe [13.3.3]) berechnet.

```
cache_mem 32 MB
cache_dir ufs /usr/local/squid/cache 20000 40 256
```

Zwei Access-Listen werden angelegt für das lokale Netz; eine für alle Clients im lokalen Netz (src) und eine für alle lokalen Server (dst). Es gibt keine Möglichkeit, eine ACL für Clients und Server zu definieren, da es sich hier um unterschiedliche ACL-Typen handelt!

```
acl clients src 192.168.20.0/255.255.255.0
acl local_hosts dst 192.168.20.0/255.255.255.0
```

Der Zugriff auf den Proxy wird nur allen lokalen Clients erlaubt, allen anderen verboten.

```
http_access allow clients
http_access deny all
```

Für Anfragen an lokale Server soll der Proxy direkt in das lokale Netz zugreifen. Alle anderen Anfragen sollen an die Firewall weitergeleitet werden.

```
never_direct deny local_hosts
never_direct allow all
```

14.1.4 Weitere relevante Optionen

Auf den Clients muss als Proxyserver proxy.mydom.org und Port 3128 eingestellt werden.

Anstelle der Option `never_direct deny local_hosts` kann auch in den Clients die Browseroption »Proxy für lokale Adresse umgehen« ausgewählt werden. So werden Zugriffe auf lokale Webserver nicht über den Proxy geleitet, was in lokalen Netzen meist ohnehin kaum sinnvoll ist.

Wenn die Clients mit einer Proxy-Autokonfiguration konfiguriert werden, kann ggf. die Firewall als »Rückfalladresse« angegeben werden, so dass im Falle, dass der Proxy ausfällt, die Firewall direkt von den Clients angesprochen wird.

14.2 Proxy-Verbund mehrerer Außenstellen

Es soll ein Proxy-Verbund mehrerer, miteinander vernetzter Außenstellen und einem zentralen Übergang zum Internet mit einer Firewall hergestellt werden. Jede Außenstelle besitzt einen eigenen Proxy mit lokalem Cache. Die Firewall arbeitet als Application Level Gateway ebenfalls wie ein Proxy, jedoch ohne Cache. Um das Volumen Richtung Internet möglichst weit zu reduzieren, sollen die Proxyserver im Verbund arbeiten und lokale Webserver direkt angefragt werden.

Abbildung 14.2
Proxy-Verbund

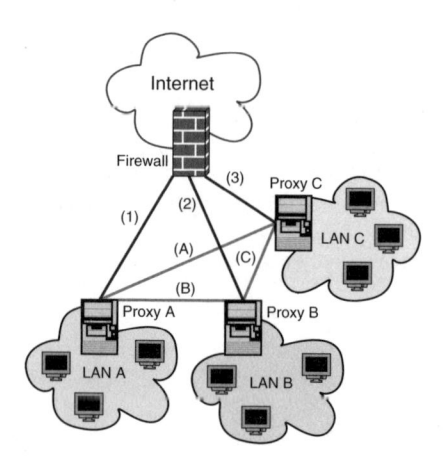

14.2.1 Vorgaben

Firewall-Host-Name:	fw.mydom.org
Firewall-Proxy-Port:	80
Lokales Netz LAN A:	192.168.1.0/255.255.255.0
Lokales Netz LAN B:	192.168.2.0/255.255.255.0
Lokales Netz LAN C:	192.168.3.0/255.255.255.0
Host-Name ProxyA:	proxyA.mydom.org

Host-Name ProxyB:	proxyB.mydom.org
Host-Name ProxyC:	proxyC.mydom.org
Proxy-HTTP-Port:	8080 (für alle Proxys)
Proxy-ICP-Port:	3130 (Standard-ICP-Port für alle Proxys)
Clients in lokalen Netzen:	jeweils ca. 50–100

14.2.2 Installation

Für die drei Proxys im o.g. Beispiel würde ebenfalls ein solider Standard-PC mit normaler Ausstattung (Pentium III 900 MHz, 256 MB RAM, 30 GB HDD) oder besser ausreichen. Für den Cache empfiehlt sich auch hier auf jeden Fall eine eigene Platte.

Squid kann in der Standardkonfiguration verwendet werden. Entweder in einer mit der Distribution ausgelieferten Version oder aus den Originalquellen ohne weitere Anpassungen übersetzt.

14.2.3 Konfiguration

Der Proxy wird auf dem Port 8080 konfiguriert.

```
http_port 8080
```

Die Firewall wird als einziger Nachbar und übergeordneter Proxy (parent) definiert. Der HTTP-Port der Firewall ist Port 80, ICP wird von der Firewall nicht unterstützt, daher wird hier der Port 7 (echo) angegeben. no-query weist Squid nochmals an, keine ICP-Anfragen an diesen Nachbarn zu senden.

```
cache_peer fw.mydom.org parent 80 7 no-query
```

Die Nachbar-Proxys der jeweils anderen Netze werden als Geschwister (sibling) eingetragen, jeweils mit dem eingerichteten HTTP-Port (8080) und dem ICP-Port (3130).

Hier ein Beispiel für den ProxyA:

```
cache_peer proxyB.mydom.org sibling 8080 3130
cache_peer proxyC.mydom.org sibling 8080 3130
```

Der Cache im Hauptspeicher wird der o.g. Hardware entsprechend erst einmal mit 32 MB vorsichtig angesetzt. Sollten sich im laufenden Betrieb (bei gefülltem Platten-Cache) noch Freiräume zeigen, kann der Wert etwas erhöht werden.

Der Platten-Cache wird ebenfalls grob abgeschätzt mit 20 GB angesetzt. Der Wert ergibt sich aus dem verfügbaren Plattenplatz (30 GB) abzüglich Betriebssystem und Logfiles und dem verfügbaren Hauptspeicher (Speicherbedarf mindestens 5 M pro GB Cache). Beobachten Sie, wie lange es braucht, bis der Cache gefüllt ist. Die Zahl der Level-1-Cache-Verzeichnisse (40) wurde anhand der Schätzformel (siehe [13.3.3]) berechnet.

```
cache_mem 32 MB
cache_dir ufs /usr/local/squid/cache 20000 40 256
```

Zwei Access-Listen werden angelegt für das lokale Netz. Eine für alle Clients im lokalen Netz (src) und eine für alle lokalen Server (dst) in allen drei Netzen.

Für den ProxyA mit dem lokalen Netz 192.168.1.0/24 sehen die ACLs wie folgt aus:

```
acl clients src 192.168.1.0/255.255.255.0
acl local_hosts dst 192.168.1.0/24 192.168.2.0/24
    192.168.3.0/24
```

Der Zugriff auf den Proxy wird nur allen lokalen Clients erlaubt, allen anderen verboten.

```
http_access allow clients
http_access deny all
```

Für Anfragen an Webserver in den drei verbundenen lokalen Netzen soll der Proxy direkt in das lokale Netz zugreifen. Alle anderen Anfragen sollen an die Firewall weitergeleitet werden.

```
never_direct deny local_hosts
never_direct allow all
```

14.2.4 Weitere relevante Optionen

Die Nachbarbeziehungen werden in der o.g. Konfiguration über das Internet Cache Protocol abgehandelt. Das ist nur empfehlenswert, wenn die lokalen Netze untereinander über eine gute Verbindung verfügen und nur wenige Proxys miteinander verbunden werden.

Für größere Verbünde oder langsame Verbindungen sind Cache-Digests besser geeignet.

14.3 Proxy für mehrere Netze

Die Clients in einem größeren LAN sollen Zugriff auf die beiden privaten Netze »NetA.com« und »NetB.org« sowie auf das Internet bekommen. Die Benutzer im LAN sollen dazu *einen* Proxy im Browser eintragen und darüber direkt alle drei Netze erreichen. Als Übergang (Gateway) in die Netze dient jeweils eine Firewall mit eigenem Proxy (Application Level Gateway).

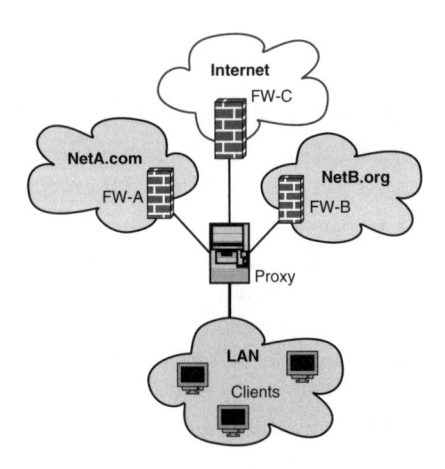

Abbildung 14.3
Proxy für mehrere Netze

14.3.1 Vorgaben

Host-Name Firewall A:	fwA.mydom.org
Host-Name Firewall B:	fwB.mydom.org
Host-Name Firewall Internet:	fwC.mydom.org
Proxy-Port Firewall A und B:	8080
Proxy-Port Firewall Internet:	80
Lokales Netz LAN A:	10.0.0.0/255.0.0.0
Proxy-Host-Name:	proxy.mydom.org
Proxy-HTTP-Port:	3128 (Standardport)
Clients in lokalen Netzen:	ca. 5000

14.3.2 Installation

Für das oben beschriebene Beispiel eines größeren lokalen Netzes mit etwa 5000 Clients sollte auch der Proxy entsprechend leistungsfähiger ausgelegt sein. In diesen Größenordnungen ist ggf. auch daran zu denken – nicht zuletzt auch aus Gründen der Ausfallsicherheit –, mehr als einen Server in Betrieb zu nehmen. Für dieses Beispiel sollte jedoch erst einmal ein Server konfiguriert werden.

Als Prozessor wäre für einen reinen (Cache-)Proxy ein Pentium III >900 MHz durchaus noch ausreichend. Wenn Sie jedoch beabsichtigen, umfangreichere Regelwerke oder gar einen Redirector oder eine Benutzerauthentifikation zu konfigurieren, sollten Sie deutlich höher ansetzen.

Der Hauptspeicher (RAM) sollte – je nach Größe des Caches – mindestens 1 GB umfassen.

Der Platten-Cache sollte auf mehrere stabile (SCSI-)Platten verteilt werden. Ideal wäre ein Dual-Channel-Controller mit entsprechendem Durchsatz. Für das Beispiel werden fünf 40 GB-SCSI-Platten mit 10000 RpM und ein Zweikanal-RAID-Controller angenommen. Die Konfiguration sieht so aus, dass zwei 40 GB-Platten für ein RAID 1 (Spiegelung) des Betriebssystems vorgesehen sind und die restlichen drei Platten als einzelne Host-Laufwerke den Cache aufnehmen. Das Betriebssystem und Squid sowie die Logs werden auf das RAID gelegt. Damit werden Betriebssystem und Logfiles möglichst ausfallsicher gehalten. Für den Cache ist RAID nicht sinnvoll. Die hier gehaltenen Daten sind nicht kritisch, und ein RAID-System würde nur die Performance reduzieren. Die drei Cache-Platten können so auch jederzeit einzeln außer Betrieb genommen oder durch größere/schnellere Platten ersetzt werden, ohne gleich den ganzen Stapel auswechseln zu müssen.

Als Netzwerk-Interface stehen zwei Fast-Ethernet-Anschlüsse zur Verfügung, von denen einer die Clients bedienen wird und der andere die Verbindung zu den Firewalls und den lokalen Webservern herstellt, um einen Flaschenhals beim Netzwerkdurchsatz zu vermeiden.

Da hier nur ein Server vorgesehen ist, der allein den benötigten Durchsatz schaffen muss, sollten Speicherverwaltung, Festplatten und Netzwerk-Interface entsprechend performant ausgelegt sein.

Squid kann zwar grundsätzlich in der Standardkonfiguration verwendet werden, es kann jedoch bei höherem Verbindungsaufkommen durchaus nötig sein, z. B. mehr offene Dateien zu halten, als von Betriebssystem und Squid in den Standardeinstellungen vorgesehen ist. Gegebenenfalls muss also auch der Kernel und/oder Squid angepasst werden.

14.3.3 Konfiguration

Der Proxy wird auf dem Port 3128 konfiguriert:

```
http_port 3128
```

Als Nachbarn und übergeordneter Proxy (parent) müssen alle drei Firewalls eingetragen werden. Der HTTP-Port der Firewall A und B ist jeweils der Port 8080, der HTTP-Port der Firewall C ist der Port 80. ICP wird von den Firewalls nicht unterstützt, daher wird hier der

Port 7 (echo) angegeben. no-query weist Squid nochmals an, keine ICP-Anfragen an diesen Nachbarn zu senden.

```
cache_peer fwA.mydom.org parent 8080 7 no-query
cache_peer fwB.mydom.org parent 8080 7 no-query
cache_peer fwC.mydom.org parent 80 7 no-query
```

Nun muss noch angegeben werden, welche Anfragen an welchen Nachbarn zu senden sind. Alle Anfragen nach NetA.com sollen an die Firewall A, alle Anfragen nach NetB.org sollen an die Firewall B geschickt werden. Alle übrigen Anfragen Richtung Internet sollen an die Firewall C weitergeleitet werden (*nicht* NetA.com und *nicht* NetB.org).

```
peer_domain fwA.mydom.org .NetA.com
peer_domain fwA.mydom.org .NetB.org
peer_domain fwA.mydom.org !.NetA.com !.NetB.org
```

Der Cache im Hauptspeicher wird der o.g. Hardware entsprechend mit 64 MB angesetzt. Sollten sich im laufenden Betrieb (bei gefülltem Platten-Cache) noch Freiräume zeigen, kann der Wert etwas erhöht werden.

Der Platten-Cache wird ebenfalls grob abgeschätzt mit 30 GB pro Platte angesetzt. Die Zahl der Level-1-Cache-Verzeichnisse (60) wurde anhand der Schätzformel (siehe Abschnitt 13.3.3) berechnet.

```
cache_mem 64 MB
cache_dir diskd /usr/local/squid/cache1 30000 60 256
cache_dir diskd /usr/local/squid/cache2 30000 60 256
cache_dir diskd /usr/local/squid/cache3 30000 60 256
```

Zwei Access-Listen werden für das lokale Netz angelegt; eine für alle Clients im lokalen Netz (src) und eine für alle lokalen Server (dst).

```
acl clients src 10.0.0.0/8
acl local_hosts dst 10.0.0.0/8
```

Der Zugriff auf den Proxy wird nur allen lokalen Clients erlaubt, allen anderen verboten.

```
http_access allow clients
http_access deny all
```

Für Anfragen an Webserver im lokalen Netz soll der Proxy direkt in das lokale Netz zugreifen. Alle anderen Anfragen sollen an die Firewalls weitergeleitet werden.

```
never_direct deny local_hosts
never_direct allow all
```

15 Das Cache-Manager-Interface

Squid kennt verschiedene Möglichkeiten der Statistik und Überwachung. Neben externen Tools zur Auswertung von Protokolldateien und SNMP-Anfragen liefert Squid auch ein recht einfach zu bedienendes und sehr aussagekräftiges Web-Interface mit, das *Cache-Manager-Interface* (CMI).

Das CMI ist ein ca. 120 KB großes CGI (Common Gateway Interface). Dieses CGI kann auf einen beliebigen Webserver, lokal oder im Netz, installiert werden. Voraussetzung: Der Webserver unterstützt CGI-Funktionalität, und es besteht eine Netzverbindung zum Proxyserver.

15.1 Das CMI einrichten

Um das CMI zu nutzen, müssen zum einen die nötigen Optionen in der Datei squid.conf angepasst werden, zum anderen muss das CGI auf einem Webserver installiert werden.

15.1.1 Die Konfigurationsdatei anpassen

In der Konfigurationsdatei *squid.conf* finden Sie in der Standardkonfiguration eine Access-Liste mit dem Namen manager:

```
acl manager proto cache_object
```

Diese Access-Liste vom Typ proto beinhaltet das Protokoll cache_object. Über dieses Squid-eigene Protokoll werden die Zugriffe des CMI abgehandelt.

Die Zugriffe auf den Cache-Manager erfolgen über den HTTP-Port. Daher wird der Zugriff auch über http_access geregelt. In der Standardkonfiguration ist nur dem lokalen Server selbst (localhost) der Zugriff erlaubt:

```
http_access allow manager localhost
http_access deny manager
```

Wenn Sie das CMI auch von anderen Clients aus nutzen wollen, müssen Sie diese hier entsprechend freigeben. Beispiel:

```
acl CMI_Clients src 192.168.10.1 192.168.10.2
http_access allow manager localhost
http_access allow manager CMI_Clients
http_access deny manager
```

Achten Sie jedoch darauf, dass Sie die Access-Regeln immer mit einem deny manager abschließen, bevor Sie weitere Access-Regeln für andere Zwecke einfügen. Ansonsten würden Sie bei jeder Freigabe über den HTTP-Port mittels http_access auch gleich die Freigabe für den Cache-Manager erteilen.

Sofern noch nicht geschehen, sollten Sie ein Passwort für den Zugriff vergeben.

```
cachemgr_passwd disable shutdown offline_toggle
cachemgr_passwd bekannt info
cachemgr_passwd geheim all
```

Die Passwörter werden im Klartext in der Konfigurationsdatei abgelegt. Sie sind damit kaum geschützt. Für den Cache-Manager ist dies evtl. noch vertretbar, wenn über Access-Regeln der Zugriff auf bestimmte Clients beschränkt ist und das Passwort für betriebswichtige Funktionen wie ein »Shutdown« abgeschaltet ist. Es sollten hier jedoch auf keinen Fall sicherheitsrelevante Passwörter benutzt werden, wie z. B. dasselbe Passwort, das vom *root*-Benutzer verwendet wird. Dies würde die Sicherheit des gesamten Servers deutlich herabsetzen.

15.1.2 Installation des CGI

Zur Installation des CGI kopieren Sie einfach die Datei cachemgr.cgi aus dem Squid-Quellverzeichnis in das CGI-Verzeichnis Ihres Webservers (meist cgi-bin).

Nun können Sie sich mit einem Browser Ihrer Wahl und der entsprechenden URL des CMI auf Ihrem Webserver (z. B. http://localhost/cgi-bin/cachemgr.cgi) am CMI anmelden:

Im Anmeldeformular geben Sie den Host-Namen des zu überwachenden Proxyservers, dessen HTTP-Port (http_port [5.1]), den Namen des Cache-Managers (cache_mgr [5.9]) und das eingerichtete Passwort (cachemgr_password [5.12]) ein.

Sind alle Angaben korrekt, wird Ihnen das CMI-Menü angezeigt. Andernfalls bekommen Sie ein »Cache Manager Error – Connection refused«, wenn der Server nicht erreichbar ist, oder ein »Access denied«

15.2 Das Cache-Manager-Interface-Menü

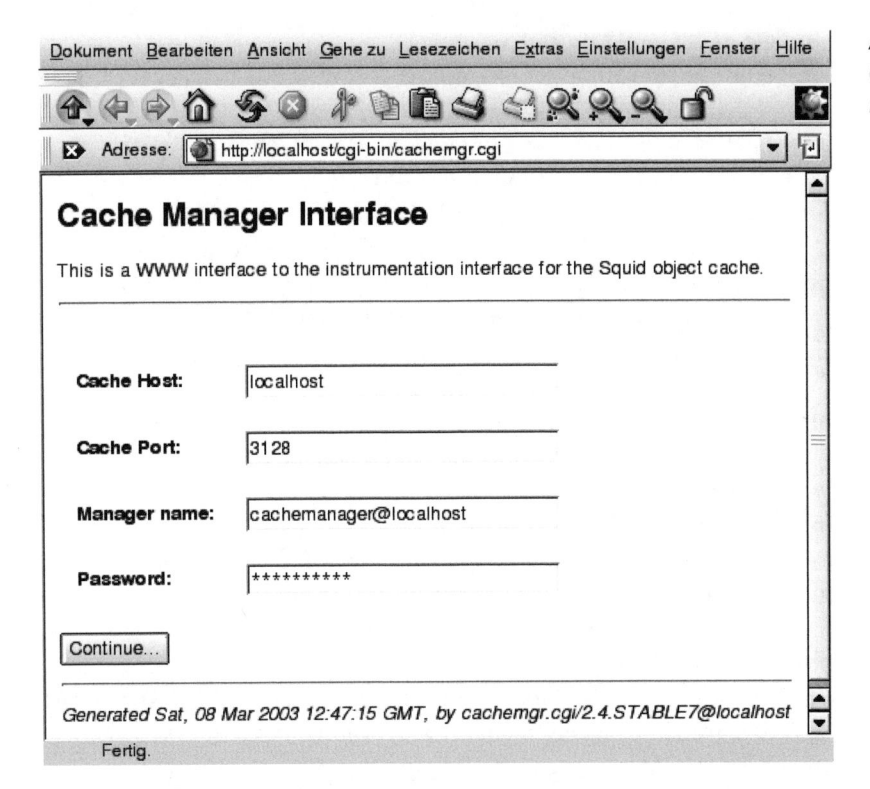

Abbildung 15.1
Cache Manager Interface – Anmeldung

vom Proxy, wenn der Cache-Manager-Name oder das Cache-Manager-Passwort nicht korrekt sind.

15.2 Das Cache-Manager-Interface-Menü

In Abbildung 15.2 sehen Sie ein Beispiel für das Cache-Manager-Interface-Menü. In dem dort abgebildeten Beispiel ist der Menüpunkt »Shutdown« abgeschaltet (disabled).

Die angezeigten Menüpunkte sind abhängig von der jeweiligen Konfiguration des Proxyservers.

Einige interessante Menüpunkte werden im Folgenden kurz beschrieben:

mem Memory Utilization
Sehr umfangreiche Kreuztabelle zur Speichernutzung.

diskd DISKD Stats
Eine kurze Statistik zur »diskd«-Nutzung (falls Squid mit diskd installiert wurde).

config Squid Configuration
: Die aktuelle Squid-Konfiguration (im Wesentlichen der wirksame Inhalt der Konfigurationsdatei squid.conf).

ipcache IP Cache Stats and Contents
: IP-Cache-Status und Inhalt des IP-Caches.

fqdncache FQDN Cache Stats and Contents
: FQDN-Cache-Status und Inhalt des FQDN-Caches.

http_headers HTTP Header Statistics
: Statistik der verwendeten Header-Optionen.

shutdown Shut Down the Squid Process.
: Herunterfahren des Squid-Prozesses.

offline_toggle Toggle offline_mode setting
: Schaltet Squid in den *Offline*-Modus (beantwortet nur noch Anfragen aus dem Cache).

info General Runtime Information
: Allgemeine Statistik zum Proxyserver (Gesamtübersicht).

filedescriptors Process File Descriptor Allocation
: Liste der aktuell verwendeten *File Descriptors*.

objects All Cache Objects
: Auflistung der Metadaten aller Cache-Objekte (diese Anzeige ist bei größeren Caches nicht wirklich sinnvoll).

vm_objects In-Memory and In-Transit Objects
: Auflistung der Metadaten aller Cache-Objekte im Hauptspeicher (Inhalt von cache_mem).

io Server-side network read() size histograms
: Auflistung der Größenverteilung angefragter Objekte, sortiert nach Protokollen.

counters Traffic and Resource Counters
: Statistik des ein- und ausgehenden Datenverkehrs.

peer_select Peer Selection Algorithms
: Statistik der Nachbarbeziehungen.

storedir Store Directory Stats
: Statistik der Cache-Verzeichnisse (cache_dir).

store_check_cachable_stats storeCheckCachable() Stats
: Eine Tabelle mit – nach Gründen sortierten – Zahlen nicht im Cache gespeicherter Objekte.

15.2 Das Cache-Manager-Interface-Menü

Cache Manager menu for localhost:

- Memory Utilization
- Callback Data Registry Contents
- Event Queue
- DISKD Stats
- Current Squid Configuration
- comm_incoming() stats
- IP Cache Stats and Contents
- FQDN Cache Stats and Contents
- Internal DNS Statistics
- HTTP Header Statistics
- This Cachemanager Menu
- Shut Down the Squid Process (disabled).
- Toggle offline_mode setting
- General Runtime Information
- Process Filedescriptor Allocation
- All Cache Objects
- In-Memory and In-Transit Objects
- Objects with Swapout files open
- Server-side network read() size histograms
- Traffic and Resource Counters
- Peer Selection Algorithms
- Cache Digest and ICP blob
- 5 Minute Average of Counters
- 60 Minute Average of Counters
- Cache Utilization
- Full Histogram Counts
- Client-side Active Requests
- Store Digest
- Store Directory Stats
- storeCheckCachable() Stats
- Store IO Interface Stats
- Persistent Connection Utilization Histograms
- Refresh Algorithm Statistics
- Request Forwarding Statistics
- Cache Client List
- AS Number Database
- Peer Cache Statistics
- List of Unknown sites sending ICP messages

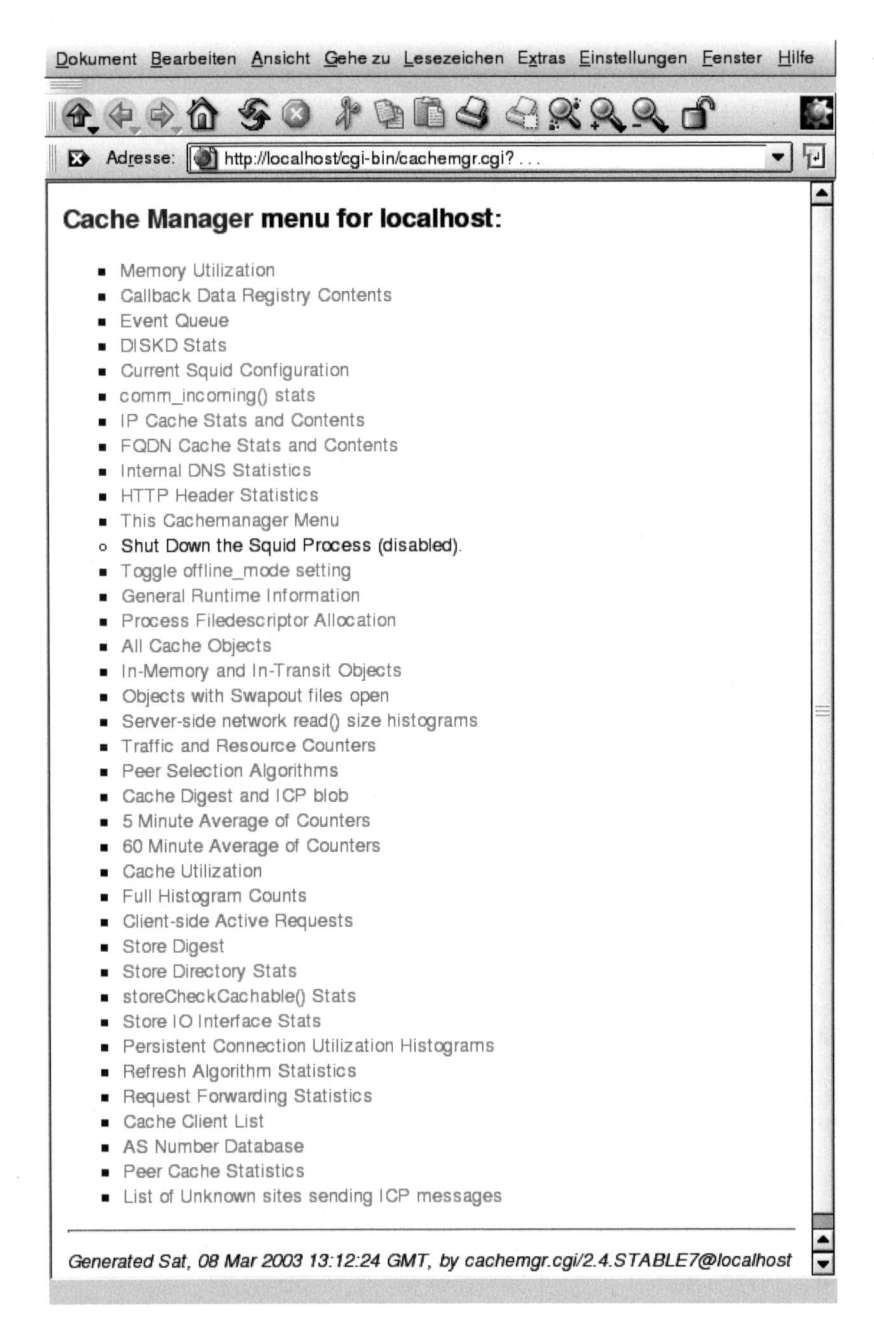

Generated Sat, 08 Mar 2003 13:12:24 GMT, by cachemgr.cgi/2.4.STABLE7@localhost

Abbildung 15.2
Cache-Manager-Interface – Menü

16 Fehlersuche im Web

Dieses Kapitel beschäftigt sich mit der Analyse von Fehlersituationen und der systematischen Fehlereingrenzung.

Hier werden Sie sicher nicht die fertige Lösung für Ihr ganz konkretes Problem finden. Dazu sollten Sie eher auf die offizielle Squid-FAQ oder eines der vielen Foren oder Mailing-Listen zurückgreifen, wo Sie eher Lösungen zu bekannten und häufig vorkommenden Problemen finden. Vielmehr soll dieses Kapitel einen Überblick über Zusammenhänge, Abhängigkeiten und häufige Fehlerquellen vermitteln, damit Sie lernen, einen Fehler schneller einzugrenzen.

16.1 Grundlagen

Voraussetzung für jede Fehlersuche im Web ist das Grundverständnis von den Abläufen und Zusammenhängen. Vieles hiervon wurde bereits in den vorhergehenden Kapiteln behandelt.

Fehler können sich wie folgt äußern:

- Seiten werden nicht angezeigt.
- Seiten werden grundsätzlich verzögert angezeigt.
- Seiten werden mal schnell und mal verzögert angezeigt.
- Es werden veraltete Seiten angezeigt.
- Es wird eine ganz andere als die erwartete Seite angezeigt.

Jeder dieser Fehler hat unterschiedliche Ursachen. Mögliche Fehlerquellen sind:

- Gar nicht oder fehlerhaft konfigurierter Browser.
- Fehlerhaft konfigurierter Proxyserver.
- Fehlende oder falsche DNS-Resolver-Konfiguration.
- Nicht erreichbarer oder fehlerhaft arbeitender Webserver.

Abhängigkeiten

Je nach Version und Konfiguration von Squid bestehen unterschiedliche Abhängigkeiten zu internen oder externen Datenquellen. Jede dieser Abhängigkeiten kann die Funktionsweise von Squid beeinflussen.

Die Abbildung 16.1 stellt die wichtigsten Abhängigkeiten des Squid-Prozesses dar.

Abbildung 16.1
Interne und externe Abhängigkeiten von Squid

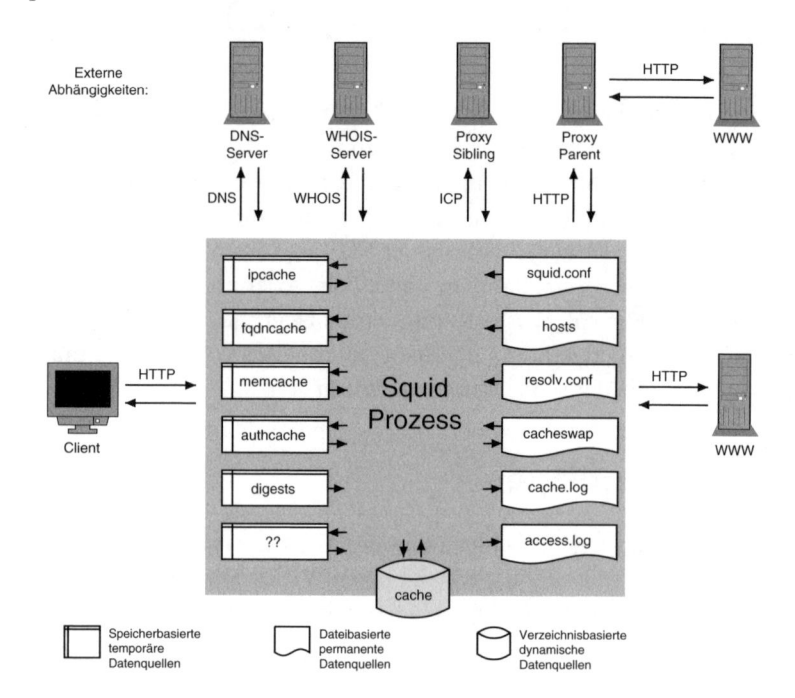

Im Wesentlichen wird Squid über das HTTP-Protokoll vom Browser des Clients (links) gesteuert. Durch ihn werden die meisten weiteren Funktionen erst initiiert. Auf der anderen Seite steht der Webserver, der von Squid direkt oder über einen übergeordneten (Parent) Proxy angesprochen wird. Im oberen Bereich finden Sie weitere externe Abhängigkeiten von anderen Servern oder Diensten. Der graue Kasten in der Mitte stellt die internen Abhängigkeiten von Speicherinhalten (links) und lokalen Konfigurationsdateien (rechts) dar. Als Letztes besteht natürlich auch noch eine Abhängigkeit zur wahrscheinlich größten Datenquelle, dem lokalen Cache.

16.2 Testmöglichkeiten

Als Testumgebung für die folgenden beispielhaften Fehlersituationen nehmen wir eine häufig vorkommende Standardkonfiguration aus einem PC mit Browser, einem lokalen Proxyserver, einer Firewall zum Internet und einem Webserver im Internet an.

Sowohl im lokalen Netz (links) wie auch im Internet (rechts) steht jeweils ein DNS-Server zur Verfügung (Abbildung 16.2).

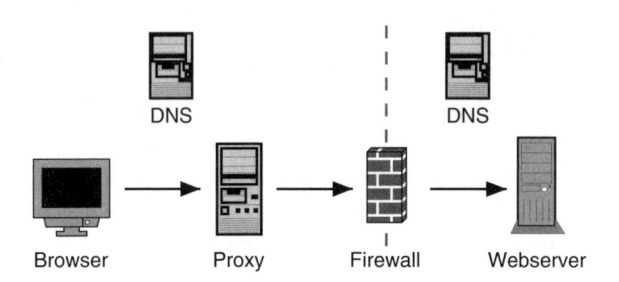

Abbildung 16.2
Darstellung der Beispielumgebung

Mit diesem Beispiel lassen sich die meisten praktischen Problemfälle demonstrieren.

Für eine sinnvolle Fehlersuche sollten Sie Zugriff auf alle hier abgebildeten Komponenten haben oder die entsprechenden Administratoren bei der Fehlersuche mit einbeziehen.

Es gibt im Wesentlichen drei häufige Fehlerquellen:

- Probleme mit der Weiterleitung (Routing) der Anfragen
- Probleme mit der DNS-Auflösung
- Probleme mit dem Cache

Diese drei Problemgebiete werden im Folgenden weiter erläutert.

Probleme mit fehlerhaft arbeitenden Webservern, Firewalls oder mit Access-Listen werden hier nicht weiter erläutert. Die im Beispiel eingezeichnete Firewall dient hier nur als Parent. Zu Access-Listen finden Sie einige weitere Tipps in Kapitel 6.

16.2.1 Probleme mit der Weiterleitung

Sichtbare Auswirkung:

> Seiten werden gar nicht oder nur grundsätzlich verzögert angezeigt.

Wenn im u.g. Beispiel der Browser-PC auf den Webserver zugreifen will, führt der korrekte Weg über folgende Schritte:

- Der Browser leitet die Anfrage weiter an den Proxyserver.
- Der Proxyserver erkennt, dass es sich um keinen lokalen Server handelt, und leitet die Anfrage weiter an die Firewall (Parent).
- Nur die Firewall kann nun über ihren Zugang zum Internet den Webserver direkt ansprechen.

Abbildung 16.3
Verbindungsmöglichkeiten für Anfragen

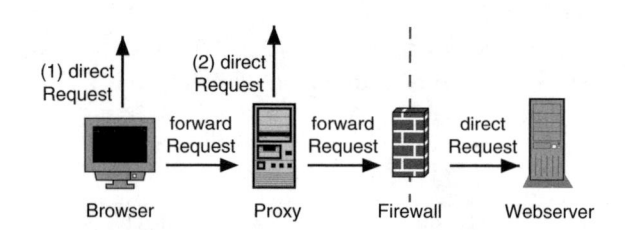

Die Firewall einmal als Fehlerquelle außen vor gelassen, gibt es im o.g. Beispiel im Wesentlichen zwei Fehlerquellen, die ein korrektes Weiterleiten der Anfrage verhindern bzw. verzögern:

1. Der Browser ist falsch konfiguriert
   – Sie haben im Browser keinen Proxyserver angegeben, oder die Angabe ist fehlerhaft. Damit versucht der Browser selbst, die URL aufzulösen, was ihm nicht gelingt (»Host nicht erreichbar« oder »Server nicht gefunden«), oder er kann den falschen Proxyserver nicht finden (»Proxy nicht erreichbar«).
   – Sie können im Browser so genannte Ausnahmen definieren, URLs oder Adressen, für die der Proxyserver umgangen werden soll.
2. Der Proxyserver ist falsch konfiguriert
   – Parent ist nicht eingerichtet oder falsch konfiguriert (Host-Name, Port).
   – Eine falsche DNS-Auflösung verweist den Proxy ins lokale Netz.

16.2.2 DNS-Probleme

Sichtbare Auswirkung:

Seiten werden teilweise verzögert oder gar nicht angezeigt.

Ein weiteres beliebtes Problemfeld sind die DNS-Auflösungen. Dieser Bereich ist deutlich vielfältiger und komplexer.

Eine erste DNS-Anfrage wird im Browser erzeugt. Einige Browser versuchen, den URL in eine IP-Adresse aufzulösen, um z. B. ihre internen Proxy-Ausnahmen abzugleichen, oder sie müssen den DNS befragen, um den Proxyserver selbst aufzulösen, wenn dieser als Host-Name angegeben ist.

Die zweite Anfrage erfolgt im Proxyserver. Dieser versucht, auf jeden Fall den URL aufzulösen. Anderenfalls wären alle Access-Listen auf

IP-Basis wirkungslos. Sind zusätzlich Client-Access-Listen auf Domainnamenbasis definiert, so muss auch der Client rückwärts (Host-Name -> IP-Adresse) aufgelöst werden.

Als Letztes wird im u.g. Beispiel die Firewall den DNS im Internet befragen müssen, um die Adresse des Webservers zu ermitteln, an den die Anfrage gestellt werden soll.

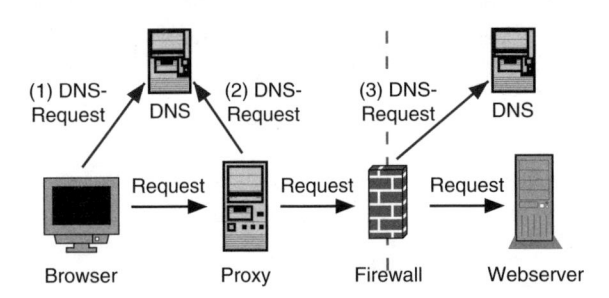

Abbildung 16.4
DNS-Verbindungen

DNS-Probleme beim Browser lassen sich noch recht einfach identifizieren.

Kann auf lokale Adressen nicht per Host-Name (ggf. aber per IP-Adresse) zugegriffen werden, stimmen sehr wahrscheinlich die DNS-Angaben im Resolver des Clients nicht (DNS-Einstellungen in der Netzwerkumgebung unter Windows oder /etc/resolv.conf unter Unix/Linux). Entfernte Adressen können dabei u. U. trotzdem erreicht werden, wenn der Proxyserver mit seiner IP-Adresse im Browser eingetragen ist. Dann wird der URL nämlich direkt an den Proxyserver weitergegeben, und dieser löst den Host-Namen auf oder gibt die Anfragen ebenfalls weiter.

Der Proxyserver kommt keinesfalls ohne DNS-Auflösung aus. Hier werden auch deutlich höhere Ansprüche an die Verfügbarkeit von DNS gestellt. Bei hoch frequentierten Proxyservern kann die Zahl der DNS-Anfragen erhebliche Ausmaße annehmen.

Dies betrifft sowohl eine gute und schnelle Beantwortung von DNS-Anfragen im Netz wie auch eine entsprechend schnelle Bearbeitung der Anfragen auf dem lokalen Betriebssystem des Proxyservers. Hier können fehlerhafte oder auch nur ungünstige Einstellungen des lokalen Resolvers zu deutlichen Verzögerungen der Antworten des Proxys oder sogar Timeouts führen.

Überprüfen Sie in diesen Fällen Ihre Resolver-Konfiguration (/etc/resolv.conf und /etc/nsswitch.conf).

16.2.3 Cache-Problem

Sichtbare Auswirkung:

Seiten werden teilweise veraltet angezeigt.

Seiten, die vom Webserver an den Browser geliefert werden, können im u.g. Beispiel an zwei Stellen zwischengespeichert werden:

- Auf dem lokalen Arbeitsplatz im Cache des Browsers.
- Auf dem Proxyserver im Proxy-Cache.

Abbildung 16.5
Mögliche Cache-Speicher

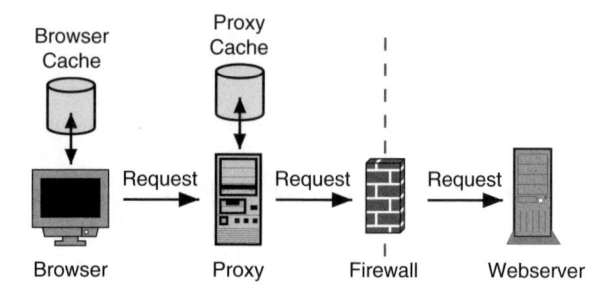

Erhalten Sie für eine bereits aufgerufene und danach geänderte Seite auf eine erneute Anfrage den veralteten Inhalt, müssen Sie zuerst einmal herausfinden, woher die alten Daten stammen.

Am einfachsten erreichen Sie dies, indem Sie den Cache Ihres Browsers *komplett* löschen (Cache auf der Festplatte und ggf. im Hauptspeicher).

Bekommen Sie dann bei erneuter Anfrage die aktuelle Seite, liegt das Problem im Browser-Cache, anderenfalls beim Proxyserver. Browser verfügen meist über recht einfache Cache-Algorithmen. Sie haben für die Aktualisierung von Seiten meist die Auswahl zwischen Einstellungen wie: »Bei jedem Zugriff auf die Seite«, »Einmal pro Sitzung« oder »Nie«; bei einigen Browsern auch eine Einstellung wie »Automatisch«, oder Sie können selbst feste Aktualisierungszeiten angeben, z. B. alle »*n* Stunden« oder »alle *m* Tage«.

Die schlechte Wahl ist, hier etwas wie »Nie« einzutragen. Jedes einmal im Browser gespeicherte Objekt würde dann *nie* wieder aktualisiert werden. Die sicherste, aber auch langsamste Einstellung wäre: »Bei jedem Zugriff auf die Seite«.

Etwas aufwändiger wird die Fehlersuche beim Proxyserver.

16.2.4 Squid-Debugging

Für die genaue Eingrenzung eines Fehlers ist es häufig nötig, nähere Informationen über den genauen Prozessablauf zu bekommen. Hierzu können die Logdateien schon einmal erste Anhaltspunkte liefern.

Wenn jedoch die Standard-Logdateien noch nicht die nötigen Detailinformationen geben, um ein Problem genau zu fixieren, können Sie beim Squid-Proxyserver auch ein zusätzliches, sehr detailliertes *Debugging* einschalten.

Mit dem Befehl

```
squid -k debug
```

schalten Sie im laufenden Betrieb das vollständige Debugging des Servers ein.

Dieser Befehl sollte jedoch mit Umsicht genutzt werden. Bei einem gut frequentierten Proxy können hier leicht Debug-Informationen im Umfang von 100 MB pro Minute zusammenkommen.

Sie sollten sich also vorher vergewissern, ob genügend Speicherplatz im Log-Verzeichnis vorhanden ist und Ihr Betriebssystem entsprechend große Logdateien verwalten kann. Sie können das Debugging mit demselben Befehl auch jederzeit wieder ausschalten.

Debugging ist sinnvoll, wenn die so gesammelten Daten auch ausgewertet werden können. Ein vollständiges Debugging einer einmaligen Anfrage nach http://www.squid-cache.org/ erzeugt gut 2000 Zeilen Debug-Informationen.

Sinnvoller ist es also, nicht alles zu debuggen. In der Regel werden Sie nach einem bereits eingegrenzten Fehler suchen. Squid bietet die Möglichkeit, nur bestimmte Informationen und in unterschiedlicher Tiefe zu loggen. Mit der Option debug_options können Sie gezielt einzelne Operationen loggen lassen.

Sie geben dabei durch Komma getrennt an, was gelogged werden soll (Debug-Section) und in welcher Ausführlichkeit (Debug-Level). Eine Auflistung der verfügbaren Debug-Sections finden Sie im Anhang [G]. Für den Debug-Level kann ein Wert von 0 (kein Logging) bis 9 (maximales Logging) angegeben werden. Es können mehrere Optionen durch Leerraum getrennt angegeben werden.
Beispiel:

```
debug_options ALL,1 78,9
```

Im o.g. Beispiel werden alle Debug-Sektionen auf minimales Logging (ALL,1) und DNS Lookups (Debug-Section: 78) auf maximales Logging (Level: 9) eingestellt. Es werden also nur DNS-Anfragen des Proxys ausführlich protokolliert (angegeben mit »78,9«).

Alle Log-Informationen werden in die unter `cache_log` angegebene Datei (Standard: cache.log) protokolliert.

Mit `squid -k rotate` können Sie diese Datei vor und nach dem Debugging rotieren lassen, um z. B. nur einen begrenzten Zeitraum in einer Datei zu speichern.

17 Squid-Update

Ein immer wieder leidiges Problem ist das Update auf eine neue Squid-Version. Leider ist es selten nur mit dem Einspielen einer neuen Version getan. Es kommen stets neue Optionen hinzu, es fallen Konfigurationsoptionen weg, oder die Syntax einzelner Optionen ändert sich.

Sie sollten ein bevorstehendes Update sorgfältig vorbereiten. Idealerweise verfügen Sie über ein Backup-System gleicher Konfiguration, an dem Sie das Update testen können, ohne gleich im Realbetrieb zu arbeiten. Sie sollten jedoch mindestens vor einem Update einen genauen Blick auf die dokumentierten Änderungen (changelog) werfen, um die ggf. nötigen Änderungen an der Konfiguration zeitgleich mit dem Update vornehmen zu können.

17.1 Update von Squid 1 auf Squid 2

Der Sprung von Squid 1 nach Squid 2 war mit wesentlichen Änderungen in Funktion und Konfiguration von Squid verbunden. Der entscheidende Schritt war die Änderung der Cache-Struktur, weshalb ein bestehender Squid-1-Cache nicht in Squid 2 übernommen werden konnte. Das führte auch dazu, dass selbst lange nach den ersten *Stable*-Versionen von Squid 2 immer noch sehr viele Squid 1 in Produktionsbetrieb blieben. Bei einem Update auf Squid 2 musste der Cache vollständig gelöscht und neu angelegt werden.

Daneben wurden zahlreiche Konfigurationsoptionen geändert. Tabelle 17.1 listet die wesentlichen Änderungen in der Konfiguration auf.

Weiterhin wurden mit Squid 2 *Units* eingeführt. Das heißt, allen Wertangaben muss eine Einheit folgen. Beispiel: 120 *seconds*, 5 *minutes*, 64 *KB*

17.2 Update von Squid 2.x auf 2.(x+1)

Ein Update innerhalb von Squid 2.x ist zwar deutlich einfacher, jedoch i.d.R. auch nicht ohne manuelle Nacharbeiten möglich. Viele Konfigurationsoptionen haben sich im Laufe der 2.x-Versionen geändert, sind

Tabelle 17.1
Änderungen in der Squid-Konfiguration

Squid 1	Squid 2
cache_host	cache_peer
cache_host_domain	cache_peer_domain
local_ip, local_domain	wurde aufgelöst in ACLs und always_direct, never_direct
cache_stoplist	wurde aufgelöst in ACLs und no_cache
cache_swap	wurde aufgenommen als Option von cache_dir
cache_host_acl	wurde aufgelöst in ACLs und cache_peer_access

hinzugekommen oder weggefallen. Für ein sicheres Update sollte auf jeden Fall ein Blick in die zugehörige *changelog*-Datei geworfen werden, wo alle Änderungen aufgelistet sind. In Kapitel 5 ist zu den betroffenen Konfigurationsoptionen jeweils auch die Gültigkeit (ab/bis Versionsnummer) angegeben.

Die Cache-Struktur wurde in allen Squid 2.x-Versionen unverändert beibehalten. Es ist also nicht nötig, bei einem Update den Cache zu leeren.

Bevor Sie ein Update ausführen, sichern Sie als Erstes Ihre Konfigurationsdatei (squid.conf)!

Es muss als Erstes der laufende Squid-Prozess vollständig beendet werden. Beispiel:

```
squid -k shutdown
```

Der Shutdown kann je nach Installation einige Minuten in Anspruch nehmen. Wenn Sie überprüft haben, dass Squid wirklich beendet ist, können Sie die neue Version installieren. Entweder indem Sie z. B. ein entsprechendes RPM- oder DEB-Paket Ihrer Linux-Distribution installieren oder indem Sie die Originalquellen auf Ihrem System neu installieren. Ein vorheriges Entfernen der alten Version ist i.d.R. nicht notwendig. Als Letztes überprüfen Sie Ihre Konfigurationsdatei auf ggf. geänderte Optionen und starten die neue Squid-Version.

Im Folgenden finden Sie die wichtigsten Änderungen zusamengestellt.

Squid 2.0

Erste *Stable*-Version von Squid 2.

Squid 2.1

Keine wesentlichen Änderungen.

Squid 2.2

Die Optionen `ident_lookup_access`, `ident_timeout`, `anonymize_headers`, `snmp_access`, `broken_posts`, `prefer_direct`, `strip_query_terms` wurden hinzugefügt.
Die Optionen `ident_lookup`, `cache_mem_low`, `cache_mem_high`, ACL `snmp_community`, `http_anonymizer`, `snmp_do_queueing`, `snmp_mib_path`, `trap_sink`, `snmp_trap_community`, `snmp_agent_conf`, `snmp_acl`, `persistent_client_posts` wurden entfernt.

Die Objektschlüssel für Cache-Objekte wurden geändert, was dazu führt, dass Sie mit Ihren alten Cache-Objekten keine Cache-Hits mehr bekommen. Das Problem bereinigt sich durch die Aktualisierung des Caches nach einiger Zeit selbst. Sie können aber auch mit folgendem Patch nachhelfen:
`http://www.squid-cache.org/Versions/v2/2.2/bugs/squid-2.2.stable5-cache-key-compat.patch`

Squid 2.3

Die Optionen `minimum_object_size`, `passive_ftp`, `wccp_version`, `request_header_max_size`, `request_body_max_size`, `reply_body_max_size`, `maximum_icp_query_timeout`, `replacement_policy`, `peer_connect_timeout`, `wccp_router`, `wccp_incoming_address`, `wccp_outgoing_address`, `redirector_bypass` wurden hinzugefügt.
Die Optionen `tcp_incoming_addr`, `request_size` wurden entfernt.
Die Option `cache_dir` wurde um ein Feld (Typ) erweitert. Sie müssen dieses Feld in Ihrer Konfiguration entsprechend ergänzen.

Die Domainname-Syntax wurde verändert. Bisher hat eine Angabe wie mydom.com auch auf www.mydom.com zugetroffen. Ab 2.3 trifft dieser Ausdruck nur noch für die tatsächlich angegebene Domain zu. Um weiterhin auch auf Subdomains und Host-Namen zuzutreffen, muss ein Punkt (.) vor die Domain-Angabe gesetzt werden. Z.B.: ».mydom.com«.

Squid 2.4

Die Optionen `maximum_object_size_in_memory`, `memory_replacement_policy`, `log_ip_on_direct`, `referer_log`, `dns_retransmit_interval`, `dns_timeout`, `authenticate_ip_ttl_is_strict`, ALC `req_mime_type`, `httpd_accel_single_host`, `minimum_direct_rtt`, `nonhierarchical_direct`, `extension_methods`, `high_response_time_warning`, `high_page_fault_warning`, `high_memory_warning`, `store_dir_select_algorithm`, `ie_refresh` wurden hinzugefügt.
Die Option `replacement_policy` wurde umbenannt in `cache_replacement_policy`.
Die Option `cache_dir` erhält die beiden zusätzlichen Typen `diskd` und `null`.

Squid 2.5

Die Optionen `https_port`, `ssl_unclean_shutdown`, `hosts_file`, `authenticate_cache_garbage_interval`, `external_acl_type`, `persistent_request_timeout`, `http_reply_access`, `tcp_outgoing_tos`, `tcp_outgoing_ds`, `tcp_outgoing_dscp`, `header_access`, `header_replace`, `vary_ignore_expire`, `sleep_after_fork` wurden hinzugefügt.
Die ACL-Typen `referer_regex`, `max_user_ip`, `rep_mime_type` external wurden hinzugefügt.
Die Optionen `tcp_incoming_address`, `anonymize_headers`, `reference_age`, `siteselect_timeout` wurden entfernt.
Die Proxy-Authentifikation wurde vollständig überarbeitet, die Optionen `authenticate_program`, `authenticate_children`, `proxy_auth_realm` wurden durch die Option `auth_param` ersetzt.

Bitte beachten Sie, dass diese Liste nur die wesentlichen Konfigurationsänderungen enthält. Durch weitere Änderungen im Code ist auch das Funktionsverhalten in einigen Bereichen geringfügig anders als gewohnt, oder Standardvorgaben wurden geändert, so dass sich Squid trotz funktionsfähiger Konfigurationsdatei anders verhalten kann als in einer Vorgängerversion. Genaueres zu allen Veränderungen können Sie in der jeweiligen *changelog*-Datei oder in den *release notes* auf der Squid-Homepage nachlesen.

17.3 Squid 3

Mit Squid 3 wird es wesentliche interne Veränderungen geben. Die wohl wichtigste Änderung ist der Umstieg auf C++. Hier die bisher bekannten geplanten Änderungen und Erweiterungen:

- Squid 3 soll vollständig von C in C++ umgeschrieben werden.
- Squid soll modularer gestaltet werden.
  Unabhängige Aufgaben sollen in eigene Prozesse ausgegliedert werden.
- Es ist geplant, eine erweiterte Analyse und Filtering von URLs und ggf. sogar Inhalten zu implementieren (Dies geschieht zurzeit jedoch nur durch die Integration von ICAP).
- Eine verbesserte, ggf. komprimierte Intercache-Kommunikation soll implementiert werden.

Mit Squid 3 wird also ein umfangreiches Redesign stattfinden. Ähnlich wie beim Umstieg von Squid 1 auf Squid 2 wird dieser Prozess voraussichtlich einige Jahre in Anspruch nehmen, bis eine sichere, ausreichend getestete und für Produktionsumgebungen taugliche Version vorliegt.

Da zum Erscheinungstermin dieser Auflage noch keine stabile Version von Squid 3 verfügbar war, kann es bis zur ersten STABLE-Version von Squid 3 auch noch einige Änderungen an den Konfigurationen geben.

> Sollten sich hier wesentliche Änderungen ergeben, so werden diese im Squid-Portal unter www.SquidPortal.de veröffentlicht, und es wird auch dafür eine entsprechende deutsche Anleitung geben. Ebenso finden Sie in diesem Portal ggf. Fehlerkorrekturen oder weitere Ergänzungen zum Buch.

www.SquidPortal.de

17.3.1 Neuerungen in Squid 3

Squid 3 bringt im Wesentlichen interne Veränderungen in der Programmierung. Neue Funktionen sind kaum integriert. Dennoch sind ein paar dieser Neuerungen durchaus nicht uninteressant und können in Ausnahmefällen für einen zügigen Umstieg auf Squid 3 sprechen.

Für die meisten Nutzer von Squid wird es jedoch in absehbarer Zeit keinen zwingenden Grund geben, auf Squid 3 umzusteigen. Hier sollten auf jeden Fall die ersten STABLE-Versionen abgewartet werden.

Programmcode Der Programmcode wurde umgestellt. Wesentliche Programmteile sind jetzt in C++ umgeschrieben, und der Code wurde weiter modularisiert.

Konfiguration Es wurden einige Änderungen und Erweiterungen in den configure-Optionen zur Übersetzung des Quellcodes und in den Konfigurationsoptionen der Datei squid.conf vorgenommen.

- Einige Standardeinstellungen wurden verändert (configure).
  So ist jetzt z. B. die CARP-Unterstützung standardmäßig eingeschaltet, die strikte Prüfung der Hostnamen wurde dagegen abgeschaltet, so dass z. B. Hostnamen mit Unterstrich jetzt standardmäßig erlaubt sind.
- SSL-Proxy
  Squid kann jetzt auch als echter SLL-Proxy arbeiten und SSL-Verbindungen auftrennen. (Optionen: `ssl_engine`, `ssl-proxy_client_certificate`, `sslproxy_client_key`, `sslproxy_version`, `sslproxy_options`, `sslproxy_cipher`, `sslproxy_cafile`, `ssl-proxy_capath`, `sslproxy_flags`, `sslpassword_program`)
- Differenziertes Logging
  Es ist nun möglich, das Logging von Zugriffen anhand von ACLs zu regeln. D.h., es kann mit Access-Regeln bestimmt werden, welche Zugriffe protokolliert werden sollen und welche nicht. (Option: `logfile_access`)
- ICAP
  Squid 3 unterstützt nun standardmäßig ICAP, wenn dies bei der Installation (configure) mit angegeben wird. Es ist damit kein weiterer Patch mehr nötig.
  (Optionen: `icap_enable`, `icap_preview_enable`, `icap_preview_size`, `icap_default_options_ttl`, `icap_persistent_connections`, `icap_send_client_ip`, `icap_send_client_username`, `icap_service`, `icap_class`, `icap_access`)

17.3.2 Update von Squid 2 auf Squid 3

Der folgende Abschnitt gibt einige Tipps zum Update von Squid 2.x auf Squid 3. Exemplarisch wird hier ein Update von der Version Squid 2.5 (STABLE 13) betrachtet. Bei früheren Squid-Versionen müssen ggf. noch einige Konfigurationsoptionen angepasst werden, die sich im Laufe der Entwicklung von Squid 2 geändert haben. Die jeweiligen Änderungen können Sie weiter oben in diesem Kapitel finden.

Vorbereitung

Auch wenn der Satz abgedroschen und selbstverständlich klingt:

Bevor Sie eine neue Version installieren, sollten Sie in jedem Fall eine Sicherungskopie *aller* Ihrer Konfigurationsdateien machen!

Die Tücke steckt hier wie häufig im Detail. Haben Sie wirklich alles gesichert?

Zum Beispiel werden angepasste Fehlermeldungen, mime.conf, ausgelagerte ACL-Listen usw. gern vergessen. Es muss sich also nicht allein auf die Datei squid.conf beschränken.

Geben Sie auch Ihren Nutzern möglichst rechtzeitig Bescheid, dass Sie eine größere Änderung vorhaben und es möglicherweise zu Problemen kommen kann.

Konfiguration

Gehen Sie Ihre Konfigurationsdateien durch. Suchen Sie nach nicht mehr benötigten Konfigurationen (Altlasten wie z. B. nicht mehr genutzte ACLs), und reduzieren Sie die Konfiguration auf das wirklich noch Aktive. Dies macht es Ihnen später leichter, ggf. nötige Anpassungen vorzunehmen oder Fehlerursachen zu finden.

Je nach Umfang Ihrer Konfiguration haben Sie zwei Möglichkeiten, diese zu übertragen:

- Bei kleinen Konfigurationen ist es der sicherste Weg, Sie nehmen die neue Standardkonfiguration (squid.conf.default) der Version, die Sie installieren wollen, und übernehmen die Änderungen aus Ihrer bisherigen Konfiguration manuell.
- Bei umfangreichen Konfigurationen behalten Sie Ihre aktive Konfiguration. Markieren Sie sich alle aktiven (nicht auskommentierten) Konfigurationen.
Nehmen Sie sich die Change-Log-Dateien zu jeder nachfolgenden Version bis einschließlich der, die Sie als neue Version installieren wollen.
Gehen Sie jede Änderung im Cange-Log durch, und prüfen Sie anhand Ihrer existierenden Konfiguration, inwieweit Sie davon betroffen sind, und passen Sie Ihre Konfiguration ggf. an.

Cache

Der Cache ist von Squid 2.5 nach Squid 3 (bislang) nicht geändert worden. Er kann also grundsätzlich übernommen werden, vorausgesetzt, die cache_dir-Optionen und cache_swap_state-Optionen werden unverändert übernommen.

Sicherer ist es jedoch, in jedem Fall den Cache mit der neuen Version neu anzulegen. Bei den heutigen Bandbreiten für Internetzugänge und den meist vorhandenen Flatrates sollte es auch kaum zwingende Gründe geben, die dagegen sprechen.

Lohnt es sich jetzt noch Squid 2 einzusetzen?

Die Entwicklung von Squid 3 hat Anfang 2003 begonnen, ist zwischenzeitlich aber immer wieder ins Stocken geraten. Bei den geplanten umfangreichen Änderungen und Erweiterungen von Squid 3 ist in absehbarer Zeit noch nicht mit einer produktionsfähigen Version zu rechnen.

Squid 2 wird – ähnlich wie beim Umstieg von Squid 1 auf Squid 2 – selbst nach der ersten *Stable*-Version von Squid 3 noch einige Zeit weiter gepflegt werden.

Es ist also zurzeit nicht unbedingt sinnvoll, auf Squid 3 zu warten, es sei denn, Sie haben sehr viel Zeit. Squid 2 wird also in Produktivumgebungen noch mehrere Jahre erhalten bleiben.

Dennoch lohnt es auf jeden Fall, die Entwicklung zu beobachten und, sofern Ihre Zeit und Ressourcen es zulassen, sich schon einmal mit der einen oder anderen Vorabversion testweise auseinander zu setzen, um Erfahrungen für einen später einmal bevorstehenden Umstieg zu sammeln.

Als dieses Buch entstand, gab es jedoch nicht einmal eine offizielle Betaversion von Squid 3. Daher können an dieser Stelle auch noch keine detaillierteren Informationen oder belastbaren Testergebnisse beschrieben werden.

18 Datenschutz und Datensicherheit

Ein Proxyserver stellt im eigentlichen Sinne keine Datenbank dar und dient auf den ersten Blick auch nicht zur Verarbeitung von personenbezogenen Daten, jedoch sind viele der anfallenden und gespeicherten Daten bei näherer Betrachtung durchaus nicht mehr so ganz unkritisch.

Im Cache eines Proxyservers können sich allerhand Daten ansammeln. Hier können auch ohne Ihr Wissen Daten anfallen, die rechtlich relevant sein können. Angefangen von Artikeln mit übler Nachrede, über Kopien urheberrechtlich geschützter Inhalte bis hin zu strafrechtlich relevanten Inhalten wie politischem Extremismus. Der Inhalt Ihres Caches kann also im wahrsten Sinne durchaus »explosiv« sein.

Nicht zuletzt kann Ihr Server auch selbst – z. B. nachdem er gehackt wurde – für die Ausübung von Straftaten genutzt werden.

Dieses Kapitel enthält keine umfassende juristische Abhandlung über Datenschutz, Datensicherheit und Strafrecht. Hierzu finden Sie anderswo weitreichende Literatur. Es soll Ihnen hier lediglich ein Hinweis auf mögliche Problematiken gegeben werden sowie einige Ansatzpunkte, um diese zu lösen.

18.1 Begriffsbestimmung

Zunächst einige Begriffe aus dem Bereich Datenschutz und Datensicherheit:

Datenschutz Schutz der *Menschen* vor Missbrauch ihrer personenbezogenen Daten.
Datensicherheit Schutz der *Daten* vor Verlust, Manipulation oder unberechtigtem Zugriff.
Bestandsdaten Feste, wenig veränderliche Datenbestände (Adressen, Rufnummern, Vertragsdaten).
Verbindungsdaten Veränderliche Kommunikationsdaten (URL, IP-Adressen, Routen, Verbindungsdauer).
Inhaltsdaten Gesendete und empfangene Daten (z. B. Inhalt des Caches).

Personenbezogene Daten Daten, die mit der Identität einer natürlichen Person verknüpft werden können.

18.2 Relevante Gesetze

Leider sind die Belange von Datenschutz und Datensicherheit (teilweise sogar widersprüchlich) in den unterschiedlichsten Gesetzen und Verordnungen verankert.

Im Folgenden eine (sicher unvollständige) Aufzählung der in Frage kommenden Grundlagen und deren Zweckbestimmung:

- Bundesdatenschutzgesetz (BDSG)
  »Zweck dieses Gesetzes ist es, den Einzelnen davor zu schützen, dass er durch den Umgang mit seinen personenbezogenen Daten in seinem Persönlichkeitsrecht beeinträchtigt wird.«
- Teledienstegesetz (TDG)
  »Zweck des Gesetzes ist es, einheitliche wirtschaftliche Rahmenbedingungen für die verschiedenen Nutzungsmöglichkeiten der elektronischen Informations- und Kommunikationsdienste zu schaffen.«
- Informations- und Kommunikationsdienste-Gesetz (IuKdG)
  Gesetz zur Regelung der Rahmenbedingungen für Informations- und Kommunikationsdienste (beinhaltet TKG, TDSSG und SigG)
  »Zweck des Gesetzes ist es, einheitliche wirtschaftliche Rahmenbedingungen für die verschiedenen Nutzungsmöglichkeiten der elektronischen Informations- und Kommunikationsdienste zu schaffen.«
- Telekommunikationsgesetz (TKG)
  »Zweck dieses Gesetzes ist es, durch Regulierung im Bereich der Telekommunikation den Wettbewerb zu fördern und flächendeckend angemessene und ausreichende Dienstleistungen zu gewährleisten sowie eine Frequenzordnung festzulegen.«
- Teledienstedatenschutzgesetz (TDSSG)
  »Die nachfolgenden Vorschriften gelten für den Schutz personenbezogener Daten bei Telediensten im Sinne des Teledienstegesetzes.«
- Mediendienstestaatsvertrag (MDStV)
  »Zweck des Staatsvertrages ist, in allen Ländern einheitliche Rahmenbedingungen für die verschiedenen Nutzungsmöglichkeiten der im Folgenden geregelten elektronischen Informations- und Kommunikationsdienste zu schaffen.«

- Telekommunikations-Überwachungsverordnung (TKÜV)
  Zusammengefasst: Diese Verordnung soll Anforderungen an die technischen Einrichtungen regeln, die notwendig sind für die Umsetzung der in der Strafprozessordnung und im Außenwirtschaftsgesetz vorgesehenen Maßnahmen zur Überwachung der Telekommunikation. Außerdem soll sie organisatorische Grundsätze für die Umsetzung derartiger Maßnahmen festlegen.
- Fernmeldeüberwachungsverordnung (FÜV)
  »Diese Verordnung regelt die Anforderungen und das Verfahren zur technischen Umsetzung von Überwachungsmaßnahmen nach dem Gesetz zu Artikel 10 Grundgesetz, § 100a der Strafprozessordnung und § 39 des Außenwirtschaftsgesetzes in Fernmeldeanlagen, die für den öffentlichen Verkehr bestimmt sind.«

Inhaltliche Verantwortungen berühren u. a. auch das Strafrecht, das Urheberrecht und das Wettbewerbsrecht.

18.3 Grundregeln

18.3.1 Datenschutz

Datenschutz bezieht sich primär auf *personenbezogene Daten*. Sie sind also datenschutzrechtlich außen vor, wenn Sie einen »Personenbezug« aller Daten vermeiden.

In der einschlägigen Literatur zum Datenschutz finden sich immer wieder folgende Grundregeln im Umgang mit personenbezogenen Daten:

- Mit personenbezogenen Daten ist alles verboten, was nicht ausdrücklich erlaubt ist.
- Es darf nur erhoben und gespeichert werden, was unbedingt erforderlich ist, nicht mehr.
- Die gesammelten Daten dürfen *nur* für den vorher bestimmten Zweck genutzt werden.

Das heißt, Sie benötigen in jedem Fall eine rechtliche Grundlage für jede Sammlung und Verarbeitung von personenbezogenen Daten. Dies kann ein Gesetz oder eine Verordnung sein, die Sie zum Sammeln und Speichern von Daten verpflichtet. Beispiele wären die Telekommunikationsüberwachungsverordnung (TKÜV) und die Fernmeldeüberwachungsverordnung (FÜV) oder eine Dienstvereinbarung innerhalb eines Betriebs, die mit allen Beteiligten abgestimmt ist und eine Erfassung und Verarbeitung von Daten innerhalb des Betriebes regelt.

Einfach ein Protokoll mitlaufen zu lassen, weil man es später vielleicht einmal brauchen könnte, oder einfach einmal zu gucken, wer denn wohin surft, ist rechtlich grundsätzlich verboten!

Praktisch heißt das: Selbst eine Squid-Standardinstallation in einem Betrieb (mit den üblichen Standard-Logs) ist, wenn die protokollierten Client-IP-Adressen einer Mitarbeiterin oder einem Mitarbeiter zugeordnet werden können, u. U. bereits gesetzeswidrig!

Sie sollten also möglichst *vor* der Installation an entsprechende Dienstanweisungen, Dienstvereinbarungen oder sonstige innerbetriebliche Grundlagen denken. Alternativ empfehle ich, zumindest die Protokollierung (insbesondere access.log) abzuschalten, solange es keine entsprechenden Regelungen gibt.

18.3.2 Datensicherheit

Als Betreiber eines Proxyservers sind Sie – wie auch die Betreiber anderer IT-Einrichtungen – neben dem Datenschutz auch für die Datensicherheit Ihrer Server verantwortlich. Das bedeutet, Sie müssen auch verhindern, dass personenbezogene Daten in falsche Hände geraten oder manipuliert werden.

Des Weiteren müssen Sie geeignete technische Maßnahmen ergreifen, einen Missbrauch Ihrer Server für andere Zwecke zu verhindern. Wenn z. B. jemand Ihren Server im Internet »hackt« und von diesem aus Angriffe auf andere Server oder Dienste ausführt, sind Sie dafür haftbar, wenn Sie nicht nachweisen können, dass Sie alle technisch möglichen und vertretbaren Maßnahmen ergriffen haben, um dies zu verhindern.

Sie sollten also schon zum Selbstschutz laufend darauf achten, dass Ihr Server sicher ist und dies auch bleibt. Einen Proxyserver aufzusetzen und ihn dann drei Jahre lang laufen zu lassen, ohne sich weiter darum zu kümmern, ist sicher nicht ausreichend.

18.3.3 Inhaltliche Verantwortung

Inhaltlich verantwortlich sind in erster Linie die Betreiber einer Webseite. Der Betreiber eines Proxyservers leitet Inhalte i.d.R. lediglich weiter oder speichert sie technisch bedingt zwischen (Cache). Er wird nach aktueller Rechtsprechung gemäß TDG für die Inhalte nicht verantwortlich gemacht, solange er von der Rechtswidrigkeit der Inhalte keine Kenntnis hat.

Im TDG ist auch geregelt, dass Provider nicht verpflichtet sind, die übermittelten Informationen zu überwachen oder auf rechtswidrige Inhalte zu kontrollieren.

Problematisch wird es allerdings, wenn Sie von solchen Inhalten (z. B. von Nutzern oder Behörden) in Kenntnis gesetzt werden. Hier gibt es zurzeit noch keine gesicherte Rechtslage. Bis hier Klarheit herrscht, kann man wohl nur empfehlen: »Augen zu und durch«.

18.4 Praxis

Im Folgenden nun einige praktische Beispiele, wie das eine oder andere Problem gelöst (oder zumindest umgangen) werden kann. Das größte Problemfeld findet sich hier sicherlich im Bereich der Protokolldateien.

18.4.1 Protokolle abschalten

Einfachste und sicherste Lösung (aus Datenschutzsicht) ist es, erst gar nichts »Schützenswertes« zu besitzen, d. h. keine personenbezogenen Protokolldateien.

Dies kann am einfachsten durch das Deaktivieren der Protokolle erreicht werden. Kleiner Vorteil am Rande: Diese Variante spart bei hoch frequentierten Proxyservern Plattenplatz und steigert geringfügig die Performance.

18.4.2 Protokolle anonymisieren

Eine Alternative zum vollständigen Verzicht auf Protokolle ist es, diese zu anonymisieren. Wenn die protokollierten Informationen keinen Personenbezug mehr enthalten, sind bereits viele Probleme gelöst.

Einfachstes und effektivstes Mittel ist hier die Option `client_netmask`.

Hiermit kann über eine anzugebende Netzmaske ein Teil oder die gesamte Client-IP-Adresse gelöscht werden. Das ähnelt dem »Ausnullen« der letzten Stellen bei der Auflistung privater Telefongespräche in vielen Telefonanlagen.

Beispiel:

```
client_netmask 255.255.255.0
```

»Nullt« das letzte Oktett der IP-Adresse aus. Es werden alle Zugriffe nur noch mit dem anfragenden Class-C-Netz protokolliert.

```
client_netmask 0.0.0.0
```

»Nullt« die gesamte Client-IP-Adresse aus.

Nachteil: Eine Statistik anhand von IP-Adressen oder Netzen ist kaum noch möglich.

18.4.3 Protokolle verschlüsseln

Die letzte Variante zum vollständigen Erhalt aller Protokollinformationen bei maximalem Datenschutz ist die Pseudonymisierung und Verschlüsselung der Informationen.

Bei der Pseudonymisierung werden alle personenbezogenen Daten durch Pseudonyme ersetzt, sodass ein Personenbezug nicht mehr herzustellen ist. Diese Daten können dann z. B. zu statistischen Zwecken ausgewertet werden. Im konkreten Bedarfsfall wäre jedoch eine Auflösung (Entschlüsselung) der Pseudonyme – z. B. im Vier-Augen-Prinzip mit dem Schlüssel des Datenschutzbeauftragten – möglich.

18.4.4 Umgang mit dem Cache

Die vom Client angeforderten Objekte werden im Cache gespeichert. Anders ausgedrückt: Die Daten werden – ggf. ohne Wissen von Anbieter und Nutzer – in den Cache *kopiert* und ggf. an andere Clients ausgeliefert. Hier sind Sie, wie bereits erwähnt, nicht verantwortlich, solange Sie keine Kenntnis davon haben.

Sollten hier Probleme auftreten, z. B. durch Hinweise von Benutzern oder gar öffentlichen Stellen, können evtl. Webfilter Abhilfe schaffen, die – meist URL-basiert – filtern und dabei bestimmte URLs oder Inhalte gar nicht zulassen.

Einfache Fälle können Sie über ACLs abfangen, indem Sie eine entsprechende ACL erstellen und diese über ein `http_access deny ...` verbieten.

Wird das Ganze etwas umfangreicher, ist es empfehlenswerter, einen externen Filter (z. B. SquidGuard) einzubinden. Im Extremfall lässt sich der Cache auch vollständig abschalten.

18.4.5 Den Server absichern

Die Absicherung des Servers gegen Angriff und somit der Schutz vor Manipulation und Missbrauch geschieht hauptsächlich über das Betriebssystem. Hierzu schauen Sie bitte in die entsprechenden Dokumentationen und Diskussionsforen zu Ihrem Betriebssystem.

Auf Seiten des Proxyservers gibt es hier nur wenige Möglichkeiten. Auf jeden Fall sollten Sie bei der Installation von Squid alle nicht unbedingt benötigten Funktionen (z. B. SNMP, Cache-Manager-Interface) abschalten und den Zugriff auf alle nötigen Dienste per ACLs regeln.

Teil III

Externe Programme und Erweiterungen

19 ICAP

ICAP (Internet Content Adaptation Protocol) ist ein frei verwendbares Protokoll – ähnlich HTTP –, das im weitesten Sinne eine effiziente Kommunikation zwischen Informations-Infrastruktur (z. B. Proxyserver, Gateways usw.) und Informationsfiltern (z. B. Webfilter, Virenscanner usw.) ermöglicht. Dieses Protokoll arbeitet betriebssystem- und produktunabhängig und ermöglicht es somit, beliebige freie und kommerzielle Produkte auf unterschiedlichsten Plattformen zu kombinieren. Da es kaum Produkte auf dem Markt gibt, die – wie eine eierlegende Wollmilchsau – alle Funktionen optimal erfüllen können, mussten bisher Komponenten wie z. B. Proxy/Cache, URL-Filter, Virenscanner weitgehend unabhängig voneinander betrieben, getrennt skaliert und im ungünstigsten Falle stumpf hintereinander geschaltet werden.

Mit ICAP ist es nun möglich, alle Komponenten flexibel miteinander zu verflechten und unnötige Funktionsredundanzen zu vermeiden. Es kann sich damit z. B. ein freier Proxy-Cache nur für bestimmte Anfragen eines kommerziellen Inhaltsfilters, eines freien URL-Filters oder eines kommerziellen Virenscanners bedienen. Die Wege der Informationen sind frei definierbar und damit optimierbar. Es müssen nicht mehr zwangsläufig alle Informationen alle Funktionsglieder durchlaufen. ICAP wird erfreulicherweise inzwischen von vielen kommerziellen und einigen freien Produkten unterstützt.

Als freies Produkt ist Squid 3 (mit einem Patch auch Squid 2.5) in der Lage, über ICAP zu kommunizieren. Im kommerziellen Umfeld unterstützen inzwischen die meisten namhaften Firmen ICAP (wie z. B. Network Appliance, Webwasher, Symantec, Trend Micro). Weitere Informationen zu ICAP finden Sie unter: http://www.i-cap.org/

19.1 Beispiele für ICAP-Server-Anwendungen

Die folgende Auflistung gibt einen kleinen Überblick zu möglichen Einsatzbereichen von ICAP:

- ❑ Datenverschlüsselung und -kompression
  Es können Daten von einem externen Server vor der weiteren Ver-

arbeitung verschlüsselt oder komprimiert werden; z. B. wenn sie zwischen zwei Proxyservern über eine unsichere oder langsame Verbindung übertragen werden.

- Formatanpassung (HTML, XML, WAP ...)
  Ein externer Server kann für bestimmte Klienten eine Formatanpassung vornehmen. Es könnte hier z. B. HTML für eine bessere Anzeige auf mobilen Geräten in WAP-Format umgewandelt werden.
- Sprachanpassung und Übersetzung
  Es könnten für bestimmte Sprachen automatische Übersetzungsprogramme zwischengeschaltet werden.
- Werbeeinblendungen
  Internet-Service-Provider – die sich bei ihren Kunden unbeliebt machen möchten – könnten Informationen oder Werbung in angefragte Seiten einblenden lassen.
- Virenscanner und Webfilter
  Die wohl häufigste Anwendung dürfte im Bereich Virenscanner oder Webfilter liegen. Es gibt eine Reihe guter kommerzieller Virenscanner oder Filterlösungen, die sehr effizient arbeiten.

Für all diese Anwendungsfälle gibt es entsprechend spezialisierte Software, die per ICAP in beliebiger Reihenfolge und Zusammenstellung in den Verarbeitungsprozess eingebunden werden kann.

19.2 Vergleich von herkömmlichen Verknüpfungen und ICAP

Hier nun ein kurzes Beispiel, wie ICAP in der Praxis eingesetzt werden könnte.

In diesem Beispiel wird ein Squid-Proxyserver als Cache verwendet. Für einen Webfilter und einen Virenscanner wird jeweils ein kommerzielles Produkt eingesetzt, das somit nicht (z. B. als Redirektor) mit Squid zusammenarbeiten kann.

Bisher mussten diese drei Server hintereinander geschaltet werden. Jeder nachgeschaltete Server (Virenscanner, Webfilter) muss jeweils eine eigene Proxy-Funktionalität bieten. Eine Anfrage muss also alle drei Server durchlaufen. Für größere Installationen muss ggf. auch jede Instanz für sich über ein eigenes Load-Balancing oder eine Cluster-Lösung skaliert werden.

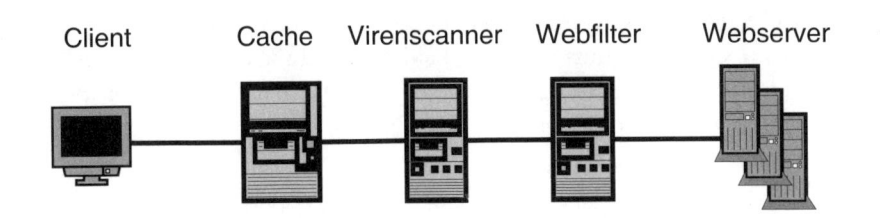

Abbildung 19.1
Herkömmliche Installation

Mittels ICAP ist es nun möglich, dass Squid sich als ICAP-Client der Serverdienste des Webfilters und Virenscanners nach frei definierbaren Regeln bedient. Diese können dabei auch noch fast beliebig skaliert werden:

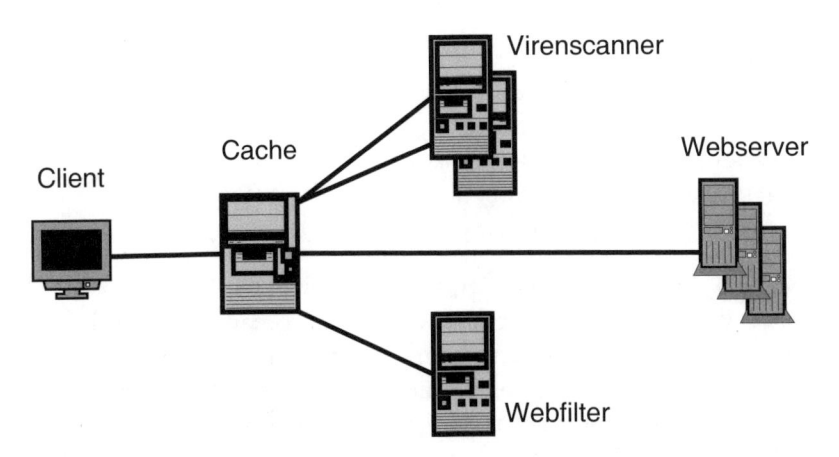

Abbildung 19.2
ICAP-Installation

ICAP bietet die Möglichkeit, für verschiedene Anfragen unterschiedliche Ketten zu bilden, die dann in der vorgegebenen Reihenfolge durchlaufen werden.

So wäre es z. B. denkbar, bestimmte Anfragen ungefiltert direkt an den Webserver zu schicken, Anfragen nach ausführbaren Dateien nur über den Virenscanner, reine Textdateien nur über den Webfilter und wieder andere Anfragen in bestimmter Reihenfolgen über Virenscanner und Webfilter zu schicken.

19.3 Beispiel einer ICAP-Konfiguration

Für Squid 2.5 muss zuerst einmal der entsprechende Patch eingespielt werden.

Den Patch finden Sie im Internet unter http://devel.squid-cache.org/cgi-bin/diff2/icap-2_5?s2_5 bzw. unter http://www.squid-cache.org/~wessels/squid-icap-2.5/.

In Squid 3 ist die ICAP-Unterstützung bereits enthalten.

Als Nächstes muss — in beiden Versionen — die ICAP-Unterstützung während der Übersetzung der Quellen eingeschaltet werden (configure-Option `--enable-icap-support`):

```
./configure ... \
--enable-icap-support \
...
```

Nachdem die angepasste Version von Squid erzeugt und installiert wurde (`make` und `make install`), kann die ICAP-Konfiguration in der Datei squid.conf vorgenommen werden.

Eine minimale Beispielkonfiguration in der Datei squid.conf könnte etwa so aussehen:

```
icap_enable on
icap_service servicename respmod_precache 0
icap://192.168.10.2/respmod
icap_class classname servicename
acl local dst 192.168.0.0/16
icap_access classname allow !local
```

Zeile 1: ICAP wird eingeschaltet.
Zeile 2: Ein ICAP-Service mit dem Namen »servicename« wird definiert. Der Service wird im Antwortstrom, vor der Cacheverarbeitung eingebunden (respmod_precache) und kann auch bei fehlender Antwort des ICAP-Servers nicht umgangen werden (0). Es wird der ICAP-Server mit der IP-Adresse 192.168.10.2 im *Response-Mode* verwendet.
Zeile 3: Es wird eine ICAP-Kette mit dem Namen »classname« gebildet, die jedoch nur aus einem Service (servicename) besteht.
Zeile 4+5: Die ICAP-Kette »classname« soll für alle Anfragen (genauer: Antworten!) verwendet werden, die nicht von Servern aus dem lokalen Netz (192.168.0.0/16) kommen.

19.4 ICP-Optionen

Die bisher unterstützten ICAP-Optionen in der Datei squid.conf haben folgende Bedeutung:

icap_enable on|off

Hiermit wird die ICAP-Unterstützung grundsätzlich ein- bzw. ausgeschaltet.
Standardwert: off

19.4 ICP-Optionen

icap_preview_enable on|off

Schaltet mit on die ICAP-Vorschau ein. Standardwert: off

icap_preview_size *n*

Hiermit wird der Umfang der ICAP-Vorschau bestimmt, die mit der Anfrage an den ICAP-Server gesendet werden soll. Mit dem Standardwert »-1« wird die Vorschau unbegrenzt gesendet. Dieser Wert kann mit den Serveroptionen überschrieben werden.

icap_default_options_ttl *n*

Die Standard-TTL für alle ICAP-Optionen, für die nicht ein spezifischer TTL-Wert definiert wurde.
Standardwert: 60

icap_persistent_connections on|off

Schaltet »persistent connections« in der Kommunikation mit ICAP-Servern ein oder aus.
Standardwert: on

icap_send_client_ip on|off

Mit dem Wert on wird ein zusätzlicher Header-Eintrag »X-Client-IP« an den ICAP-Server gesendet. Der Eintrag enthält die ursprüngliche Client IP-Adresse.
Standardwert: off

icap_send_client_username on|off

Mit dem Wert on wird ein zusätzlicher Header-Eintrag »X-Client-Username« an den ICAP-Server gesendet. Der Eintrag enthält den Benutzer einer Proxy-Authentifizierung.
Standardwert: off

icap_service servicename vector bypass service_url

Definiert einen einzelnen ICAP-Service. Die Optionen können folgende möglichen Werte haben:

servicename	servicename		Frei wählbarer Name des Service
vector	reqmod_precache reqmod_postcache respmod_precache* respmod_postcache*		Hiermit wird bestimmt, an welcher Stelle der Verarbeitung einer Anfrage der ICAP-Service eingebunden wird. reqmod = Bearbeitung der Anfrage respmod = Bearbeitung der Antwort precache = vor Bearbeitung durch den Cache postcache = nach Bearbeitung durch den Cache
bypass	0 1		Mit dem Wert 1 kann der ICAP-Server übergangen werden, wenn dieser nicht erreichbar ist (Beipass). Mit dem Wert 0 wird in diesem Fall die Bearbeitung mit einer Fehlermeldung abgebrochen.
service_url	icap://host:port/service		URL des Service (Hostname des Servers, Port und Service-Typ)

(* Diese Methoden waren zur Drucklegung noch nicht implementiert.)

icap_class *name service1* [*service2*] ...

Definiert eine ICAP-Servicekette. Es können hiermit mehrere Services definiert werden, die in genau dieser Reihenfolge durchlaufen werden.

icap_access *name* allow|deny [!]*acl* [[!]*acl*] ...

Regelt die Verwendung der ICAP-Serviceketten anhand von ACLs.
Die Verarbeitung des Regelwerks erfolgt wie bei allen anderen Access-Regeln auch, der Reihe nach, bis zum ersten Treffer.

Eine standardmäßig definierte Kette mit dem Namen »None« kann als Vorgabewert für keine Kette verwendet werden.

20 Statistik und Accounting

Statistik und Accounting ist ein sehr vielfältiges Gebiet, das aus unterschiedlichsten Interessenlagen betrachtet werden kann. Vom Administrator, der wissen will, wie viel Bandbreite er für den HTTP-Verkehr veranschlagen muss, bis zum Firmenchef, der wissen will, auf welchen Seiten seine Mitarbeiter surfen. Hier kann nicht für jeden möglichen Anwendungsfall eine passende Lösung angeboten werden. Es werden in diesem Teil nur die gängigsten Auswertungen erläutert und eine Übersicht über verschiedene Programme zur Auswertung von Logfiles vorgestellt.

Grundsätzlich wird hier unterschieden nach Online-Statistik (was passiert gerade in diesem Moment?) und globaler Statistik (was war letzten Monat?). Dafür gibt es im Wesentlichen zwei unterschiedliche Quellen:

- Logdateien
  Diese protokollieren fortlaufend das Geschehen auf dem Proxyserver, z. B. jeden Zugriff oder Fehler, für eine *spätere* Auswertung durch ein externes Programm.
- SNMP-Protokoll
  Hierüber kann jederzeit der *aktuelle* Status des Proxys abgefragt werden, wie Auslastung der Bandbreite, Zahl der Verbindungen oder aktueller Speicherbedarf.

Die Logdateien werden – sofern sie nicht ausdrücklich abgeschaltet wurden – standardmäßig geschrieben. Das SNMP-Protokoll muss beim Übersetzen des Proxys mit einkompiliert und später in der Konfigurationsdatei freigegeben werden. Es ist also nicht grundsätzlich auf jeden Proxyserver verfügbar.

20.1 Logauswertung

Logauswertungen sind meist ein sensibles Thema. Insbesondere der Umgang mit den darin enthaltenen personenbezogenen Daten, Datenschutz, Mitbestimmung usw. sollte von einem verantwortungsbewussten Administrator nicht auf die »leichte Schulter« genommen werden.

Betroffene beteiligen

Hier sollten Sie weitsichtig über den Tellerrand des technisch Möglichen hinausschauen. Beteiligen Sie frühzeitig (schon bei der Planung solcher Auswertungen) alle Betroffenen und versuchen Sie, eine breite Zusammenarbeit zu erreichen. Stellen Sie jederzeit offen und transparent dar, was Sie an Log-Daten sammeln, wo und wie lange sie gespeichert werden, wie Sie diese Daten verarbeiten und was für Auswertungen wem zur Verfügung stehen werden.

So können Sie sich eine Menge Ärger und Widerstand ersparen, der meist ohnehin auf Missverständnissen, Unkenntnis und Unterstellungen beruht.

Was sagen die Daten aus?

Betrachten Sie auch genauso kritisch die technische Seite. Inwieweit sind die Log-Daten wirklich *sinnvoll* auszuwerten? Welche Aussagekraft haben die darin enthaltenen Daten?

Ich betrachte die Logdateien allein als technisches Hilfsmittel bei der Fehlersuche, der Statistik bezüglich Anzahl und Umfang der Anfragen, um zu erkennen, wie ausgelastet Proxy und Netzverbindung sind, und ggf. zur Anpassung der Konfiguration.

Alle weiteren Ansprüche an die Logdateien sind meiner Ansicht nach ein Schritt auf Glatteis.

Sie können je nach persönlichen oder politischen Zielsetzungen aus den Logs alles und nichts herauslesen, getreu dem Motto: »Traue keiner Statistik, die Du nicht selbst gefälscht hast.«

Was sagen sie nicht aus?

Leider wird immer wieder versucht, aus Logdateien Informationen herauszuquetschen, die darin überhaupt nicht (auch nicht ansatzweise) enthalten sind, wie z. B. »Anteil der dienstlichen oder privaten Nutzung des Internets« oder »Wie lange ist ein Mitarbeiter im Internet?«

Sollte dies Ziel einer Auswertung sein, gebe ich Ihnen den Rat, die Kaffeetassen Ihrer Mitarbeiter einzusammeln und die gewünschten Informationen aus dem Kaffeesatz zu lesen.

Das Ergebnis wird absolut identisch sein! Nämlich genau das, was Sie lesen wollen.

Diese Informationen stehen in keinem Logfile irgendeines Proxyservers, und jede Firma, die Ihnen verspricht, diese Informationen daraus zu holen, betreibt reinen »Hokuspokus« auf Ihre Kosten.

Besonders Firmen, die Ihnen einen Webfilter verkaufen wollen, werden eine solche »Untersuchung« gern für Sie vornehmen.

Ein Beispiel

Hier ein Beispiel für so eine typische »(Verkaufs-)Studie«:

❏ Sie liefern einem Webfilterhersteller Ihre Logdateien.
❏ Die Firma zeigt Ihnen kategorisierte Listen von URLs.

20.1 Logauswertung

❏ Sie bestimmen nun selbst, welche Kategorien für Sie dienstlich oder privat sind.
Hier beginnt schon die erste »Verwaschung«. Die Ihnen angebotenen Kategorien werden nie 100% passen. Es werden in vielen Kategorien immer sowohl dienstliche wie auch private Anteile in unterschiedlicher Zusammensetzung vorkommen, Sie können also nur »schätzen«.
❏ Nun werden die von Ihnen gelieferten Logeinträge mit den vorhandenen URL-Listen verglichen und so kategorisiert. ... Was passiert mit dem Rest, der in keine Kategorie passt?

Und nun beginnt die Firma, Ihren »Kaffeesatz« zu lesen:

❏ Sie haben jetzt eine Anzahl von Logeinträgen (Requests), die dienstlich, und eine Anzahl, die privat kategorisiert wurde.
❏ »Wie stark war der Kaffee?«
Man geht davon aus, dass eine vollständig aufgerufene »Seite« im Browser vier bis zehn Anfragen (Requests) beinhaltet (die HTML-Seite selbst plus nachgeladene Icons und Grafiken).
❏ »War Milch und Zucker enthalten?«
Man teilt also die Anzahl der Requests (Logeinträge) durch die durchschnittliche Anzahl von Anfragen pro Seite. Nun hat man die Anzahl der aufgerufenen Seiten.
❏ »Wurde der Kaffee rechts oder links herum umgerührt?«
Nun gräbt man im Internet nach einer Studie, die besagt, wie lange ein Benutzer durchschnittlich auf einer Seite im Internet »verweilt«.
❏ »Befindet sich Lippenstift am Tassenrand?«
Nun multipliziert man nur noch die Anzahl der aufgerufenen Seiten mit der durchschnittlichen Verweildauer pro Seite und – voilà!: Sie wissen genau, wie lange Ihre Mitarbeiter dienstlich und privat im Internet zugebracht haben.
❏ Den privaten Anteil jetzt noch mit den durchschnittlichen Personalkosten eines Mitarbeiters multiplizieren, und Sie wissen, was Ihr Webfilter kosten wird.

Hier nun einige Argumente dafür, dass Kaffeetassen doch aussagekräftiger sind:

❏ Anzahl der Requests pro Seiten:
Es gibt keinen verbindlichen »Durchschnittswert« für die Zahl der Requests, die für eine Seite benötigt werden. Die einschlägigen Studien gehen (je nach Zielsetzung und untersuchter Umgebung) von Werten zwischen vier und zehn Requests pro Seite aus. Sie

haben also, wenn Sie von vier Requests pro Seite ausgehen, mehr als doppelt so viel Seitenaufrufe – und damit doppelt so lange »Online-Zeiten« – wie bei zehn Requests pro Seite (Faktor 2:1).

- Anzahl der Requests abhängig vom Inhalt:
  In der Regel werden die eher privaten »Fun«-Seiten durch viele bunte Grafiken und Icons mehr Requests pro Seite verursachen, als »seriöse« Seiten, die mehr auf Textinformation setzen.
  So würde also bei angenommenen sechs Requests pro Seite der Aufruf einer Spaßseite mit zwölf Requests (viele bunte Bilder) als zwei Seitenaufrufe gezählt, eine nüchterne, rein dienstliche Textseite mit vielleicht drei Requests aber nur als ein halber Seitenaufruf (Faktor 4:1).
  Das geschätzte statistische Mittel von sechs Requests pro Seite wird dabei sogar noch bestätigt!
- Cache-Problematik:
  Einmal abgerufene Objekte werden i.d.R. im Cache von Proxys und Browser gehalten, um bei erneuter Anfrage die Daten aus dem eigenen Cache liefern zu können.
  Bei seriösen Seiten wird dies auch meist funktionieren. Werbefinanzierte Seiten hingegen sind meist auf den Nachweis vieler Zugriffe angewiesen. Diese werden also geneigt sein, einen Cache soweit möglich zu umgehen (siehe auch Kapitel 2.4). Während also seriöse Seiten bei erneuten Aufrufen eher aus dem Cache eines Browsers oder untergeordneten Proxys geliefert werden (und damit nur einmal in der Logdatei Ihres Proxys auftauchen), werden werbefinanzierte Seiten eher neu geladen und damit auch immer wieder in der Logdatei Ihres Proxys verewigt (Faktor 4:1).

Addiert man nun die Korrekturfaktoren, ergibt sich eine Abweichung von (2:1 + 4:1 + 4:1) = 10:1.

Das heißt, der von Ihrem Webfilterverkäufer errechnete private Anteil der Internetnutzung ist ggf. 10-mal höher als der tatsächliche Anteil. (Auch diese Berechnung ist natürlich reiner Kaffeesatz!)

Das Interesse, mehr über das Surfverhalten von Mitarbeitern zu erfahren, ist sicher nicht unberechtigt. Ebenso ist die Versuchung, einen dienstlichen Internetzugang auch privat zu nutzen, ohne Zweifel vorhanden. Hier werden die Logdateien eines Proxyservers jedoch nicht organisatorische und Motivationsschwächen einer Firma oder persönliche Schwächen eines Mitarbeiters beseitigen können.

Das Ergebnis einer pauschalen Auswertung unter diesen Gesichtspunkten ist wie oben gezeigt mehr als fraglich. Es wird eher zu falschen Anschuldigungen und weiterer Demotivation führen.

Logfiles können allenfalls im konkreten Einzelfall ggf. eine Beweisführung unterstützen, wobei auch dabei sehr umsichtig vorgegangen werden muss, um falsche Anschuldigungen aufgrund von Fehlinterpretation der Daten zu vermeiden.

Nicht umsonst heißt die Überschrift zu diesem Kapitel ja auch »Statistik und Accounting«.

Einige Programme zur *sinnvollen* statistischen Logauswertung finden Sie in Kapitel 21.3.

21 Proxy-Erweiterungen und Hilfsprogramme

In Ergänzung zu den vielen internen Fähigkeiten des Squid-Proxyservers gibt es inzwischen auch eine Vielzahl externer Hilfsprogramme und nützlicher Tools rund um das Thema Proxyserver.

Im Folgenden sind ein paar nützliche allgemeine Werkzeuge sowie Erweiterungen für Squid beschrieben.

Auf der Squid-Homepage finden Sie unter dem Menüpunkt »Related« eine umfangreiche Liste zusätzlicher Programme.

21.1 Konfiguration mit Webmin

Webmin ist ein modulares webbasiertes Administrationstool für die Linux-/Unix-Systemadministration. Webmin besteht aus einem eigenen einfachen Webserver und einer Anzahl von CGI-Programmen, die direkt Systemdateien aktualisieren wie /etc/passwd in der Benutzerverwaltung oder eben die squid.conf im Squid-Modul. Der Webserver und alle CGI-Programme sind in Perl Version 5 geschrieben.

Webmin arbeitet mit root-Rechten, um die Dateien zu bearbeiten und Systemdienste starten und stoppen zu können. Somit stellt Webmin auch immer ein gewisses Sicherheitsrisiko dar.

Die Programmierer von Webmin haben allerdings auch Wert auf Sicherheit gelegt. So ist z. B. die Benutzerverwaltung von Webmin abgetrennt von der des zugrunde liegenden Systems (d. h., Sie müssen sich nicht mit dem root-Passwort Ihres Linux/Unix anmelden), und der Webserver von Webmin arbeitet mit SSL (HTTPS). Sicherheitslücken sind jedoch nie ganz auszuschließen.

Jeder Browser, der Tabellen und Formulare unterstützt (für einige Module wird auch Java benötigt), kann zur Administration mittels Webmin genutzt werden.

Webmin finden Sie im Internet unter:

`http://www.webmin.com/`

oder als Bestandteil vieler Distributionen.

Wenn Sie Webmin – vorzugsweise als fertiges RPM – installiert haben, können Sie die Administrationsoberfläche in Ihrem Browser über den Rechnernamen und den eingerichteten Port (Standard: 10000) aufrufen. Beispiel: `http://proxy.mydom.org:10000/`

Sie werden dann aufgefordert, Ihren zuvor bei der Installation eingerichteten Benutzernamen und Ihr Passwort einzugeben, und bekommen anschließend das Hauptmenü angezeigt.

Ein eigenes Squid-Modul ist schon seit längerem fester Bestandteil von Webmin. In der Standardkonfiguration finden Sie dieses Modul unter der Rubrik »Server«.

In der zweiten Menüzeile, über dem Modulfenster, finden Sie den Menüpunkt »Modul-Konfiguration«. Hier müssen noch die korrekten Pfade zu den Programm- und Konfigurationsdateien eingetragen werden.

Wenn Sie eine Squid-Standardinstallation einer Distribution verwenden, z. B. SuSE Linux 8.0, so werden hier von Webmin automatisch die richtigen Pfade gesetzt, wenn Sie auch im Webmin bei dessen Installation die korrekte Distribution angegeben haben.

Eine Kontrolle der Einstellungen kann jedoch nicht schaden.

Im eigentlichen Modulfenster finden Sie die einzelnen Abschnitte der Konfigurationsdatei in eigenen Untermenüs wieder (siehe Abbildung 21.1). Zusätzlich gibt es einen Menüpunkt »Cache-Manager-Statistiken« und »Leere Cache und baue neu auf«.

Eine Beschreibung des Cache-Managers finden Sie in Kapitel 15. Der Menüpunkt »Leere Cache und baue neu auf« löscht alle Cache-Verzeichnisse und legt diese neu an. Diesen Menüpunkt sollten Sie wirklich nur im äußersten Notfall gebrauchen, allein das Löschen kann schon mehrere Minuten bis Stunden in Anspruch nehmen.

Hinter den übrigen Menüpunkten finden Sie die jeweils zugehörigen Konfigurationsoptionen. Diese sind jedoch nicht unter Ihrem Namen in der Konfigurationsdatei (squid.conf) zu finden, sondern unter einer englischen oder deutschen Beschreibung (je nach Sprachauswahl in der Webmin-Konfiguration).

Die Zuordnung – gerade in der deutschen Übersetzung – ist nicht immer ganz einfach. Daher sollten Sie sich für *eine* Wahl entscheiden, entweder eine Konfiguration »per Hand« (squid.conf) oder die Konfiguration per Webmin. Ein »Konfigurationsmix« wird früher oder später zu Problemen führen und ist nicht zu empfehlen!

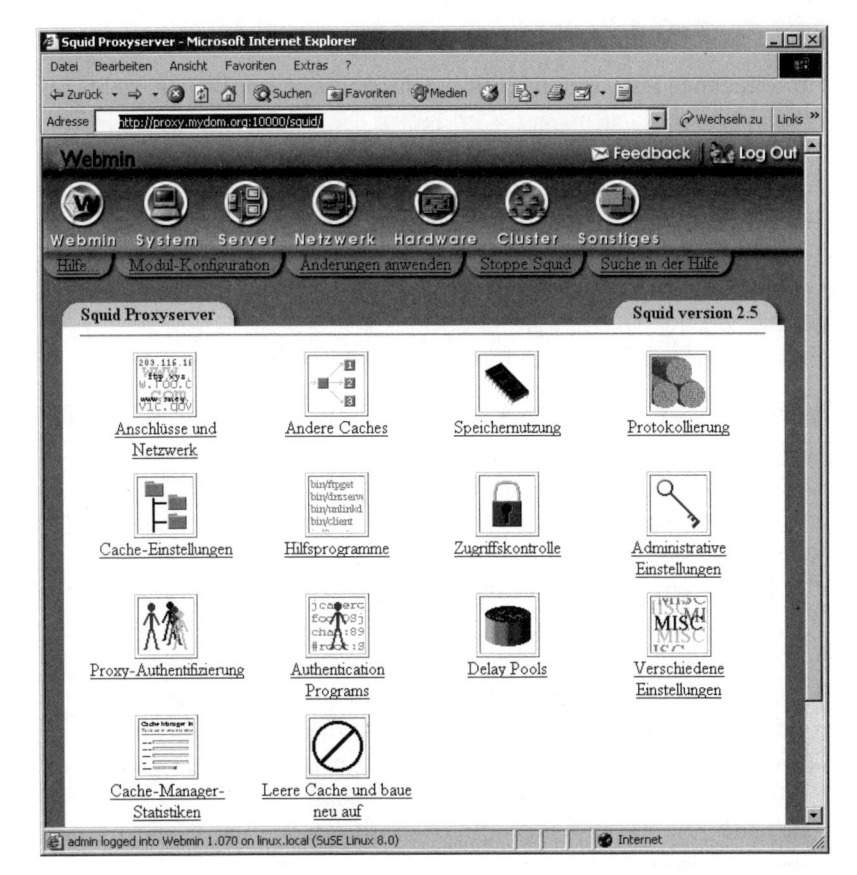

Abbildung 21.1
Webmin-Proxy-Konfiguration

Das Webmin-Modul für Squid ist jedoch inzwischen weitgehend ausgereift und gerade für Anfänger sicher die bessere Wahl. Durch die Formulareingaben in Webmin wird nebenbei auch die Möglichkeit von Syntaxfehlern in der Konfiguration reduziert.

Wer also keine allzu komplexe Konfiguration benötigt und das mögliche Sicherheitsrisiko durch Webmin in Kauf nehmen kann, ist hiermit recht gut bedient.

21.2 Hilfsprogramme

Hilfsprogramme oder »Tools« sind unabhängige Programme, die i.d.R. sehr nützlich sind, aber mit Squid weder in einem direkten Zusammenhang stehen, noch für den eigentlichen Betrieb erforderlich sind.

Hier sind einige nützliche Programme für Test und Auswertezwecke aufgelistet, die Ihnen bei einer Fehlersuche und der Optimierung des Betriebs behilflich sein können.

21.2.1 Squidclient

Für einfache Tests und kleinere Administrationsaufgaben steht das Programm squidclient zur Verfügung. Squidclient ist ein HTTP-Clientprogramm, mit dem Sie selbst konfigurierte HTTP-Anfragen an Ihren Proxyserver senden können. Die Antwort des Proxyservers wird Ihnen auf der Standardausgabe (Konsole) ausgegeben.

Syntax: `squidclient [-arsv] [-i IMS] [-h Ziel-Rechner] [-l lokale-Adresse] [-p Port] [-m Methode] [-t Zahl] [-I ping-Intervall] [-H 'Text'] [-T Timeout] url`

Die Optionen haben im Einzelnen folgende Bedeutung:

-P *Datei* Squidclient sendet eine PUT-Anfrage. Der Inhalt für den Put wird mit der Datei übergeben.

-a Der Accept:-Header (Angabe der akzeptierten Mime-Typen) wird unterdrückt.

-r Erzwinge ein »Reload« des URL.
(Auch ein im Cache befindliches Objekt wird neu vom Zielserver geladen.)

-s Silent-Mode. Es werden keine Ausgaben auf »stdout« erzeugt.

-v Verbose-Mode. Alle Ausgaben werden auf »stderr« umgelenkt.

-i *IMS* »If-Modified-Since«-Zeitstempel (in Epoch-Sekunden).

-h *Ziel* Hostname des anzusprechenden Proxyservers. (Standard: localhost)

-l *local-IP* Die zu verwendende lokale IP-Adresse des Clients. (Standard: keine Vorgabe)

-p *Port* Proxy-Port-Nummer. (Standard: 3128)

-m *Methode* Anfragemethode. (Standard: GET)

-t *Zahl* Die maximale Anzahl der Hops (Sprünge über weitere Proxies)

-g *Zahl* Ping-Modus, Anzahl der Wiederholungen (0 = unendlich).

-I *Intervall* Ping-Intervall in Sekunden (Standard: 1 Sekunde).

-H *'Text'* Sendet die angegebenen zusätzlichen Header-Informationen. ('\n' für eine neue Header-Zeile)

-T *Timeout* Timeout (in Sekunden) für Schreib- und Lese-Operationen.

-u *Benutzer* Benutzer für Proxy-Authentifizierung

-w *Passwort* Passwort für Proxy-Authentifizierung

-U *Benutzer* Benutzer für Webserver-Authentifizierung

-W *Passwort* Passwort für Webserver-Authentifizierung

Beispiele:

Abrufen eines Cache-Objekts Das Objekt »new.html« soll von der Squid-Homepage geholt werden, ohne Ausgaben auf der Konsole zu erzeugen:

```
squidclient -s http://www.squid-cache.org/new.html
```

Aktualisierung eines Cache-Objekts Das Objekt »new.html« soll direkt vom Zielserver und nicht aus dem Cache geholt werden:

```
squidclient -sr http://www.squid-cache.org/new.html
```

Löschen eines Cache-Objekts Der URL http://www.squid-cache.org/new.html soll aus dem Cache des lokalen Proxyservers gelöscht werden:

```
squidclient -m PURGE http://www.squid-cache.org/new.html
```

Erreichbarkeit und Zugriffszeit testen Es soll getestet werden, ob der URL http://www.squid-cache.org/ erreichbar ist und mit welcher Antwortzeiten. Es werden im Ping-Verfahren fünf Tests durchgeführt:

```
squidclient -r -g 5 http://www.squid-cache.org/
2005-12-16 19:48:41 [1]: 0.383 secs, 17.187990 KB/s
2005-12-16 19:48:41 [1]: 0.293 secs, 22.467577 KB/s
2005-12-16 19:48:41 [1]: 0.325 secs, 20.255385 KB/s
2005-12-16 19:48:41 [1]: 0.305 secs, 21.583607 KB/s
2005-12-16 19:48:41 [1]: 0.309 secs, 21.304207 KB/s
5 requests, round-trip (secs) min/avg/max =
0.293/0.323/0.383
```

Die durchschnittliche Antwortzeit beträgt 0,323 Sekunden (letzte Zeile mittlerer Wert). Die Minimum- und Maximumwerte liegen nur unwesentlich darunter und darüber (0,293 und 0,383 Sekunden).

21.2.2 Echoping

Echoping ist ein kleines und nützliches Programm, das die Erreichbarkeit (und bedingt auch die Performance) eines Hosts oder Dienstes testen kann.

Hierzu kann im Gegensatz zu einem einfachen *Ping* (ICMP) ein *TCP echo* oder ein anderes Protokollpaket (z. B. HTTP) gesendet werden.

So kann z. B. mit einer HTTP-(Test-)Anfrage die Verfügbarkeit und Antwortzeit eines Webservers (auch über einen Proxyserver hinweg) getestet werden.

Leistungsmerkmale:

- Nutzt die Protokolle echo, discard, chargen, HTTP (mit SSL, wenn gewünscht), ICP und SMTP,
- nutzt auch UDP anstelle von TCP, wenn UDP vom Protokoll unterstützt wird (z. B. echo),
- kann den Test mehrfach wiederholen und verschiedene Messwerte ausgeben,
- unterstützt IPv4 und IPv6,
- kann T/TCP nutzen, wenn dies vom Betriebssystem unterstützt wird.

Um echoping zu installieren, geben Sie im einfachsten Fall nach dem Entpacken des aktuellen Archives

```
./configure; make
```

ein. Nähere Informationen zur Installation finden Sie in der Datei INSTALL im Archiv. Eine Beschreibung der Optionen finden Sie nach der Installation in den Manual Pages (`man echoping`).

Beispiele:

- Test eines Webservers

    ```
    echoping -h / www.squid-cache.org
    Elapsed time: 0.527635 seconds
    ```

- Test eines Webservers über einen Proxy

    ```
    echoping -h http://www.squid-cache.org
    proxy.mydomain.org:3128
    Elapsed time: 0.047230 seconds
    ```

- Test eines Proxyservers mit ICP

    ```
    echoping -i http://www.squid-cache.org
    proxy.mydomain.org:3130
    Elapsed time: 0.022651 seconds
    ```

Echoping gibt einen »Exit Status« zurück, wenn ein Problem aufgetreten ist. Damit können Sie auch automatisiert Tests ausführen und auswerten.

(Quelle: `http://echoping.sourceforge.net/`)

21.2.3 Wget

Wget ist ein textbasierter FTP-/HTTP-Client zum rekursiven Herunterladen von Web- und FTP-Servern. Wget ist bereits fester Bestandteil vieler Unix-/Linux-Distributionen. (Quelle: www.gnu.org/software/wget/)

Hier ein Auszug der wichtigsten Optionen aus der Hilfeseite von wget (leider wurden in dieser Version noch nicht alle Hilfetexte übersetzt):

```
GNU Wget 1.8.2, ein nicht-interaktives Netz-Werkzeug zum Download
von Dateien.

Syntax: wget [OPTION]... [URL]...

  -h, --help                diese Hilfe anzeigen
  -b, --background          nach dem Starten in den Hintergrund gehen
  -q, --quiet               keine Ausgabe von Meldungen
  -i, --input-file=DATEI    in DATEI gelistete URLs holen

Download:
  -t, --tries=ZAHL          Anzahl der Wiederholversuche auf ZAHL setzen
                            (0 steht für unbegrenzt)
  -O  --output-document=DATEI Dokumente in DATEI schreiben
  -c, --continue            Fortführung des Downloads einer bereits zum
                            Teil geholten Datei
      --progress=STYLE      Anzeige für den Download auf STYLE setzen
  -N, --timestamping        Nur Dateien holen, die neuer als die lokalen
                            Dateien sind
  -S, --server-response     Antwort des Servers anzeigen
      --spider              kein Download (don't download anything)
  -T, --timeout=SEKUNDEN    den Lese-Timeout auf SEKUNDEN setzen
  -w, --wait=SEKUNDEN       SEKUNDEN zwischen den Downloads warten
      --waitretry=SEKUNDEN  1...SEKUNDEN zwischen den erneuten Versuchen
                            warten
      --random-wait         Zwischen 0 und 2*WAIT Sekunden zwischen
                            Versuchen warten
  -Y, --proxy=on/off        Proxy ein (»on«) oder aus (»off«) stellen
  -Q, --quota=ZAHL          Kontingent für den Download auf ZAHL setzen
      --limit-rate=RATE     Datenrate beim Download auf RATE begrenzen
      --inet                use IP version 4 socket.
      --inet6               use IP version 6 socket.
```

21 Proxy-Erweiterungen und Hilfsprogramme

```
Verzeichnisse:
 -nd  --no-directories          keine Verzeichnisse anlegen
 -x,  --force-directories       Anlegen von Verzeichnissen erzwingen
 -nH, --no-host-directories     keine Host-Verzeichnisse anlegen
 -P,  --directory-prefix=PREFIX Dateien unter dem Verzeichnis
                                PREFIX/... speichern
      --cut-dirs=ZAHL           ZAHL der Verzeichnisebenen der
                                Gegenseite überspringen

HTTP options:
      --http-user=USER          set http user to USER.
      --http-passwd=PASS        set http password to PASS.
 -C,  --cache=on/off            (dis)allow server-cached data
                                (normally allowed).
 -E,  --html-extension          save all text/html documents with
                                .html extension.
      --ignore-length           ignore 'Content-Length' header field.
      --header=STRING           insert STRING among the headers.
      --proxy-user=USER         set USER as proxy username.
      --proxy-passwd=PASS       set PASS as proxy password.
      --referer=URL             include 'Referer: URL' header
                                in HTTP request.
 -s,  --save-headers            save the HTTP headers to file.
 -U,  --user-agent=AGENT        identify as AGENT instead of Wget/VERSION.
      --no-http-keep-alive      disable HTTP keep-alive
                                (persistent connections).
      --cookies=off             don't use cookies.
      --load-cookies=FILE       load cookies from FILE before session.
      --save-cookies=FILE       save cookies to FILE after session.

Rekursives Holen:
 -r,  --recursive               rekursiver Download -- mit Umsicht
                                verwenden!
 -l,  --level=Zahl              maximale Rekursionstiefe (»inf« oder »0«
                                steht für ohne Begrenzung)
      --delete-after            geholte Dateien nach dem Download löschen
 -k,  --convert-links           nicht-relative Links in relative umwandeln
 -K,  --backup-converted        vor dem Umwandeln der Datei X, ein
                                Backup als X.orig anlegen.
 -m,  --mirror                  Kurzform, die »-r -N -l inf -nr« entspricht.
 -p,  --page-requisites         alle Bilder usw. holen, die für die Anzeige
                                der HTML-Seite notwendig sind

Rekursiv erlauben/zurückweisen:
 -A,  --accept=LISTE            komma-unterteilte Liste der erlaubten
                                Dateiendungen
```

-R,	--reject=LISTE	komma-unterteilte Liste der zurückzuweisenden Erweiterungen
-L,	--relative	nur relativen Verweisen folgen
-np,	--no-parent	nicht in das übergeordnete Verzeichnis wechseln

21.2.4 Purge

Purge ist ein schon etwas älteres, aber interessantes Projekt aus dem DFN-Verein (Deutsches Forschungsnetz). Es gibt Ihnen einen Einblick in Ihren Cache und ermöglicht es, den Inhalt zu modifizieren.

Die Installation ist auch hier recht simpel. Laden Sie sich das Quellarchiv herunter (z. B. purge-20000921-src.tar.gz), entpacken Sie dieses (tar xvzf purge-20000921-src.tar.gz), und erzeugen Sie die Programmdatei (make).

Um Purge auf Ihren Squid anwenden zu können, müssen Sie die Methode PURGE zulassen, sollten diese aber auf jeden Fall auf bestimmte Clients beschränken (hier im Beispiel nur lokal auf dem Server):

```
acl localhost src 127.0.0.0/8
acl purge method PURGE
http_access allow localhost purge
http_access deny purge
```

Purge kennt verschiedene Optionen zur Betrachtung oder Beeinflussung des Caches. Hier einige Beispiele:

- **-c file** Pfad der Konfigurationsdatei (squid.conf). Standard: /usr/local/squid/etc/squid.conf.
- **-C dir** Basisverzeichnis für Inhaltsextraktion (copy-out mode).
- **-e regex** Regulärer Ausdruck.
- **-E regex** Regulärer Ausdruck mit Beachtung der Groß-/Kleinschreibung.
- **-f file** Datei mit regulären Ausdrücken (einer pro Zeile).
- **-F file** Datei mit regulären Ausdrücken (einer pro Zeile) und Beachtung der Groß-/Kleinschreibung.
- **-H** Schreibt den HTTP-Kopf der Antwort mit in die Zieldatei im Copy-out-Modus.
- **-n** Schaltet die parallele Bearbeitung mehrerer Cache-Verzeichnisse (cache_dir) ab.
- **-p host:port** Purge wird auf einem anderen Server (host) auf Port (port) angewendet.

-P # Wenn 0, werden nur die Treffer ausgegeben. Ansonsten wie folgt:
0x01 Sendet ein echtes PURGE an den Cache.
0x02 Entfernt alle Cache-Dateien vom Typ 404 (not found).
0x04 Entfernt alle sonderbaren (gesperrte oder zu kleine) Dateien.
0 und 1 werden empfohlen – anderenfalls sollte der Cache mit einem *Rebuild* neu organisiert werden.

-v zeigt zusätzliche Informationen über das Cache-Objekt (MD5, Zeitstempel und Flags).

Weitere Optionen entnehmen Sie bitte der Homepage des DFN-Projekts oder der zugehörigen Dokumentation.
(Quelle: http://www.cache.dfn.de/DFN-Cache/Development/Purge/)

21.3 Logfile-Analyse

Logdateien werden meist sehr schnell sehr groß und unübersichtlich. Die darin enthaltenen Daten sind i.d.R. nicht sehr »lesefreundlich«. Hier sind ein paar Programme zur besseren Auswertung der Logdateien aufgelistet:

21.3.1 calamaris

calamaris ist ein in Perl geschriebenes Skript, das wahlweise einen text- oder HTML-formatierten Bericht aus den Squid-Log-Dateien (access.log) erzeugt. Die Ergebnisse werden sachlich und schnörkelfrei in Tabellenform dargestellt. Der erzeugte Bericht umfasst in der Version 2.52:

- Zusammenfassung
- Spitzenlast-Bericht
- Request-Methoden-Bericht (ICP_QUERY, GET, HEAD, ...)
- Statusbericht über eingehende UDP-Requests
- Statusbericht über eingehende TCP-Requests
- Statusbericht über ausgehende Verbindungen
- Statusbericht für Neighbor-Caches
- Bericht über angefragte Second- oder Third-Level-Domains
- Bericht über angefragte Top-Level-Domains
- Protokollbericht (http, gopher, ftp ...)
- Bericht über angefragte Content-Types
- Bericht über angefragte Datei-Extensionen
- Bericht über eingehende UDP-Anfragen per Host
- Bericht über eingehende TCP-Anfragen per Host
- Bericht über die Verteilung der angefragten Objekte nach Größe
- Bericht über die Performance in definierten Zeitschritten.

Das Skript kann einfach in eine Pipe gehängt werden:

```
cat access.log | calamaris [options] > reportfile
```

Mögliche Optionen sind u. a.:

-a zur Ausgabe aller verfügbaren Berichte
-w zur Erzeugung eines HTML-formatierten Berichts
-m zum Versenden des Berichts per E-Mail

So kann calamaris z. B. mit dem Befehl:

```
cat /var/log/squid/access.log | calamaris -amH
'Tagesbericht' | mail admin@mydomain.com
```

eine Mail (ggf. auch automatisch per cron) an den Administrator schicken.

Eine vollständige Auflistung der Optionen bekommen Sie mit der Eingabe von:

```
calamaris -h
```

Weitere Informationen entnehmen Sie bitte der calamaris-Homepage oder der Manual Page zu calamaris.
(Quelle: http://calamaris.cord.de/)

21.3.2 Webalize

Webalizer ist ein C-Programm zur Auswertung von Webserver-Log-Dateien. Ab Version 2 kann Webalizer auch mit Squid-Log-Dateien arbeiten.

Da Webalizer auf Webserver ausgelegt ist, fehlen hier jedoch proxyspezifische Auswertungen!

Dafür werden die Ergebnisse sehr repräsentativ (bunt) in Tabellen- und Grafikform ausgegeben.

Webalizer erzeugt grafisch aufbereitete Jahres-, Monats-, Tages- und Studenstatistiken in HTML-Format, wobei der Schwerpunkt auf einem Monatsbericht liegt. Art und Umfang der ausgegebenen Statistiken können sehr differenziert in einer Konfigurationsdatei eingestellt werden.

Es werden ebenfalls Reports für den Import in Textverarbeitungen oder Tabellenkalkulationen erzeugt.

Webalizer kann auch Gzip-komprimierte Dateien (mit der Endung ».gz«) verarbeiten.
(Quelle: http://www.mrunix.net/webalizer/)

21.4 Webfilter: SquidGuard

Squid selbst ist schon sehr mächtig – besonders im Bereich Access-Listen –, jedoch ist Squid in erster Linie immer noch ein »Proxyserver« und nicht ein »Webfilter«.

Für umfangreiche Regelwerke macht es also Sinn, diese Prüfungen auf ein externes Programm *auszulagern*, das speziell für diese Aufgabe programmiert wurde.

Redirector   Squid bietet hierzu die Funktion des Redirectors, der den angefragten URL *vor* der weiteren Bearbeitung an ein hier eingetragenes Programm übergibt und dann den von diesem Programm zurückgegebenen (und ggf. geänderten) URL ausführt. Diese Redirector-Funktion kann z. B. für die Einbindung eines externen Webfilters oder Virenscanners genutzt werden.

Hier folgt beispielhaft eine Vorstellung des bekanntesten Open-Source-Webfilters SquidGuard.

SquidGuard   SquidGuard ist ein flexibler und schneller Webfilter, der auf die Zusammenarbeit mit Squid optimiert wurde.

Die Leistungsmerkmale von SquidGuard sind u. a.:

- beschränkt den Zugang für bestimmte Benutzer auf eine Liste akzeptierter Webserver oder URLs,
- verhindert den Zugang zu bestimmten Webservern oder URLs (Blacklist),
- unterstützt »reguläre Ausdrücke« bei der Eingabe von Webservern oder URLs,
- kann die Eingabe von Domainnamen erzwingen und die Nutzung von IP-Adressen in URLs verhindern,
- kann gesperrte URLs auf eine »intelligente« CGI-basierte Info-Seite verweisen,
- kann nicht registrierte Benutzer auf ein Registrierungsformular verweisen,
- kann häufig verwendete Downloads wie z. B. Netscape, MSIE usw. auf lokale Kopien verweisen,
- kann (Werbe-)Banner auf ein leeres GIF-Bild verweisen lassen,
- hat verschiedene Zugriffsregeln auf der Basis von Zeit, Wochentag, Datum ...
- kann verschiedene Regeln für unterschiedliche Gruppen von Benutzern verwalten.

SquidGuard kann jedoch *keine* Inhalte (z. B. bestimmte Textinhalte oder Skripte) filtern.

Für die Installation und Konfiguration von SquidGuard lesen Sie bitte die zugehörige Dokumentation auf der SquidGuard-Homepage (http://www.squidguard.org/) oder die ausführliche Beschreibung zu SquidGuard, die Sie hier in Kapitel 22 finden.

21.5 Squid-vscan-Patch

Eine weitere interessante Möglichkeit, Squid zu erweitern, bietet das Open-Anti-Virus-Projekt mit *Squid-vscan*.

Squid-vscan ist ein Patch für Squid, der den Proxy zu einem Virenscanner erweitert. Squid-vscan gibt es zurzeit (Stand Mai 2006) für Squid 2.5 STABLE6, d. h., das Projekt hinkt der Squid-Entwicklung leider noch etwas hinterher. *Virenscanner*

Zu dieser auf den ersten Blick recht sinnvollen Anwendung sollten jedoch folgende grundsätzliche Einschränkungen beachtet werden: *Einschränkungen*

Virenscannen heißt Inhaltsfilterung. Es wird hier also nicht nur der URL betrachtet, sondern der gesamte Inhalt der Seite. Dies ist natürlich erheblich aufwändiger und dementsprechend prozessor- und speicherintensiv. Sie sollten also bei einem viel beschäftigten Proxy bei der Hardwarebeschaffung entsprechend höher ansetzen, um deutlich schlechtere Antwortzeiten zu vermeiden.

Die viel größere Einschränkung ist allerdings die Tatsache, dass auf einem Proxy Viren eigentlich gar nicht wirklich erkennbar sind. Viren können einen Virenscanner auf einem Proxy sehr einfach umgehen, indem sie sich per SSL (HTTPS) übertragen lassen.

SSL wird von nahezu jedem Browser unterstützt und garantiert eine Ende-zu-Ende-Verschlüsselung vom Webserver zum Browser. Damit hat ein Virenscanner auf einem dazwischen liegenden Proxy keine Chance mehr, diesen zu erkennen.

Die Möglichkeit, auf SSL grundsätzlich zu verzichten, ist im Zeitalter von Internetbanking, E-Commerce und E-Government wohl kaum eine echte Alternative.

Auch andere gelegentlich diskutierte Alternativen, wie z. B. die Auftrennung des SSL-Verkehrs auf dem Proxy, haben meist mehr Nachteile als Nutzen.

Ein Virenscanner auf dem Proxy kann also in Randbereichen wie z. B. bei unverschlüsselten Viren oder beim Ausfiltern von bekannten Virenadressen (URLs), z. B. von Trojanern, Abhilfe schaffen. Einen Virenscanner auf dem Client kann er aber niemals ersetzen!

Squid-vscan finden Sie unter folgenden Quellen:

- http://www.openantivirus.org/projects.php
- http://sites.inka.de/~bigred/devel/squid-filter.html

22 Webfilterung mit SquidGuard

Neben seinen Proxy- und Cache-Fähigkeiten bietet Squid auch schon von Haus aus sehr umfangreiche Zugriffslisten (ACLs) (siehe hierzu auch Kapitel 6). Hiermit sind bereits einfache Filterfunktionen ohne externe Programme umsetzbar.

Bei komplexeren Regelwerken oder höherem Durchsatz stoßen Zugriffslisten jedoch irgendwann an ihre Grenzen. Die Regelwerke werden unübersichtlich und nicht mehr beherrschbar, und die Performance des Proxys lässt deutlich nach.

Squid kann jedoch auch über seine Redirector-Funktion (siehe Kapitel 8) mit externen Programmen in seinem Funktionsumfang erweitert werden. Ein häufiger Einsatz für ein solches Redirector-Programm ist die Erweiterung von Squid um eine zusätzliche Filterfunktion (Webfilter). Hierzu stehen mehrere Erweiterungen für unterschiedliche Zielsetzungen zur Auswahl. Mit SquidGuard wird eines der am häufigsten eingesetzten Filterprogramme für Squid in diesem Kapitel exemplarisch behandelt.

22.1 Webfilter

Vorab möchte ich jedoch einige grundsätzliche Dinge zum Thema Webfilterung und zur Auswahl des richtigen Webfilters erläutern. Es gibt sehr unterschiedliche Gründe für Webfilterung, die wiederum auch z.T. unterschiedliche Vorgehensweisen und Filterprogramme erfordern.

Webfilterung geschieht meist anhand von Filterlisten. Diese Filterlisten sind also ein wesentlicher Bestandteil, der auch über die Qualität des Filters entscheidet. Hier gibt es häufig auch wesentliche Unterschiede zwischen kommerziellen und freien Produkten.

22.1.1 Freie Webfilter vs. kommerzielle Filter

Im Gegensatz zu vielen anderen freien Projekten (wie z. B. Squid), die den Vergleich mit kommerziellen Produkten längst nicht mehr scheuen müssen, stellt sich die Situation bei Webfiltern doch noch etwas anders dar.

Bei den meisten weit verbreiteten freien Produkten handelt es sich um eine Software, die bestimmte – immer gleiche – Aufgaben zu erfüllen hat, die sich – sind sie erst einmal programmiert – nicht mehr wesentlich ändern. Das Projekt ist abgeschlossen, das Produkt fertig, und die Hauptarbeit des Projekts besteht darin, Bugs zu beseitigen, hier und da die Performance zu verbessern oder die eine oder andere neue Funktion hinzuzufügen. Dies ist mit einer relativ kleinen Gruppe von Programmierern und vertretbarem Zeitaufwand zu leisten.

Für die Erstellung effizienter Webfilter hingegen liegt die Hauptarbeit nicht nur in der Erstellung und Pflege des eigentlichen Filterprogramms. Vielmehr wird – ähnlich wie auch bei Virenscannern – eine kontinuierliche und zeitnahe Pflege der Filterlisten maßgeblich über die Wirksamkeit des Webfilters entscheiden.

Es gibt zwar einige Ansätze für Listenpflege in der Community, bisher fehlt hier aber noch der entscheidende Durchbruch. Frei verfügbare Filterlisten beschränken sich meist entweder auf spezielle Gebiete (z. B. Werbung oder Pornografie) oder sind sehr grob klassifiziert. Mangels klarer Vorgaben und abschließender Kontrolle ist die Qualität solcher freien Listen meist schwer einzuschätzen.

Auch kommerzielle Anbieter haben das Problem, dass die Pflege der Filterlisten einen erheblichen Anteil der Produktkosten ausmacht. Auch hier gibt es Ansätze zur Kostensenkung, wie z. B. die automatisierte Generierung von Filterlisten durch Suchmaschinen und automatischer Inhaltsanalyse. Diese Ansätze führen allerdings auch stets zu einer schlechteren Qualität der Listen, da eine automatisierte Kategorisierung von Inhalten im Web sehr fehleranfällig ist.

Wer Wert auf umfangreiche, regelmäßig aktualisierte Filterlisten mit maximaler Filterwirkung legt, kommt dennoch bislang an kommerziellen Produkten kaum vorbei.

Wem es jedoch ausreicht, sich von einem Großteil unnötiger Werbeeinblendungen zu befreien oder die »Top 100« der Arbeitszeitvernichter auszusperren, der findet auf dem Markt freier Software einige gute Produkte, die mit etwas Installationsaufwand und Eigenarbeit diesen Job auch durchaus gut erfüllen.

22.1.2 Filtervarianten

Neben einigen Sonderfällen gibt es im Wesentlichen zwei grundsätzlich unterschiedliche Filtervarianten:

Anfragefilter

Der Anfragefilter (auch URL- oder Request-Filter) greift bereits bei der Anfrage eine Clients. Die eingegebene oder verlinkte Anfrage wird mit den Filterlisten verglichen und im Falle eines Treffers zurückgewiesen bzw. ausgetauscht.

Der wesentliche Vorteil dieser Methode ist die frühzeitige Wirkung dieses Filters. Wird ein nicht gewünschter URL angefragt, so wird diese Anfrage bereits zurückgewiesen und gar nicht erst ausgeführt. Das heißt, die eigentlichen (unerwünschten) Daten hierzu werden gar nicht erst geholt. Diese Methode spart also auch Ressourcen.

Nachteil dieser Methode ist die Tatsache, dass alle unerwünschten Inhalte und deren URLs bereits vorher bekannt sein müssen, um sie anhand der Anfrage identifizieren zu können. Heuristische Filterung ist hier anhand der wenigen zur Verfügung stehenden Informationen in dem URL nur sehr eingeschränkt möglich und meist sehr fehleranfällig.

Inhaltsfilter

Im Gegensatz zum Anfragefilter wird hier anstelle der Anfrage die Antwort des Servers gefiltert. Damit kann – meist zusätzlich zum URL – auch der vollständige Inhalt der aufgerufenen Objekte gefiltert werden.

Dieses erlaubt wesentlich differenziertere Filterregeln und Funktionen. So ist es z. B. nicht nur möglich, Aufrufe komplett zu unterbinden, es können auch einzelne Inhalte und Bestandteile einer Webseite – z. B. ActiveX oder JavaScript-Code – gezielt gefiltert werden.

Allerdings sollte man sich hier auch bewusst sein, dass damit direkt oder indirekt Inhalte manipuliert und verfälscht werden können. So wäre es z. B. denkbar, dass eine Seite ohne ein eingebettetes JavaScript anders erscheint und im schlimmsten Fall damit auch einen völlig anderen Sinn bekommt.

Hauptnachteil dieser Methode ist jedoch der deutlich höhere Ressourcenverbrauch.

Zum einen muss jedes zu prüfende Objekt erst einmal vom Webserver übertragen werden, auch wenn es anschließend verworfen wird. Zum anderen verlangt die Inhaltsprüfung selbst erheblich mehr Ressourcen als die Prüfung eines reinen URL.

Weitere Filtervariationen

Weitere Filtervarianten seien hier kurz erwähnt, diese spielen jedoch zurzeit keine wirkliche Bedeutung.

Ein sicher sinnvoller, aber wenig verbreiteter Ansatz ist die so genannte Label-Filterung. Anhand einer speziellen Kennzeichnung der

Seite (das Label) im Header oder in den Metadaten können Inhalte vom Seitenersteller kategorisiert und vom Filterprogramm entsprechend der Kategorie gefiltert werden. Zur Sicherheit kann das Label auch – ähnlich einem Schlüsselzertifikat – von einer Zertifizierungsstelle bestätigt werden.

Das Verfahren ist in etwa vergleichbar mit der freiwilligen Selbstkontrolle der Filmindustrie (FSK), die Video- und DVD-Filme ebenfalls mit einem entsprechenden Label für die Altersfreigabe kennzeichnet.

Es gibt auch intuitive Filteransätze, die Inhalte von aufgerufenen Seiten analysieren und versuchen, anhand darin vorkommender Begriffe und Verlinkungen mit anderen Seiten den Inhalt einer Seite zu »bewerten«, um so zu entscheiden, ob diese Seite einer zu filternden Kategorie entspricht.

Ein weiterer – eher experimenteller – Ansatz besteht in der Analyse von eingebetteten Bildern, die anhand Ihrer Farbzusammensetzung und mit der Analyse von Formen versucht, elektronisch deren Inhalt zu erfassen.

22.1.3 Zielsetzung des Webfilters

Um eine für Ihren Anwendungsfall passende Lösung zu finden, sollten Sie Ihre Ansprüche erst einmal definieren. Daraus abgeleitet werden Sie unter einer Vielzahl von Redirectoren schnell eine passende Lösung finden, oder Sie nutzen Ihr eigenes Know-how oder externe Dienstleister, um sich einen angepassten Redirector programmieren zu lassen.

Warum soll gefiltert werden?

Die Fragen nach dem Grund für eine Filterung ergibt meist schon den Kernpunkt der Lösung. Geht es Ihnen in erster Linie darum, Bandbreite zu sparen und Ihre Ressourcen zu schonen, oder ist Ihr wesentlicher Beweggrund die Kontrolle bzw. Einschränkung der möglichen Internetnutzung?

Was soll gefiltert werden?

Reicht es Ihnen den größten Teil überflüssiger Werbung zu filtern bzw. die Nutzung weniger »verführerischer« Seiten wie eBay oder Freemailer zu unterbinden? Oder müssen Sie intensiv, anhand der zurückgelieferten Inhalte filtern?

Wie soll gefiltert werden?

Sollen bestimmte Aufrufe verhindert werden? Das heißt, Sie wollen grundsätzlich Verbindungen in alle Richtungen zulassen, nur bestimmte Anfragen sollen gesperrt werden. Oder sollen nur bestimmte Aufrufe erlaubt werden? Das heißt, Sie wollen nur bestimmte Anfragen zulassen und alle unbekannten Ziele grundsätzlich sperren.

22.1.4 Filtermöglichkeiten von Squid

Einfache Filterfunktionen lassen sich mit den Zugriffslisten von Squid umsetzen. Für komplexere Anwendungen empfiehlt sich jedoch auf jeden Fall ein externes Filterprogramm in Form eines Redirectors.

Hier kurz die wesentlichen Nachteile von ACLs:

- Wenig Flexibilität
  Sie haben die Möglichkeit, mit wenigen Listen einfach *Erlaubt*- und *Verboten*-Regeln aufzubauen. Kombinationen aus verschiedenen Regeltypen werden sehr schnell unübersichtlich und damit auch fehleranfällig.
- Keine Gruppierungsmöglichkeiten
  Sie haben keine Möglichkeit, mehrere Listen unterschiedlicher Typen oder Inhalte zu bestimmten Themengruppen zusammenzufassen und diese als Gruppe ein- bzw. auszuschalten.
- Geringere Performance
  ACLs werden vom Squid-Hauptprozess für jede Anfrage sequenziell durchlaufen. Während der Bearbeitungszeit wird Squid keine anderen Aufgaben erledigen.
  Ein Redirector kann in mehreren Prozessen parallel gestartet werden. Während der Redirector die Filterfunktion ausführt, kann Squid bereits weitere Anfragen oder andere Funktionen ausführen.

22.1.5 Filtermöglichkeiten von Redirectoren

Redirectoren sind i.d.R. speziell auf die Filterung mit komplexeren Regelwerken ausgerichtet. Sie bieten die Möglichkeit, auch größere Listen oder Gruppen von Listen unterschiedlicher Typen oder Inhalte zu kombinieren. Die Filteralgorithmen sind optimiert und garantieren meist eine schnelle Abarbeitung auch umfangreicher Listen.

Im Folgenden wird exemplarisch der Webfilter SquidGuard detaillierter betrachtet.

22.2 SquidGuard: Grundlagen

SquidGuard ist ein umfangreicher Webfilter auf Basis eines reinen URL-Filters und einer der am weitesten verbreiteten freien Webfilter für Squid. Er steht wie Squid unter der GPL und ist dafür bekannt, auch sehr umfangreiche Listen von URLs, Domains oder IP-Adressen schnell und stabil abzuarbeiten.

22.2.1 Ausrichtung und Zielsetzung

SquidGuard kann als URL-Webfilter Anfragen anhand unterschiedlicher Kriterien blocken oder umleiten.

Es können für alle oder bestimmte Benutzer Webzugriffe anhand von Zugriffslisten verboten werden (*Blacklists*) oder nur bestimmte Zugriffe anhand von Zugriffslisten erlaubt werden (*Whitelists*).

22.2.2 Funktion

SquidGuard wird als Redirector in Squid eingebunden und bearbeitet als URL-Filter nur die Anfragen des Proxys. Es können somit keine Inhalte von Seiten durchsucht oder verändert werden. Inhaltlich kann SquidGuard nur indirekt über die Modifizierung von URLs eingreifen. Weiterhin bietet SquidGuard folgende Funktionen:

- Begrenzungen anhand von Tageszeiten, Wochentagen, Datumsgrenzen, Zeitintervallen.
- Gruppierung von Benutzern anhand von Client-IP-Adressen, Client-Domainnamen oder Benutzernamen (Ident/RFC 931).
- Gruppierung von Zieladressen anhand von Ziel-Domain, Host-Namen, URLs und regulären Ausdrücken über URLs.
- Rewrite und Redirect von URLs mit oder ohne Benachrichtigung des Benutzers.
- Definition von komplexen Zugriffslisten (ACLs).
- Differenziertes Logging von Zugriffen und/oder Sperrungen.

22.2.3 Quellen

SquidGuard ist entweder als fertiges Binary-Paket für verschiedene Linux-/Unix-Distributionen und Plattformen erhältlich oder im Quellcode für eigene Anpassungen oder zum Übersetzen auf andere Plattformen.

Neben dem eigentlichen Programm des Webfilters gibt es noch diverse Quellen für Blacklisten mit unterschiedlichen Schwerpunkten.

SquidGuard

SquidGuard ist über die Webseite `http://www.squidguard.org/` frei unter der GPL erhältlich.

Hier finden Sie auch einige Informationen und Anleitungen zu SquidGuard sowie eine kurze FAQ.

Weitere Filterlisten und Dokumentation

Wenn Ihnen die mit SquidGuard ausgelieferten Filterlisten nicht ausreichen, gibt es im Internet einige Fundstellen für weitere Filterlisten, die teilweise öffentlich gepflegt werden (jeder darf Einträge hinzufügen) oder von Organisationen redaktionell erstellt werden, teils frei verfügbar, teils gegen Gebühr. Eine kurze Auswahl der bekanntesten ist hier aufgelistet:

- Die Listen des Bürgernetzes Pfaffenhofen: `http://www.bn-paf.de/filter/index_de.html`
- Eine Liste aus den USA (vom Multnomah Education Service District): `http://squidguard.mesd.k12.or.us/blacklists.tgz`
- Eine z.T. kommerzielle Blacklist für DansGuardian und SquidGuard: `http://urlblacklist.com/`
- Umfangreiche französische Blacklisten der Universität Toulouse: `ftp://ftp.univ-tlse1.fr/pub/reseau/cache/squidguard_contrib/`

22.3 SquidGuard installieren

Die Installation von SquidGuard ist vergleichbar der von Squid oder den meisten anderen freien Linux-/Unix-Produkten. Sie haben meist die Möglichkeit, auf ein fertiges Paket Ihrer Distribution zurückzugreifen (RPM- oder DEB-Paket) oder SquidGuard aus den Quellen (Tar-Gzip) zu installieren.

Voraussetzung für eine Installation ist ein vorhandener Squid-Proxyserver und die Installation des Datenbankpakets »Berkeley DB«. Die Berkeley DB sollte in den meisten Distributionen bereits standardmäßig mit installiert sein. Wenn nicht, suchen Sie das entsprechende Paket, oder laden Sie sich die Library unter `http://www.sleepycat.com/` herunter.

22.3.1 Installation fertiger Pakete

Im Zweifel ist das fertige Paket vorzuziehen, da i.d.R. sowohl die Abhängigkeiten gelöst wie auch die Pfade richtig gesetzt werden. Suchen

Sie in Ihrer Distribution einfach nach dem Paket SquidGuard, und installieren Sie dieses mit den entsprechenden Tools Ihrer Distribution (z. B. YaST oder apt-get).

22.3.2 Installation aus dem Quellpaket

Für die Installation von SquidGuard ist die Berkeley DB erforderlich. Prüfen Sie, ob diese in Version 2.x auf Ihrem System installiert ist. Ebenso benötigen Sie die üblichen Werkzeuge wie `tar`, `gzip`, `yacc`, `lex`, `make` und einen ANSI-C-Compiler.

- Laden Sie den SquidGuard-Quellcode von der o.g. Internet-Quelle herunter.
- Dekomprimieren und entpacken Sie das Tar-Archiv:
  Entweder (Unix):
  ```
  gzip -d squidGuard-1.2.0.tar.gz
  tar xvf squidGuard-1.2.0.tar
  ```
  Oder (Linux, GNUtar):
  ```
  tar xvzf squidGuard-1.2.0.tar.gz
  ```
- Wechseln Sie in das angelegte Verzeichnis:
  ```
  cd squidGuard-1.2.0
  ```
- Führen Sie die Auto-Konfiguration durch:
  ```
  ./configure
  ```
  An dieser Stelle können Sie auch Anpassungen vornehmen, die fest in die lauffähige Version einkompiliert werden sollen.
- Lassen Sie nun eine lauffähige Version von SquidGuard für Ihr System übersetzen und installieren:
  ```
  make
  make install
  ```

22.3.3 Einbinden des Redirectors in Squid

Nun müssen Sie SquidGuard als Redirector in Squid einbinden. Die Funktion und Konfiguration eines Redirectors wurde in Kapitel 8 ausführlich erklärt.

Eine Minimalkonfiguration für SquidGuard könnte wie folgt aussehen:

```
redirect_program /usr/local/squidGuard/bin/squidGuard
redirect_children 3
redirector_bypass off
redirect_rewrites_host_header on
```

22.4 SquidGuard konfigurieren

SquidGuard wird – wie Squid – mit einer einzigen Datei (i.d.R. `/etc/squidguard.conf` oder `/usr/local/squidGuard/squidguard.conf`) konfiguriert.

Die Syntax ist der von `squid.conf` ähnlich.

22.4.1 Die Konfigurationsdatei squidguard.conf

Die Konfigurationsdatei besteht im Wesentlichen aus sechs Abschnitten:

- Verzeichnisdeklaration (Logdatei- und Datenbankverzeichnis)
- Zeitraumdeklaration (Festlegung von Uhrzeit- oder Datumsbereichen)
- Quellgruppendeklaration (Definition von Benutzergruppen)
- Zielgruppendeklaration (Festlegung von Zielgruppen, z. B. URLs)
- Redirect- oder Rewrite-Deklaration (Festlegung von Umleitungen oder Umwandlungsdefinitionen)
- Deklaration von Zugriffslisten (das eigentliche Regelwerk von SquidGuard)

Die ggf. nötigen Namen für Deklarationen können – vergleichbar den Squid-ACLs – aus einfachen alphanumerischen Zeichenfolgen frei gewählt werden. Ausnahme sind Schlüsselwörter. So sind nachstehende Zeichenfolgen bereits fest definiert und können nicht verwendet werden:

```
acl, anonymous, date, dbhome, dest, destination, domain,
domainlist, else, expressionlist, fri, friday, fridays, ip, log,
logdir, logfile, mon, monday, mondays, outside, pass, redirect,
rew, rewrite, sat, saturday, saturdays, source, src, sun, sunday,
sundays, thu, thursday, thursdays, time, tue, tuesday, tuesdays,
urllist, user, userlist, wed, wednesday, wednesdays, weekly,
within
```

Kommentare können wie üblich mit einem vorangestellten »#« eingefügt werden.

Längere Wertelisten können auf mehrere Zeilen verteilt werden, wenn der Typenschlüssel davor wiederholt wird:

```
... { ip 192.168.1.10 192.168.1.11 192.168.1.12 }
```

Dies kann auch geschrieben werden als:

```
... { ip 192.168.1.10
ip 192.168.1.11
ip 192.168.1.12
}
```

Verzeichnisdeklaration

Es können die Pfade für das Protokollverzeichnis (`logdir`) und das Datenbankverzeichnis (`dbhome`) angegeben werden.

Die Angabe ist nicht erforderlich. Erfolgt keine Angabe, werden die Pfade benutzt, die während der Installation einkompiliert wurden. Das u.g. Beispiel zeigt die Standardverzeichnisse. Zur besseren Übersicht sollten die Pfade immer angegeben werden.

Alle später definierten Log- und Datenbankverzeichnisse werden i.d.R. relativ zu diesen Angaben angegeben.

Beispiel:

```
logdir /usr/local/squidGuard/logs
dbhome /usr/local/squidGuard/db
```

Zeit- und Datumsdeklaration

Mittels Zeit- und Datumsdeklaration können einmalige oder wiederholbare Zeiträume definiert werden. Diese Zeiträume können später als optional zusätzliches Zeitfenster für bestimmte Regeln angefügt werden.

Die Syntax der Zeit- und Datumsdeklaration lautet:

```
time Name {
Definition1
Definition2
...
}
```

Folgende Definitionsmöglichkeiten stehen zur Verfügung:

Wochentage Wochentage werden durch den Bezeichner (`weekly`) und den anschließenden Wochentag bzw. eine Liste von Wochentagen definiert.

Die Wochentage können wahlweise wie folgt angegeben werden:

Montag:	m	mon	mondy	mondays
Dienstag:	t	tue	tuesday	tuesdays
Mittwoch:	w	wed	wednesday	wednesdays
Donnerstag:	h	thu	thursday	thursdays
Freitag:	f	fri	friday	fridays
Samstag:	a	sat	saturday	saturdays
Sonntag:	s	sun	sunday	sundays

Es kann wahlweise die geklammerte Kurzschreibweise {mtwhf} oder die Auflistung der mehr oder weniger ausgeschriebenen Namen verwendet werden: "mon tuesdays wed thursday". Welche der Schreibweise gewählt wird, ist für die Funktion belanglos. Als Kurzform für alle Wochentage {mtwhfas} kann auch ein Sternchen »*« verwendet werden.

Uhrzeiten Uhrzeiten können optional allen Tages- und Datumsdeklarationen angehängt werden.

Uhrzeiten werden im Format *hh:mm* angegeben und immer als Zeitfenster in der Form *hh:mm-hh:mm* verwendet. Wobei *hh* die Stunde im 24-Stunden-Format und *mm* die Minute definiert.

Die Uhrzeitwerte müssen immer *zweistellig* angegeben werden! Das heißt statt 8:00 *muss* 08:00 geschrieben werden.

Achtung! Führende Nullen müssen immer angegeben werden.

Datum Ein Datum wird stets vollständig ausgeschrieben mit Jahr (*YYYY*), Monat (*MM*) und Tag (*DD*) angegeben, wobei wahlweise ein Punkt oder Bindestrich zur Trennung verwendet werden kann:

YYYY.MM.DD oder *YYYY-MM-DD*

Tage können als Liste aneinander gereiht werden:

YYYY.MM.DD YYYY.MM.DD YYYY.MM.DD ...

oder als Datumsbereich mit Bindestrich getrennt werden:

YYYY.MM.DD-YYYY.MM.DD

Anstelle von Jahr, Monat und Tag kann alternativ auch ein Sternchen »*« als Platzhalter für beliebige Werte verwendet werden (**.MM.DD* oder *YYYY.*.**).

Beispiel Jeden Tag von 8:00–12:00 Uhr, Montag bis Freitag von 12:00–16:00 Uhr, Samstag und Sonntag von 12:00–14:00 Uhr

```
time Betriebszeiten {
weekly * 08:00-12:00          # Mo.-So. 8-12 Uhr
weekly {mtwhf} 12:00-16:00    # Mo.-Fr. auch 12-16 Uhr
weekly sat sundays 12:00-14:00 # Sa.+So. 12-14 Uhr
}
```

Noch ein Beispiel Alle Zeiten außer werktags (Mo.–Fr.) von 8:00–17:00 Uhr, nicht an Silvester ab 12:00 Uhr, Neujahr, Weihnachten und Ostern 2006/07, und nicht in den Werksferien (immer 1. – 31.7.):

```
time geschlossen {
weekly {mtwhf} 00:00-08:00    # Mo.-Fr. vor 8:00 Uhr
weekly {mtwhf} 17:00-24:00    # Mo.-Fr. ab 17:00 Uhr
date *.12.31 12:00-24:00      # Silvester ab 12:00 Uhr
date *.01.01                  # Neujahr (immer 1.1.)
date *.12.25 *.12.26          # Weihnachten (25.+26.12.)
date 2006.04.14 2006.04.17    # K-Freitag und Ostermontag 2006
date 2007.04.06-2007.04.09    # K-Freitag bis Ostermontag 2007
date *.07.*                   # Werksferien (immer 1.-31.7.)
}
```

Clientgruppen-Deklaration

Clientgruppen stellen die Quellen der Anfragen dar (Source) und können mit dem Bezeichner source (oder in der Kurzform src) zusammengestellt werden. Zusätzlich kann optional mit dem Bezeichner within oder outside der Name einer Zeitdeklaration angehängt werden, innerhalb der (within) oder außerhalb der (outside) die Clientgruppe Gültigkeit besitzt. Ist eine Zeitdeklaration angehängt, kann zusätzlich noch eine ausweichende Clientgruppe mit else angehängt werden, die außerhalb der Zeitdeklaration gilt.

Die Syntax hierfür lautet:

```
source|src Gruppen_Name [within|outside Zeit_Name] {
Definition1
Definition2
...
} [ else {
Definition3
Definition4
```

...
}]

Für die Definition der Clientgruppen stehen folgende Definitionsmöglichkeiten zur Verfügung:

IP-Adressen   IP-Adressen können mit dem Bezeichner `ip` als Host- oder Netzadresse in allen gängigen Schreibweisen angegeben werden.
Beispiele:

```
ip 192.168.32.10
ip 192.168.33.1 192.168.33.2
ip 172.16.1.20-172.16.1.50
ip 192.168.10.0/24 192.168.11.0/24
ip 10.2.0.0/255.255.0.0
```

Alternativ kann mit dem Bezeichner `iplist` auf eine Datei verwiesen werden, die ip-Definitionen ohne vorangestellten Bezeichner enthält.
Beispiel:

```
iplist /etc/squidGuard/myip.txt
iplist listen/myip.txt
```

Relative Pfadangaben werden relativ zum Verzeichnis dbhome ausgewertet.
Die Datei *myip.txt* könnte dabei beispielhaft wie folgt aussehen:

```
192.168.35.1
192.168.35.2
192.168.35.3
172.16.1.0/24
172.16.2.0/24
```

Domänen   Domänennamen können mit dem Bezeichner `domain` definiert werden. Hierbei ist eine Domäne (DNS-Zone) gemeint, die sich ggf. aus einer Rückwärtsauflösung der IP-Adresse des Clients ergibt, sofern dies möglich ist. Hier muss Squid entsprechend konfiguriert sein.
Beispiel:

```
domain mydom.org
```

Benutzer Benutzernamen können mit dem Bezeichner user definiert werden, sofern eine ident-Abfrage nach RFC 931 möglich ist. Hierzu muss Squid ident-Lookups durchführen.

Mit dem Bezeichner userlist kann die Liste der Benutzer zur besseren Übersicht in einer externen Datei ausgegliedert werden.

Beispiel:

```
user albert berta caesar
userlist listen/myusers.txt
```

Logdateiangabe Mit den Bezeichnern logfile oder kurz log kann eine auf diese Gruppe bezogene Protokolldatei erzeugt werden. Mit der Option anonymous kann das Protokoll bereits während der Erstellung anonymisiert werden. Relative Pfadangaben werden relativ zu logdir ausgewertet.

Beispiel:

```
log /etc/squidGuard/mylist.log
logfile mylist.log
log anonymous spezial/anonym.log
```

Beispiel Die Gruppe Einkauf mit den Benutzern Albert, Berta und Caesar arbeitet zu den Bürozeiten im Class-C-Netz 192.168.12.0/24. Die Zugriffe werden anonymisiert in der Datei einkauf.log im globalen Protokollverzeichnis logdir protokolliert. Der Benutzer Albert kann als Teamleiter auch außerhalb der Bürozeiten an seinem PC mit der IP-Adresse 192.168.12.102 weiter arbeiten.

Die Clientgruppendeklaration hierzu könnte wie folgt aussehen:

```
src einkauf within buerozeiten {
  ip 192.168.12.0/24
  user albert berta caesar
  log anonymous einkauf.log
} else {
  ip 192.168.12.102
  user albert
}
```

Sind unterschiedliche Typen definiert, werden diese UND-verknüpft. Das heißt, es muss mindestens ein Element von jedem definierten Typ zutreffen. Haben Sie wie im Beispiel ip und user definiert, so muss sowohl eine der definierten IP-Adressen wie auch einer der definierten Benutzer zutreffen. Die IP-Adresse *oder* ein Benutzer allein reichen *nicht* aus!

Zielgruppendeklaration

Die Zielgruppen (Destination) beziehen sich auf den angefragten URL. Die hier definierten Listen werden auch allgemeinhin als Filterlisten, Blocklisten oder englisch als Blacklists bezeichnet. Da diese i. d. R. recht umfangreich sind, werden sie auch nur als externe Dateien eingebunden.

Die Syntax hierfür lautet:

```
destination|dst Gruppen_Name [within|outside Zeit_Name] {
Definition1
Definition2
...
} [ else {
Definition3
Definition4
...
} ]
```

Für die Definition der Zielgruppen stehen folgende Definitionsmöglichkeiten zur Verfügung:

Domänenlisten Mit dem Bezeichner domainlist wird eine Datei bestimmt, die als Quelle für die Domänendatenbank für diese Zielgruppe genutzt wird. Aus dieser Datei wird zur schnelleren Verarbeitung eine Datenbank mit gleichen Namen und der Endung .db erzeugt.

Jeder Domäneneintrag gilt auch für alle Subdomänen. Ein vorangestellter Punkt wie bei Squid-ACLs ist hier *nicht* erforderlich.

Beispiel:

```
domainlist blacklist/mylist.domain
```

Der Inhalt der Datei mylist.domain könnte wie folgt aussehen:

```
adserver.com
ads.werbefirma.de
noch-eine-domain.eu
...
```

URL-Listen Mit dem Bezeichner `urllist` wird eine Datei bestimmt, die als Quelle für die URL-Datenbank für diese Zielgruppe genutzt wird. Aus dieser Datei wird zur schnelleren Verarbeitung eine Datenbank mit gleichem Namen und der Endung .db erzeugt.

Für die Angabe des URL werden nur der Domänenteil und der Pfadteil der URL ausgewertet.

Das heißt, der vorangestellte Protokolltyp (`http://`, `ftp://`), der Hostname, sofern er `www`, `ftp` oder `web` mit ggf. angehängten Ziffern, die Portnummer des Servers (`:82`, `:8080`, ...) und der ggf. abschließende Dateiname (`/index.html`, `/ask.cgi`) werden ignoriert.

Aus *http://www2.mydom.org:8080/demo/default.gif* wird als Listeneintrag ein schlichtes mydom.org/demo. Dieser Eintrag würde ebenso treffen auf *ftp://ftp.mydom.org/demo/lists/*, aber *nicht* auf *http://www.sub.mydom.org/demo/* .

Beispiel:

```
urllist blacklist/mylist.url
```

Der Inhalt der Datei mylist.url könnte wie folgt aussehen:

```
mydom.org/demo/lists
sub.mydom.org/demo
myserver.org/~private
...
```

Listen regulärer Ausdrücke Mit dem Bezeichner `expressionlist` wird eine Datei bestimmt, die reguläre Ausdrücke für diese Zielgruppe enthält. Die Verarbeitung von regulären Ausdrücken ist deutlich aufwändiger, da hieraus keine schnelle Suchdatenbank mit statischen Einträgen erstellt werden kann.

Beispiel:

```
expressionlist blacklist/mylist.expression
```

Der Inhalt der Datei mylist.expression könnte wie folgt aussehen:

```
(adult|adultsonly|adultweb|pornstar|sexdream|striptease)
(^|[-.\?+=/_0-9])(cyber|new|real|young)(girl|virgin)s?
(site|surf|web)?([-.\?+=/_0-9]|$)
...
```

Umleitungsregel (Redirect) Mit dem Bezeichner `redirect` kann eine Umleitungsseite speziell für diese Zielgruppe bestimmt werden. Die Umleitungsseite wird verdeckt als direkte Ersetzung des ursprünglichen URL an Squid zurückgegeben. Dem Client kann mit einem vorangestellten HTTP-Code 301 (moved permanently) oder 302 (moved temporarily) mitgeteilt werden, dass die Seite umgeleitet wurde.

Als Umleitungsseite kann auch ein intelligentes CGI-Skript verwendet werden. Diesem können wichtige Informationen wie z. B. IP-Adresse des Client, Name der zutreffenden Zielgruppe oder der umgeleitete URL mitgegeben werden. Hier eine Auflistung der möglichen Übergabevariablen:

%a enthält die IP-Adresse des Client.
%n enthält ggf. den Domänennamen des Client oder »unknown«, wenn dieser nicht ermittelt werden konnte.
%i enthält den Benutzernamen aus einer Ident-Abfrage nach RfC931 oder »unknown«.
%s enthält den Namen der Clientgruppe (Source) oder »unknown«.
%t enthält den Namen der Zielgruppe (Destination) oder »unknown«.
%u enthält den ursprünglich angefragten URL.
%p enthält den URI der Anfrage, d. h. den Pfad bis zum Objekt und ggf. die Anfrageoptionen.
%% gibt das sonst belegte Prozentzeichen zurück »%«.

Beispiel:

```
redirect http://192.168.32.12/block.cgi?destgroup=%t&url=%u
redirect 301:http://test.mydomain.org/block.cgi?url=%u
```

Logdateiangabe Mit den Bezeichnern `logfile` oder kurz `log` kann eine auf diese Gruppe bezogene Protokolldatei erzeugt werden. Mit der Option `anonymous` kann das Protokoll bereits während der Erstellung anonymisiert werden. Relative Pfadangaben werden relativ zu `logdir` ausgewertet.

Beispiel:

```
log /etc/squidGuard/blacklist.log
logfile blacklist.log
log anonymous spezial/anonym.log
```

Beispiel Im Verzeichnis *games/* unterhalb von `dbhome` sind Filterlisten für Online-Spiele hinterlegt. Zugriffe auf Online-Spiele sollen mit einer sichtbaren Umleitung auf eine Sperrseite (*blockgames.htm*) verwiesen werden. Alle Zugriffe auf diese Seiten sollen in einer eigenen Logdatei (*games.log*) protokolliert werden:

```
dst games {
games/domains
games/urls
games/expressions
redirect 301:http://192.168.32.12/blockgames.htm
logfile games.log
}
```

Jede der angegebenen Datenbankquellen muss mindestens einen Eintrag enthalten. Wird eine leere Datei angegeben, wird die gesamte Gruppe ignoriert.

Sind unterschiedliche Typen definiert, werden diese ODER-verknüpft. Das heißt, es muss mindestens ein Element von einem definierten Typ zutreffen, also eine Domäne *oder* ein URL *oder* ein regulärer Ausdruck.

Vordefinierte Zielgruppen Neben den frei definierbaren Gruppen gibt es auch einige bereits standardmäßig vordefinierte:

in-addr Definiert beliebige IP-Adressen im Host- und Domänenteil der URL.
any|all Wahlweise any oder all, definiert ein beliebigen URL.
none Definiert *kein* URL. Entspricht also einem !any oder !all.

Ersetzungsregel-Deklaration (Rewrite-Regeln)

SquidGuard kann nicht nur einfach Seiten blocken und auf eine Fehlerseite umleiten, es können auch komplexe Ersetzungen vorgenommen werden. So kann z. B. für Zugriffe auf einen bestimmten Server transparent ein lokaler Spiegel verwendet werden, indem die URLs auf diesen Server entsprechend durch die lokalen URLs ersetzt werden.

Die Syntax hierfür lautet:

```
rewrite|rew Gruppen_Name [within|outside Zeit_Name] {
Ersetzungsregel1
Ersetzungsregel2
...
} [ else {
Ersetzungsregel3
Ersetzungsregel4
```

```
...
} ]
```

Ersetzungsregeln werden sed-typisch angegeben. Ein typisches Ersetzungskommando hat demnach folgende Syntax:

```
s@dies@das@[irR]
```

wobei *dies* ein regulärer Ausdruck ist, der durch *das* ersetzt werden soll. Optional können folgende Parameter angegeben werden:

i Groß-/Kleinschreibung im regulären Ausdruck wird ignoriert. Normalerweise wird nach Groß-und Kleinschreibung unterschieden.
r Die Ersetzung wird nicht transparent vorgenommen. Der Client wird mit HTTP-Code »302 – Moved Temporarily« informiert.
R Die Ersetzung wird nicht transparent vorgenommen. Der Client wird mit HTTP-Code »301 – Moved Permanently« informiert.

Mit dem Bezeichner `logfile` oder kurz `log` kann wie bei Client- und Zielgruppen eine Protokolldatei speziell für diese Ersetzungsgruppe angelegt werden.

Beispiel Einige Downloads von OpenOffice.org werden lokal vorgehalten. Alle Downloads für diese Dateien sollen transparent auf den lokalen Server umgeleitet werden:

```
rewrite office {
s@.*/OOoWin32.exe$@http://web.mydom.org/OOoWin32.exe@i
s@.*/OOoLinux.tar.gz$@http://web.mydom.org/OOoLinux.tar.gz@i
}
```

Zugriffsregeln (ACLs)

Die Zugriffsregel (ACL) kombiniert die o.g. Deklarationen zum eigentlichen Regelwerk des Webfilters. Der ACL-Block ist in der Konfiguration nur *einmal* vorhanden, in ihm werden *alle* Regeln definiert.
Die Syntax für ein Regelwerk lautet:

```
acl {
[ Clientgruppe1 [within@outside Zeiten1] {
pass [!]Zielgruppe1
[pass [!]Zielgruppe2]
...
[rewrite|rew Ersetzungsregel1]
[redirect [301:|302:]redirect_url1]
```

```
                }
                [ else {
                pass [!]Zielgruppe3
                [pass [!]Zielgruppe4]
                ...
                [rewrite|rew Ersetzungsregel2]
                [redirect [301:|302:]redirect_url2]
                } ] ]
                [ Clientgruppe2 [within@outside Zeiten2] {
                pass [!]Zielgruppe5
                [pass [!]Zielgruppe6]
                ...
                } ]
                default {
                pass [!]Zielgruppe7
                ...
                [redirect [301:|302:]redirect_url3]
                }
        }
```

Filterregeln (pass) Mit dem Bezeichner pass wird bestimmt, welche Zielgruppe zulässig ist und welche geblockt (umgeleitet) werden soll. Jede Zielgruppe hinter einem pass wird grundsätzlich erlaubt. Mit einem vorangestellten Ausrufezeichen (!) wird die Zielgruppe geblockt (d. h. mittels der Umleitungsdeklaration (redirect) umgeleitet). Wird eine Blockregel (mit vorangestelltem Ausrufezeichen) verwendet, muss auch eine Umleitung (redirect) deklariert sein.

Beispiel:

```
pass erlaubt
pass !verboten
```

Umleitungsregeln (redirect) Mit einer Umleitungsregel wird bestimmt, was mit Anfragen aus geblockten Zielgruppen passiert. Diese werden entsprechend der Umleitungsregel (i. d. R. auf eine Fehlerseite oder ein CGI-Skript) umgeleitet.

Die hier angegebene Umleitungsregel tritt für alle geblockten Zielgruppen in Kraft, für die *keine* eigene Umleitungsregel innerhalb der Zielgruppe definiert wurde.

Die Syntax für eine Umleitung wurde bereits bei den Zielgruppen (Seite 249) beschrieben.

Standardregel (default) Mit dem Bezeichner `default` werden die Regeln für eine Standard-Clientgruppe definiert. Diese Gruppe enthält alle Clienten, die nicht in einer eigenen Clientgruppe deklariert wurden.

Beispiel:

Das absolute Minimum an Regelsatz zum Test von SquidGuard (ohne Filterlisten).

```
acl {
default {
pass all
} }
```

22.4.2 Vorbereitung der Datenbanken

SquidGuard wird i.d.R. durch Squid gestartet, wenn dieser den Redirector startet. Alle Signale, die an Squid gesendet werden, reicht dieser auch an SquidGuard durch (z. B. ein HUP zur Rekonfiguration). Somit ist ein expliziter Aufruf von SquidGuard nicht zwingend erforderlich.

Bei jedem Start bzw. bei einer Rekonfiguration mit veränderten Listen muss SquidGuard zuerst seine Datenbanken für Domänen und URLs aus den Listendateien erzeugen. Je nach Umfang der Listen kann dies einige Sekunden bis mehrere Minuten dauern. In dieser Zeit kann SquidGuard keine Anfragen bearbeiten.

Bei einer Rekonfiguration im laufenden Betrieb kann dies zu störenden Verzögerungen führen. SquidGuard bietet hierzu Möglichkeiten, die Datenbanken quasi »offline« zu erstellen und dann mit einer Rekonfiguration einzulesen.

Hierzu bietet SquidGuard zwei Möglichkeiten.

Erzeugen einer Datenbank

Mit dem Befehl

```
squidguard -C Listendatei
```

oder

```
squidguard -C all
```

wird aus der Textdatei *Listendatei* im selben Verzeichnis eine Domänen- oder URL-Datenbank erzeugt. Der Dateiname kann dabei relativ (bezogen auf dbhome) oder absolut (mit führendem /) angegeben werden.

Wird anstelle eines Dateinamens das Schlüsselwort **all** angegeben, so werden alle in der Konfigurationsdatei squidguard.conf angegebenen Listendateien in die jeweilige Datenbankdatei übersetzt.

Die erzeugten Datenbankdateien enden jeweils auf .db .

Update einer Datenbank

Alternativ können Änderungen an den Datenbanken auch zur Laufzeit vorgenommen werden.

Hierzu müssen die Änderungen an einer Datenbank im diff-Format vorliegen. Die Datei mit den Änderungen muss im selben Verzeichnis wie die Datenbank liegen, den gleichen Namen haben und auf .diff enden.

Mit dem Befehl

```
squidguard -u
```

werden alle Änderungen zur Laufzeit, ohne Störung des Betriebs übernommen, und die diff-Dateien werden anschließend aus dem Verzeichnis gelöscht.

23 Konfiguration von Webclients

Im Folgenden finden Sie für die gängigsten Browser eine kurze Beschreibung, wo und wie im Browser ein Proxyserver konfiguriert wird, und, falls nötig, einige Hinweise auf Besonderheiten des Browsers.

23.1 Microsoft Internet Explorer

Die folgende Beschreibung ist anhand des Internet Explorers 6.0 unter Windows 2000 erstellt.

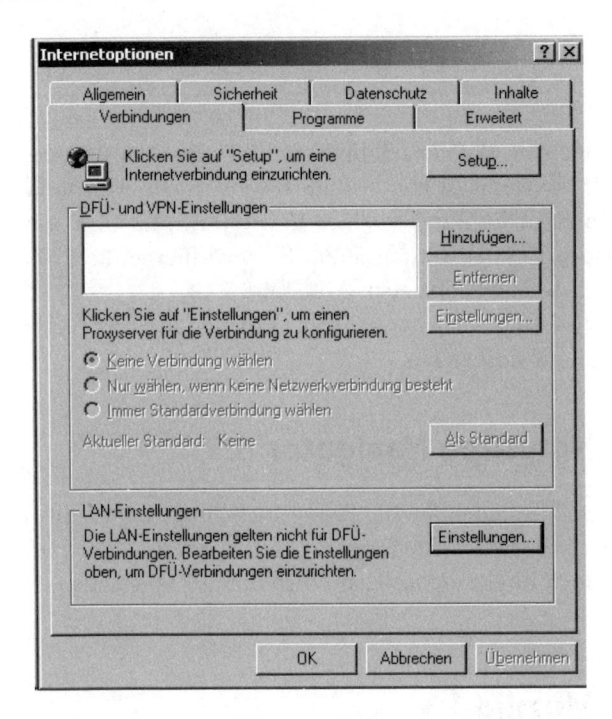

Abbildung 23.1
Internet Explorer: Internetoptionen

Im Menü *Extras — Internetoptionen... — Verbindungen* (Abbildung 23.1) finden Sie unter LAN-Einstellungen das entsprechende Feld für den Eintrag des Proxyservers.

Haken Sie die Felder *Proxyserver für LAN verwenden...* und ggf. *Proxyserver für lokale Adresse umgehen* an.

Geben Sie als Adresse den Namen bzw. die IP-Adresse Ihres Proxyservers ein. Unter Port wird der HTTP-Port des Proxys (Standard 3128) angegeben.

Abbildung 23.2
Internet Explorer: LAN-Einstellungen

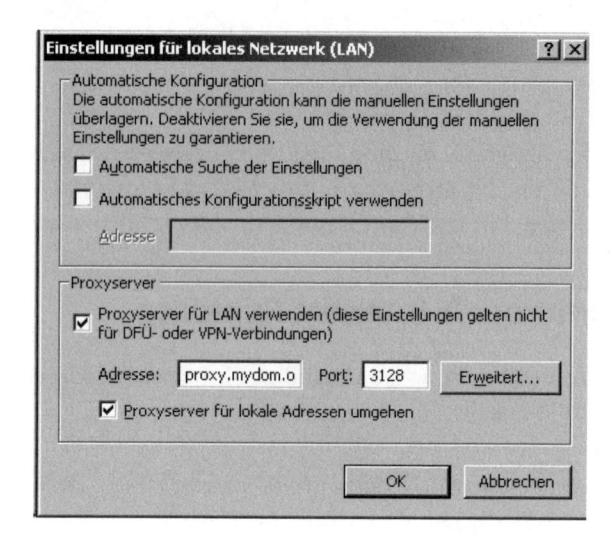

Bestätigen Sie alle Einstellungen mit OK. Ein Neustart des Browsers oder Betriebssystems ist hier ausnahmsweise nicht erforderlich.

Der Internet Explorer vor der Version 5.5 hat u. a. einen Bug in der Funktion Reload/Aktualisieren. Es wird hierbei kein »Pragma nocache« mitgesendet (siehe auch Abschnitt 5.14).

Es ist also empfehlenswert, einen aktuellen Internet Explorer ab der Version 5.5. zu verwenden.

23.2 Netscape Navigator 6/7

In Netscape 7.0 finden Sie die Proxyeinstellungen ebenfalls unter dem Menü *Bearbeiten — Einstellungen... — Erweitert — Proxys*. Hier können Sie jedoch direkt die nötigen Einstellungen vornehmen (Abbildung 23.3).

23.3 Mozilla 1.x

Hier nun ein Beispiel für Mozilla 1.1 unter Linux/KDE3 in Englisch.

Mozilla entspricht im Layout noch weitgehend dem Netscape 6.x. Sie finden also auch die Proxy-Einstellungen an der gleichen Stelle (hier

einmal in Englisch, Abbildung 23.4):
Menü: *Edit — Preferences... — Advanced — Proxys*

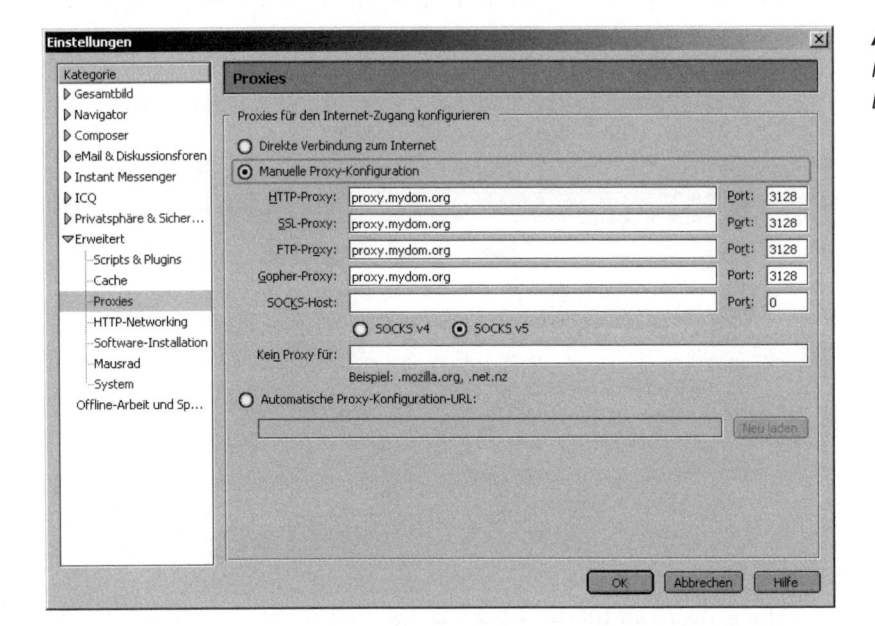

Abbildung 23.3
Netscape 7:
Einstellungen/Proxys

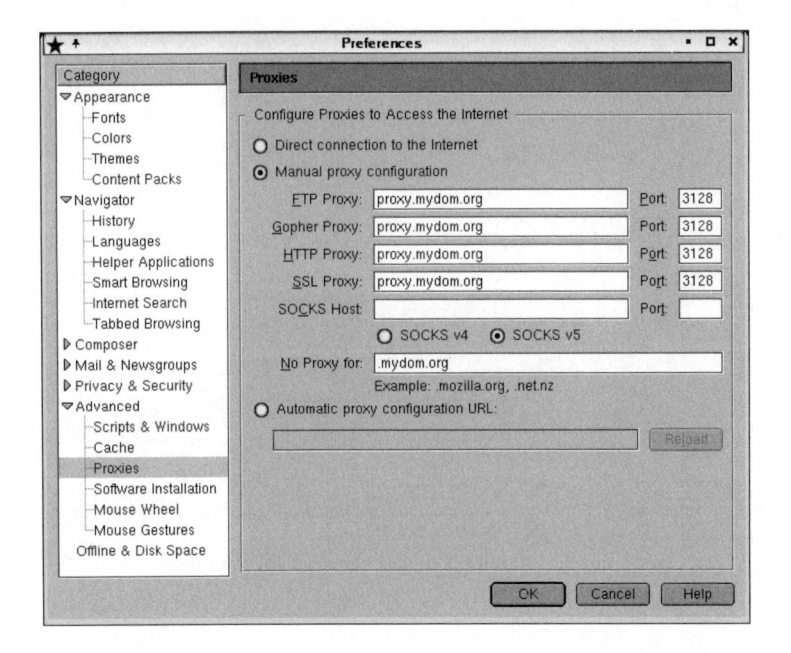

Abbildung 23.4
Mozilla 1:
Einstellungen/Proxys

23.4 Firefox 1.5

Im Firefox 1.5 finden Sie die Proxyeinstellungen unter dem Menü *Bearbeiten — Einstellungen* im ersten Reiter *Allgemein*:

Abbildung 23.5
Firefox 1.5:
Einstellungen

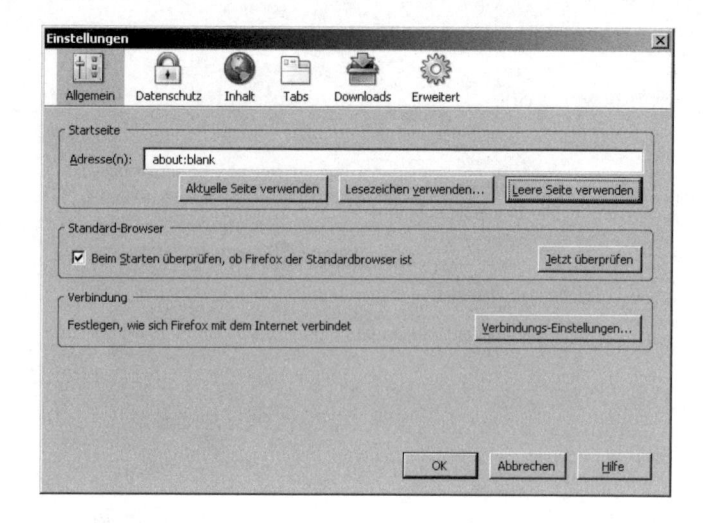

Unter der Schaltfläche *Verbindungs-Einstellungen* ... finden Sie die entsprechenden Eingabefelder:

Abbildung 23.6
Firefox: Verbindungs-Einstellungen

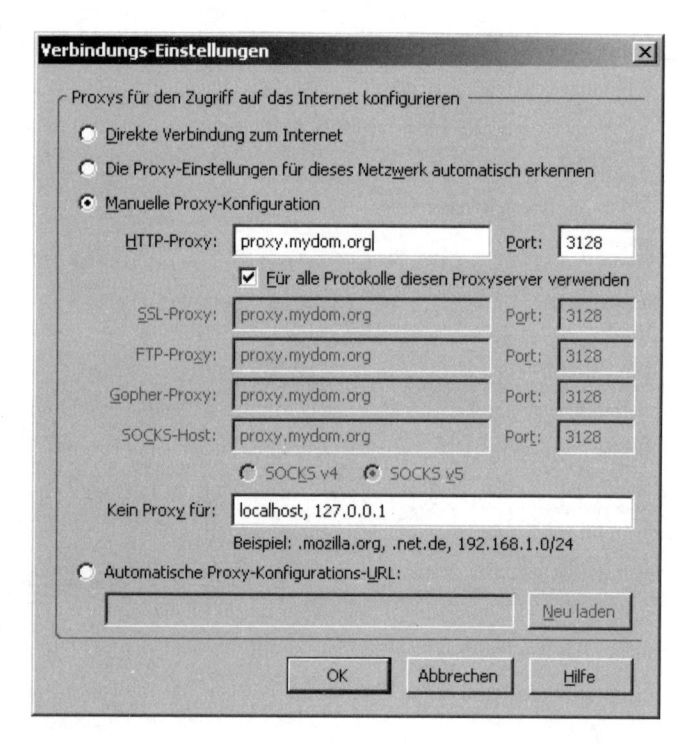

Im Auswahlfeld »Manuelle Proxy-Konfiguration« stehen Ihnen die Felder für Proxyserver und Port zur Verfügung.

23.5 Opera 8.5

In Opera 8.5 für Windows finden Sie die Einstellungen im Menü *Datei — Einstellungen...* oder mit der Tastenkombination [Alt] + [P]:

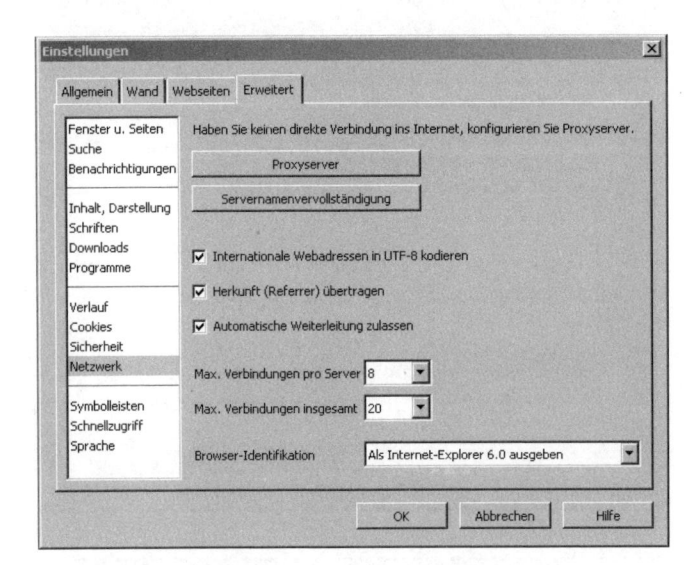

Abbildung 23.7
Opera: erweiterte Einstellungen

Im linken Auswahlmenü finden Sie dann den Menüpunkt *Netzwerk* und hier den Button *Proxyserver* (Abbildung 23.8).

Bei Opera muss nach wie vor jedes Protokoll einzeln ausgefüllt werden. Eine Zusammenfassung zu einem Eintrag gibt es hier nicht.

23.6 Konqueror

Das folgende Beispiel bezieht sich auf Konqueror 3.0 unter Linux/KDE3.

Gehen Sie im Menü auf *Einstellungen — Konqueror einrichten ...*, um in das Einstellungsmenü zu gelangen.

Hier wählen Sie links die Kategorie »Proxy-Server« aus (Abbildung 23.9).

Kreuzen Sie »Proxy verwenden« an, um weitere Einstellungen vornehmen zu können.

Wählen Sie im Kasten »Einrichtung« die »Benutzerdefinierten Einstellungen«, und klicken Sie rechts daneben auf die Schaltfläche [Einrichtung].

23 Konfiguration von Webclients

Abbildung 23.8
Opera: Proxyserver

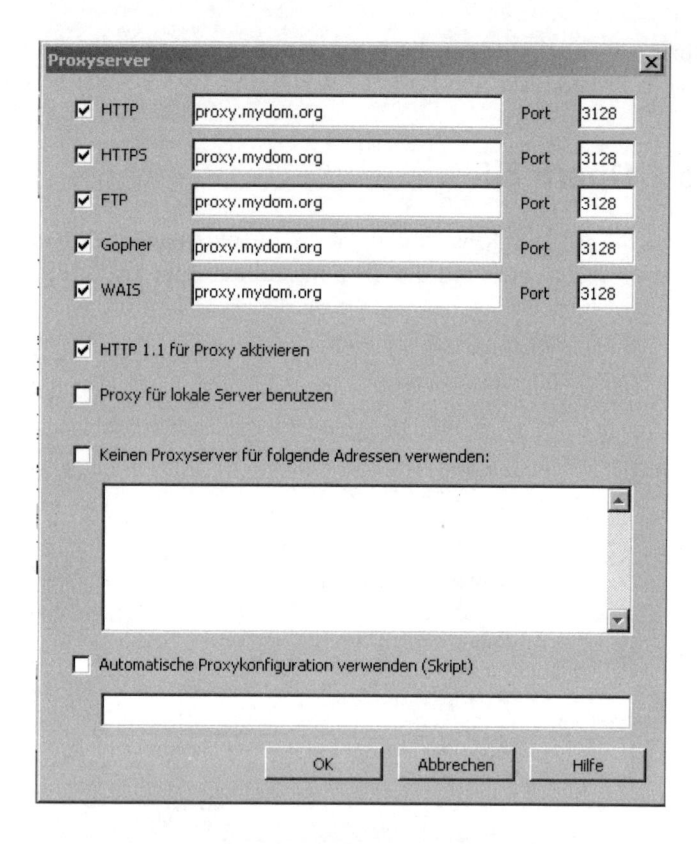

Abbildung 23.9
Konqueror 3: Einstellungen

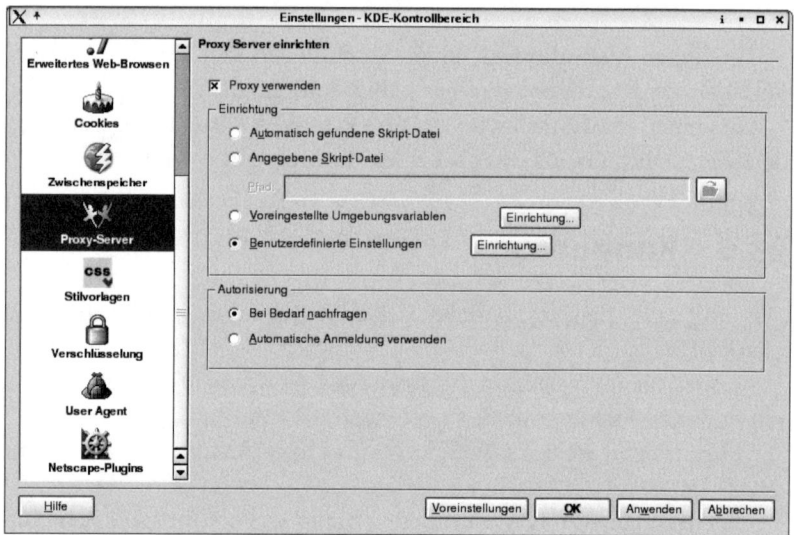

Hier können Sie nun für HTTP, HTTPS und FTP die Proxy-Einträge vornehmen (Abbildung 23.10).

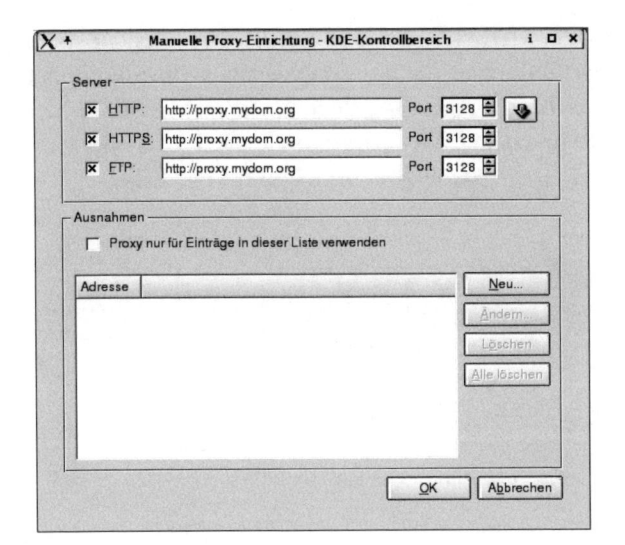

Abbildung 23.10
Konqueror 3:
Proxy-Einrichtung

Beachten Sie dabei, dass Sie für Squid als Proxyserver *immer* den Protokolltyp `http://` verwenden!

Die Vorgabe im Konqueror sieht hier auch Protokolltypen wie `https://` oder `ftp://` vor. Diese Einstellungen müssen für Squid auf `http://` geändert werden.

23.7 Safari-Webbrowser

Die Konfiguration der Proxys für Safari und Camino befinden sich im Betriebssystem Mac OS zentral bei den Systemeinstellungen unter *Netzwerk*.

Aus Safari heraus kommt man auch direkt zu diesen Einstellungen, indem man unter *Safari — Einstellungen* den Reiter *Erweitert* auswählt und dort auf den Knopf *Einstellungen ändern...* hinter *Proxys:* klickt.

Abbildung 23.11
Safari-Browser:
Einstellungen

23 Konfiguration von Webclients

Unter dem vierten Reiter *Proxys* der Netzwerkeinstellungen sind die Proxyeinstellungen für die verschiedenen Protokolle getrennt einstellbar. Hier ist z. B. die Checkbox *Web Proxy (HTTP)* zu aktivieren, und der entsprechende Webproxy sowie der Port sind einzutragen. Im Beispiel sind es »proxy.mydom.org« und Port »3128«.

Abbildung 23.12
Mac:
Netzwerkeinstellungen

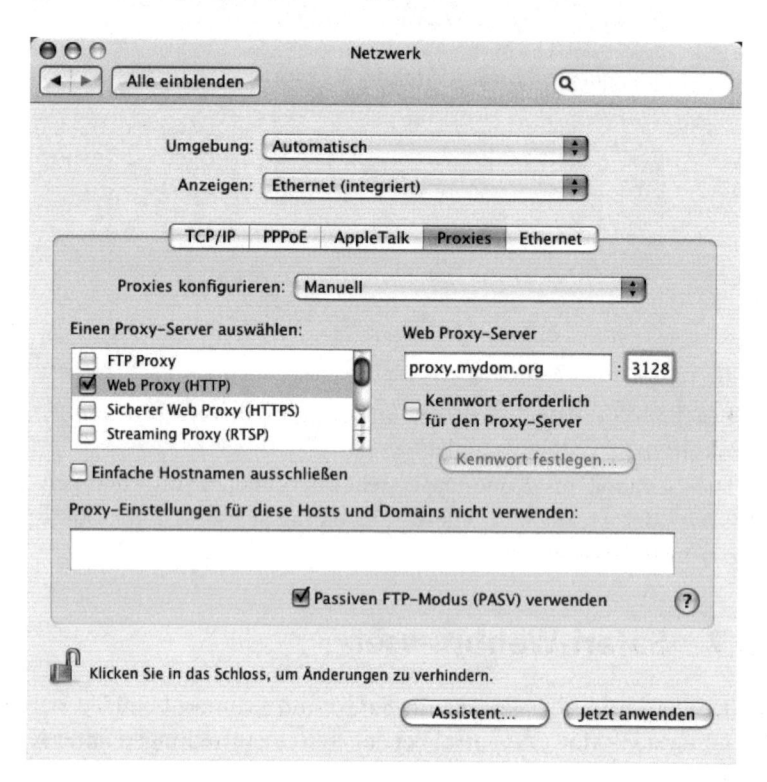

23.8 Palm Blazer 4.0

Nicht so verbreitet, aber doch proxyfähig und durch WLAN und Bluetooth auch immer häufiger in lokalen Netzen zu finden sind PDAs. So findet man auch im Browser »Blazer« von Palm – etwas versteckt – eine Einstellmöglichkeit für Proxyserver.

Tippen Sie dazu im Blazer-Menü unter *Optionen — Einstellungen ... — Erweitert* ganz unten rechts auf den Button *Proxy einr.*:

Erst nachdem hier der Haken für *Proxy verwenden* gesetzt wurde, erscheinen auch die Eingabefelder für den Proxyserver und Anschluss.

23.9 Lynx

Lynx ist ein textbasierter Browser, der meist als Testbrowser unter Linux/Unix verwendet wird, um auch von einer einfachen Konsole oder einem Terminal aus den Zugang zu testen oder schnell Informationen aus dem Internet zu laden und zu lesen.

Lynx verwendet Umgebungsvariablen für die Proxy-Einstellungen. Diese können Sie unter Linux (bash) – für jedes Protokoll einzeln – recht einfach setzen, und zwar mit den Befehlen:

```
user@local:~> export http_proxy=http://proxy.mydom.net:3128/
user@local:~> export ftp_proxy=http://proxy.mydom.net:3128/
```

23.10 Automatische Client-Konfiguration

Wenn Sie eine größere Zahl von Clients zu konfigurieren haben, kann es sehr schnell lästig werden, von Client zu Client zu laufen und die jeweiligen Konfigurationen vorzunehmen.

Für diesen Fall hat Netscape bereits 1996 eine auf JavaScript basierende Option zur automatischen Konfiguration des Browsers implementiert, die inzwischen von den meisten gängigen Browsern (inkl. Internet Explorer) übernommen wurde.

Dabei wird auf einem beliebigen Webserver im Netz ein entsprechendes Skript (als einfache Datei zum Download) hinterlegt. Im Browser wird dann nur noch der URL dieses Objekts eingetragen. Sowie der Browser gestartet wird, wird als Erstes nach diesem Objekt gefragt und das entsprechende Skript vom Browser geladen.

Eine solche *Proxy Auto Configuration* (PAC) hat mehrere wichtige Vorteile:

- ❑ Zentrale Konfiguration aller Clients.
  Durch das zentrale Vorhalten einer Konfigurationsdatei ist eine einfache und schnelle Anpassung der Browser-Konfiguration möglich.
- ❑ Ausfallsicherheit.
  PAC bietet die Möglichkeit, mehrere Proxyserver einzutragen und so schon im Browser eine Ausfallsicherheit zu schaffen.
- ❑ Lastverteilung.
  Sie können über eine PAC die Last ohne zusätzliche Komponenten über mehrere Proxyserver verteilen.
- ❑ Flexiblere Konfigurationen.
  Durch die Skriptprogrammierung können Sie flexiblere Konfigurationen bereits im Browser realisieren.

23.10.1 Auto-Config-Script (proxy.pac)

Die *Proxy Auto Configuration* (PAC) besteht aus einem JavaScript-Code, der im Wesentlichen durch die Definition einer Funktion bestimmt wird:

```
function FindProxyForURL(url, host)
{
...
}
```

url ist der vom Browser an die Funktion übergebene URL, host beinhaltet den aus dem URL extrahierten Host-Namen des Ziel-Servers.

Die Funktion gibt als Rückgabewert die Proxy-Konfiguration an den Browser. Als Rückgabewerte können definiert werden:

- DIRECT – Die Anfrage soll direkt ausgeführt werden.
- PROXY – Host-Name und Port des zu verwendenden Proxyservers.
- SOCKS – Host-Name und Port des zu verwendenden Socks-Servers.

Speichern Sie das Skript mit der Endung ».pac« ab. Die Datei sollte *nur* die entsprechende Funktion *ohne* weitere Formatierungen (oder z. B. HTML-Code) enthalten.

Weiterhin gibt es mehrere vordefinierte Funktionen, die in der Dokumentation zu *Proxy Auto Configuration* bei Netscape zu finden sind:

```
http://wp.netscape.com/eng/mozilla/2.0/relnotes/demo/
proxy-live.html
```

Die Funktionen werden hier nicht noch einmal im Detail beschrieben. Hier aber ein paar Anwendungsbeispiele:

Einfacher Proxy

Beispiel 1 (einfacher Proxy):
Einfacher Proxy-Eintrag für »proxy.mydomain.org« Port 3128. Es wird für *alle* Anfragen der hier genannte Proxy verwendet.

```
function FindProxyForURL(url, host)
{
return "PROXY proxy.mydomain.org:3128";
}
```

Ausfallsicherheit durch Reserve-Proxy

Beispiel 2 (Ausfallsicherheit durch Reserve-Proxy und direkte Zugriffe):
Proxy-Eintrag »proxy1.mydomain.org« Port 3128 wird für alle Anfragen verwendet. Wenn dieser nicht verfügbar ist, wird »proxy2.mydomain.org« Port 3128 verwendet. Ist dieser ebenfalls nicht

erreichbar, wird der Browser versuchen, das angefragte Objekt direkt zu holen.

```
function FindProxyForURL(url, host)
{
return "PROXY proxy1.mydomain.org:3128; " +
"PROXY proxy2.mydomain.org:3128; " +
"DIRECT";
}
```

Lokaler Zugriff ohne Proxy

Beispiel 3 (für lokale Zugriffe keinen Proxy verwenden):
Alle Anfragen, die keinen vollständigen Domainnamen haben (z. B. »PC_125« oder »localhost«) oder die der lokalen Domain »mydomain.org« angehören, werden vom Browser direkt ausgeführt. Für alle anderen Anfragen wird der Proxy-Eintrag »proxy.mydomain.org« Port 8080 verwendet.

```
function FindProxyForURL(url, host)
{ if (isPlainHostName(host) ||
dnsDomainIs(host, ".mydomain.org"))
return "DIRECT";
else
return "PROXY proxy.mydomain.org:8080";
}
```

23.10.2 Einrichtung des Webservers

Als Webserver kann jeder beliebige Standard-Webserver dienen. Die Skript-Datei wird wie eine gewöhnliche HTML-Datei, jedoch mit der Endung ».pac« abgelegt. Wichtig ist, dass der Webserver auch den korrekten MIME-Typ für die »*.pac«-Datei im Header sendet. Der korrekte MIME-Typ lautet:

```
application/x-ns-proxy-autoconfig
```

Wie Sie kontrollieren, ob der MIME-Typ in Ihrem Webserver definiert ist oder wie Sie diesen einstellen, entnehmen Sie bitte der Dokumentation Ihres Webservers.

Bei größeren Netzen sollten Sie darauf achten, dass Sie einen Webserver auswählen, der zum einen ausfallsicher ist und zum anderen auch langfristig zur Verfügung steht. Wenn sich der Webserver (und damit der URL der Proxy Auto Configuration) ändert, müssen Sie auch wieder jeden Client anpassen.

23.10.3 Einrichtung der Clients

Die Einrichtung der Clients erfolgt ähnlich wie bei den Proxy-Einstellungen weiter oben in diesem Kapitel. Sie finden meist im gleichen Menü auch eine Einstellmöglichkeit für die Auto-Konfiguration. Hier tragen Sie den URL Ihrer PAC-Datei ein.

Beispiel:
Bei Microsoft Internet Explorer 6.x finden Sie im Menü *Extras — Internetoptionen... — Verbindungen* unter *LAN-Einstellungen* das entsprechende Feld »Automatisches Konfigurationsskript verwenden« (Abbildung 23.13).

Bei Netscape 6.x/7.x und Mozilla 1.x finden Sie im Menü *Bearbeiten — Einstellungen... — Erweitert — Proxys* die entsprechenden Felder (Abbildung 23.14).

Auch Opera und Konqueror haben entsprechende Eingabefelder in ihren Proxy-Einstellungen.

Abbildung 23.13
Internet Explorer 6.x: PAC

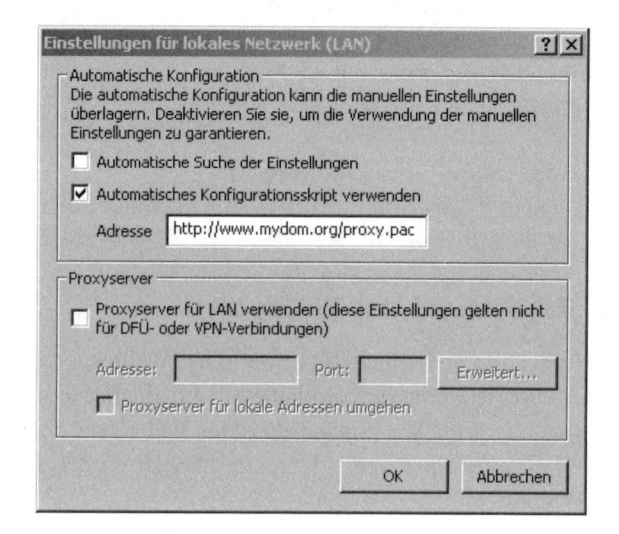

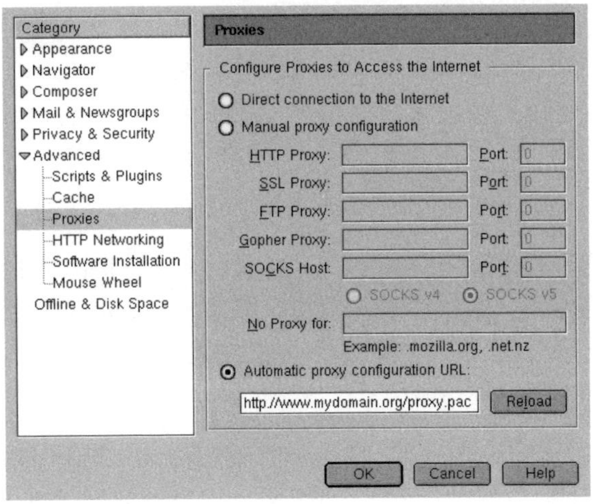

23.10 Automatische Client-Konfiguration

Abbildung 23.14
Mozilla 1.x: PAC

Teil IV

Anhang

A Squid-Result-Codes

Result-Codes geben Auskunft über die Art, wie eine Anfrage bearbeitet wurde.

»TCP_«-Codes betreffen alle Anfragen über den HTTP-Port (Standard: 3128), »UDP_«-Codes betreffen Anfragen auf dem ICP-Port (Standard: 3130). Die folgende Tabelle bezieht sich auf Squid 2.

Tabelle A.1 »TCP_«-Codes

Code	Beschreibung
TCP_HIT	Eine aktuelle Kopie des angeforderten Objekts befindet sich im Cache.
TCP_MISS	Das angeforderte Objekt befindet sich nicht im Cache.
TCP_REFRESH_HIT	Das angeforderte Objekt befindet sich im Cache, hat aber den Status *stale*. Eine Anfrage beim Server ergab »304 not modified«. Das Objekt ist aktuell und kann aus dem Cache geliefert werden.
TCP_REF_FAIL_HIT	Das angeforderte Objekt befindet sich im Cache, hat aber den Status *stale*. Eine Anfrage beim Server schlug fehl. Das u. U. nicht mehr aktuelle Objekt wird aus dem Cache geliefert.
TCP_REFRESH_MISS	Das angeforderte Objekt befindet sich im Cache, hat aber den Status *stale*. Nach einer Anfrage beim Server wurde das aktuelle Objekt geliefert.
TCP_CLIENT_REFRESH_MISS	Der Client hat ein »Pragma: no-cache« oder einen ähnlichen Cache-Control-Header gesendet, so dass der Proxy das Objekt vom Server holen muss.

Fortsetzung auf der nächsten Seite

Code	Beschreibung
TCP_IMS_HIT	Der Client hat ein IMS-Request für ein Objekt gesendet, das sich im Cache befindet und *fresh* (aktuell) ist.
TCP_SWAPFAIL_MISS	Das Objekt sollte sich im Cache befinden, ist aber dort nicht verfügbar.
TCP_NEGATIVE_HIT	Das angefragte Objekt ist im Negativ-Cache, z. B. ein Objekt, für das der Server kürzlich ein »404 not found« gesendet hat. Und das für die Zeit von negative_ttl, in der Datei squid.conf nicht mehr angefragt wird.
TCP_MEM_HIT	Das angeforderte Objekt befindet sich im Cache und im RAM. Es kann ohne Plattenzugriff ausgeliefert werden.
TCP_DENIED	Für diese Anfrage wurde der Zugriff verweigert.
TCP_OFFLINE_HIT	Das angeforderte Objekt wurde im *Offline*-Modus ausgeliefert (es wird nur der Cache befragt, und es findet kein Abgleich mit externen Servern statt).
UDP_HIT	Eine aktuelle Kopie des angeforderten Objekts befindet sich im Cache.
UDP_MISS	Das angeforderte Objekt befindet sich nicht im Cache.
UDP_DENIED	Für diese Anfrage wurde der Zugriff verweigert.
UDP_INVALID	Der Client hat eine ungültige Anfrage gesendet.
UDP_MISS_NOFETCH	Nach einem Start mit »-Y« oder aufgrund häufiger Fehler werden nur noch UDP_HITs verarbeitet oder diese Meldung ausgegeben.
NONE	Wird bei Cache-Manager-Anfrage oder Fehlermeldungen ausgegeben.

B HTTP-Status-Codes

Die HTTP-Status-Codes sind in RFC 2616 definiert. Squid 2 unterstützt diese Status-Codes mit Ausnahme von 307 (Temporary Redirect), 416 (Request Range Not Satisfiable) und 417 (Expectation Failed).

Code	Text	Bedeutung
000	Used mostly with UDP traffic.	Nicht RFC-konforme Erweiterung von Squid für Anfragen ohne Status-Code.
	Informative Meldungen	
100	Continue	Der Client hat einen Teil der Anfrage erfolgreich gesendet und wird aufgefordert fortzufahren.
101	Switching Protocols	Der Client wünscht ein anderes – im Header angegebenes – Protokoll. Der Server bestätigt die Änderung.
102*	Processing	
	Client-Anfrage erfolgreich	
200	OK	Der Client hat eine erfolgreiche Anfrage gesendet. Der Server sendet hiermit das angeforderte Objekt.
201	Created	Der Client hat den Server aufgefordert, ein neues Objekt (genauer: einen URL) zu erzeugen. Der Server bestätigt die Ausführung.
202	Accepted	Der Client hat eine Anfrage gesendet, die der Server akzeptiert, aber nicht sofort verarbeitet.

Tabelle B.1
HTTP-Status-Codes

Fortsetzung auf den folgenden Seiten

Code	Text	Bedeutung
203	Non-Authoritative Information	Der Server sendet Daten, die aus einer externen Quelle (nicht von ihm selbst) stammen.
204	No Content	Der Server sendet eine Antwort mit Header, aber ohne Body. Zum Beispiel für CGI-Programme, die Informationen aus einem Web-Formular auslesen, die bereits dargestellte Seite im Browser aber nicht verändern sollen.
205	Reset Content	Der Client wird aufgefordert, die Inhalte eines Formulars zurückzusetzen.
206	Partial Content	Der Client hat mit einem Range-Header nur einen Teil eines Objekts angefordert. Der Server sendet die angeforderten Daten.
207*	Multi Status	Es gibt mehr als einen Status-Code. Im Body werden die Status-Codes aufgelistet.
Client-Anfrage weitergeleitet bzw. weitere Aktion erforderlich		
300	Multiple Choices	Für die Anfrage des Clients kommen mehrere Objekte in Betracht, z. B. Dokumente in mehreren Sprachen. Der Server kann im Body z. B. eine Auswahlliste für den Benutzer senden.
301	Moved Permanently	Das angefragte Objekt (der URL) existiert nicht mehr. Die neue Adresse ist aber bekannt und wird dem Client mitgeteilt, mit der Aufforderung diese zukünftig zu benutzen.
302	Moved Temporarily	Veraltet. Ersetzt durch Code 307.
303	See Other	Das angefragte Objekt (der URL) existiert nicht mehr. Die neue Adresse ist aber bekannt und wird dem Client mitgeteilt.
304	Not Modified	Der Client hat angefragt, ob ein bereits vorhandenes Objekt geändert wurde (If-Modified-Since). Der Server antwortet, dass das Objekt unverändert ist (Client kann seine lokale Kopie weiter nutzen).
305	Use Proxy	Der Client wird aufgefordert, das angefragte Objekt nicht vom Server, sondern über den im Header angegebenen Proxy zu beziehen.

Code	Text	Bedeutung
307	Temporary Redirect	Das angeforderte Objekt wurde vorübergehend verschoben. Die neue Adresse (URL) des Objekts wird dem Client mitgeteilt, ist jedoch nur für diese Anfrage gültig.
Client-Anfrage unvollständig		
400	Bad Request	Der Client hat eine fehlerhafte Anfrage gestellt.
401	Unauthorized	Der Client hat eine Anfrage auf ein geschütztes Objekt gestellt, das eine besondere Authentifizierung erfordert. Der Client wird hiermit aufgefordert, die Authentifizierungsdaten (i.d.R. Benutzername und Passwort) zu übermitteln.
402	Payment Required	Der Client hat eine kostenpflichtige Anfrage gestellt. Eine Zahlungsfunktion per HTTP ist jedoch zurzeit noch nicht implementiert. Das heißt, dieser Status-Code kann noch nicht weiterverarbeitet werden.
403	Forbidden	Der Client hat eine Anfrage gestellt, die der Server ohne weitere Angabe von Gründen verweigert.
404	Not Found	Der Client hat ein Objekt angefragt, das nicht existiert.
405	Method Not Allowed	Der Client hat eine Methode benutzt, die der Server an dieser Stelle nicht erlaubt (z. B. GET statt POST).
406	Not Acceptable	Der Server konnte das Objekt nicht ausliefern, weil der Client diesen Objekttyp laut seinem Accept-Header nicht unterstützt.
407	Proxy Authentication Required	Der Client ist selbst ein Proxy und stellt eine Anfrage bei einem benachbarten bzw. übergeordneten Proxy. Dieser verlangt jedoch hiermit eine Authentifizierung des anfragenden Proxys (Proxy-Proxy-Authentifizierung).
408	Request Timeout	Der Server hat in der vorgegebenen Zeit keine vollständige Anfrage vom Client erhalten und beendet die Verbindung.

B HTTP-Status-Codes

Code	Text	Bedeutung
409	Conflict	Der Server konnte die Anfrage aufgrund eines Konflikts (z. B. mit einer anderen Anfrage) nicht bearbeiten. Gegebenenfalls wird eine genauere Fehlermeldung im Body mitgesendet.
410	Gone	Der Client hat ein Objekt angefordert, das auf dem Server *nicht mehr* existiert (im Gegensatz zu 404 gab es das Objekt irgendwann einmal).
411	Length Required	Der Client hat Daten an den Server übermittelt, die dieser nicht ohne eine Content-Length-Angabe im Header akzeptiert.
412	Precondition Failed	Der Client hat eine oder mehrere If...-Header übermittelt, und die darin formulierten Bedingungen konnten nicht erfüllt werden.
413	Request Entity Too Large	Der Client hat dem Server zu viele Daten übermittelt (z. B. Upload einer zu großen Datei).
414	Request URI Too Large	Der Client hat einen zu großen URL an den Server gesendet (z. B. GET-Anfrage mit angehängten Formulardaten).
415	Unsupported Media Type	Der Client hat dem Server Daten (im Body) übermittelt, die der Server nicht unterstützt.
416	*Request Range Not Satisfiable*	*Der Client hat in seiner Anfrage einen Range-Header für die Anforderung eines Teilobjekts angegeben. Der angegebene Teil des Objekts existiert jedoch nicht (siehe 206).*
417	*Expectation Failed*	*Der Client hat einen Expect-Header gesendet, den der Server aber nicht akzeptiert.*
424*	Locked	Das angeforderte Objekt ist in Bearbeitung und wurde vom Server (vorübergehend) für Anfragen gesperrt.
424*	Failed Dependency	Der Client hat eine Webseite angefordert, die der Server aus inhaltlichen Gründen nicht übermitteln kann (zu viele Frames, Seite in Bearbeitung ...).
433*	Unprocessable Entity	

Code	Text	Bedeutung
		Server-Fehler
500	Internal Server Error	Der Server hat bei sich einen Fehler entdeckt, z. B. durch eine fehlerhafte Konfiguration oder durch ein abgestürztes CGI-Programm. In den Logfiles des Servers sollten sich genauere Angaben finden.
501	Not Implemented	Der Server kann die Anforderung des Clients nicht ausführen, weil diese nicht unterstützt wird.
502	Bad Gateway	Der Server oder Proxy hat formal ungültige Antworten von einem anderen Server oder Proxy bekommen. Header: WWW-Authenticate: Enthält Informationen über die Art der notwendigen Authentifizierung.
503	Service Unavailable	Der Server kann die Anforderung des Clients momentan nicht ausführen. Ggf. gibt der Server in einem »Retry-After«-Header zurück, wann der Dienst wieder zur Verfügung steht.
504	Gateway Timeout	Der Client hat selbst eine Anfrage an einen Gateway oder Proxy gestellt, die innerhalb der auf dem Server definierten Zeit nicht beantwortet wurde (siehe auch 408).
505	HTTP Version Not Supported	Der Client unterstützt die in der Anforderung angegebene HTTP-Version nicht.
507*	Insufficient Storage	Es steht nicht genügend Speicherplatz zur Verfügung, um das Ergebnis dieser Methode abzulegen.
		Squid
600	Squid header parsing error	Squid hat einen ungültigen Header erkannt.

* Erweiterung nach RFC 2518 (WebDAV)

C Request-Methoden

Squid unterstützt alle Methoden nach RFC 2616. Ab Squid 2.2 Stable5 werden auch erweiterte Methoden nach RFC 2518 (WebDAV) unterstützt.

Methode	definiert in	cachebar	Funktion
GET	HTTP 0.9	ja	Anforderung eines Objekts.
HEAD	HTTP 1.0	ja	Anforderung von Metadaten (Header).
POST	HTTP 1.0	CC or Ex.	Daten senden (an ein empfangendes Programm).
PUT	HTTP 1.1	nein	Daten hochladen (in eine Datei).
DELETE	HTTP 1.1	nein	Quelle löschen (Datei löschen).
TRACE	HTTP 1.1	nein	Trace des Requests auf Application-Layer (Nachverfolgung des Weges der Anfrage).
OPTIONS	HTTP 1.1	nein	Anfrage nach den vom Server unterstützten Methoden.
CONNECT	HTTP 1.1	nein	Verschlüsselte SSL-Verbindung
ICP_QUERY	Squid	nein	ICP-Verbindungen (Internet Cache Protocol)
PURGE	Squid	nein	Objekt aus dem Cache löschen.
PROPFIND	RFC 2518	?	Eigenschaften eines Objekts abfragen.
PROPATCH	RFC 2518	?	Eigenschaften eines Objekts ändern.
MKCOL	RFC 2518	nein	Neue Datensammlung erzeugen.
COPY	RFC 2518	nein	Eine Kopie von einem Objekt anfertigen.
MOVE	RFC 2518	nein	Ein Objekt verschieben.
LOCK	RFC 2518	nein	Ein Objekt gegen Änderungen sperren.
UNLOCK	RFC 2518	nein	Ein Objekt entsperren.

Tabelle C.1
Request-Methoden

D   Hierarchy Codes

Die folgende Liste erläutert die von Squid 2 ausgegebenen »Hierarchy Codes« (Peer-Status-Codes):

NONE
: Bei TCP_HITs, TCP fails, Cache-Manager- und UDP-Anfragen gibt es keinen Peer-Status.

DIRECT
: Das Objekt wurde direkt vom Quellserver geholt.

SIBLING_HIT
: Das Objekt wurde von einem Nachbar-Cache (*Sibling*) per UDP_HIT geholt (als Ergebnis einer ICP-Anfrage).

PARENT_HIT
: Das Objekt wurde vom übergeordneten Cache (*Parent*) per UDP_HIT geholt (als Ergebnis einer ICP-Anfrage).

DEFAULT_PARENT
: Das Objekt wurde vom *Parent* ohne ICP-Anfrage geholt, da der Parent als »default« markiert war.

SINGLE_PARENT
: Das Objekt wurde vom einzigen *Parent* geholt, der für diese URL angegeben wurde.

FIRST_UP_PARENT
: Das Objekt wurde vom ersten verfügbaren *Parent* einer Liste von Parents geholt.

NO_PARENT_DIRECT
: Das Objekt wurde direkt vom Quellserver geholt, da für diesen URL kein *Parent* verfügbar war.

FIRST_PARENT_MISS
: Das Objekt wurde vom *Parent* mit der kürzesten »Round Trip Time« (RTT) geholt.

CLOSEST_PARENT_MISS
: Das Objekt wurde vom *Parent* mit der kürzesten RTT zum Originalserver geholt (Peer-Option »closests-only« war gesetzt).

CLOSEST_PARENT
: Die *Parent*-Auswahl erfolgte aufgrund eigener RTT-Messungen.

CLOSEST_DIRECT

Die eigene RTT-Messung ergab eine kürzere Antwortzeit als die aller *Parents*. Das Objekt wird direkt geholt.

NO_DIRECT_FAIL

Das Objekt konnte nicht geholt werden. Ein *Parent* war nicht verfügbar, und ein direkter Zugriff war nicht erlaubt (siehe »never_direct«-Option).

SOURCE_FASTEST

Die Originalquelle wurde ausgewählt, da diese am schnellsten antworten konnte. (Die Quelle selbst ist schneller erreichbar als die Nachbarproxys.)

ROUNDROBIN_PARENT

Der *Parent* wurde durch »Round Robin« ausgewählt. Es gab keine ICP-Antworten, und der *Parent* war für »Round Robin« markiert. Es wurde der *Parent* mit den wenigsten Anfragen ausgewählt.

CACHE_DIGEST_HIT

Der Peer (*Parent* oder *Sibling*) wurde ausgewählt, weil der zugehörige Cache-Digest einen Hit verspricht. Dieser Code wird in aktuellen Versionen durch die beiden folgenden abgelöst.

CD_PARENT_HIT

Das Objekt wird von folgendem *Parent* geholt, weil der zugehörige Cache-Digest einen Hit verspricht.

CD_SIBLING_HIT

Das Objekt wird von folgendem *Sibling* geholt, weil der zugehörige Cache-Digest einen Hit verspricht.

NO_CACHE_DIGEST_DIRECT

Die FAQ zum Squid sagt hierzu: »This output seems to be unused?«

CARP

Dieser Peer wurde durch das Cache Array Routing Protocol (CARP) ermittelt.

ANY_PARENT

Squid weiß selbst nicht, warum er welchen *Parent* ausgewählt hat?

INVALID_CODE

Irgendetwas hat nicht funktioniert ...

E Configure-Optionen

Die folgende Auflistung enthält alle Konfigurationsparameter des configure-Befehls für Squid 2.5 STABLE 12 und eine kurze Beschreibung der Funktion. Da die Optionen z. T. auch während der Entwicklung von Squid 2.5 verändert wurden, prüfen Sie im Zweifel bitte anhand der Hilfeseite des Befehls, ob die jeweilige Option in Ihrer Version auch verfügbar ist. Im Anschluss finden Sie die Erweiterungen von Squid 3.

Syntax: configure [options] [host]
Optionen: [Standardwerte in eckigen Klammern]
Konfigurationsoptionen:

–cache-file=*FILE* alternativer Name für die Cache-Datei von configure (Standard: ./config.cache)
–help Ausgabe aller Optionen mit Beschreibung.
–no-create configure wird durchlaufen, es werden aber keine Dateien erzeugt (Testlauf).
–quiet, –silent Die Ausgabe von Prüfmeldungen (checking ...) wird unterdrückt.
–version Die Versionsinformation von configure wird ausgegeben.

Verzeichnisse und Dateinamen

–prefix=*PREFIX* Basispfad für systemunabhängige Dateien (PREFIX) [/usr/local/squid]
–exec-prefix=*EPREFIX* Basispfad für systemabhängige Dateien (EPREFIX) [gleicher wie PREFIX].
–bindir=*DIR* Unter Benutzerrechten ausführbare Dateien [EPREFIX/bin].
–sbindir=*DIR* Unter Systemrechten ausführbare Dateien [EPREFIX/sbin].
–libexecdir=*DIR* Von Programmen ausführbare Dateien [EPREFIX/libexec].
–datadir=*DIR* Unveränderliche systemunabhängige Dateien

[PREFIX/share].
–sysconfdir=*DIR* Unveränderliche lokale Konfigurationsdateien [PREFIX/etc].
–sharedstatedir=DIR Veränderliche systemunabhängige Dateien [PREFIX/com].
–localstatedir=DIR Veränderliche lokale Dateien [PREFIX/var].
–libdir=DIR Object-Code-Bibliotheken [EPREFIX/lib].
–includedir=DIR C-Header-Dateien [PREFIX/include].
–oldincludedir=DIR C-Header, nicht GCC-Dateien [/usr/include].
–infodir=DIR Informationen/Dokumentationen [PREFIX/info].
–mandir=DIR Manpage-Dokumentationen [PREFIX/man].
–srcdir=DIR Verzeichnis für Programmquellcode [configure-Verzeichnis].
–program-prefix=PREFIX Vorgehängte Zeichen für Programmnamen.
–program-suffix=SUFFIX Angehängte Zeichen für Programmnamen.
–program-transform-name=PROGRAM Lässt ein »sed *PROGRAM*« über das zu installierende Programm laufen.

Host-Typ

–build=BUILD Die Konfiguration der Quellen wird zur Codeerzeugung auf dem Host »BUILD« erstellt [lokaler Host].
–host=HOST Konfiguration für Host »HOST« [geraten].
–target=TARGET Konfiguration für Ziel-Host »TARGET« [lokaler Host].

Eigenschaften und Module

–enable-dlmalloc[=LIB] Das »malloc«-Paket von Doug Lea wird übersetzt und eingebunden.
–enable-gnuregex Das »GNUregex«-Paket für reguläre Ausdrücke wird übersetzt und eingebunden.
–enable-xmalloc-debug Einige Debugging-Informationen zur Speicherverwaltung (malloc) werden gesammelt.
–enable-xmalloc-debug-trace Detaillierte Debugging-Informationen zur Speicherverwaltung (malloc) werden gesammelt.
–enable-xmalloc-statistics Eine Speicherstatistik wird in der Statusseite angezeigt.
–enable-carp Die CARP-Unterstützung wird eingeschaltet.
–enable-async-io[=*N_THREADS*] Kurzform für:
   –with-aio-threads=N_THREADS
   –with-pthreads

–enable-storeio=ufs,aufs.
- **–with-aio-threads=*N_THREADS*** Bestimmt die Anzahl von Threads für die »aufs«-Speichermethode.
- **–with-pthreads** emphPOSIX Threads werden benutzt.
- **–enable-storeio="list of modules"** Übersetzt und installiert die Module zur Unterstützung der aufgelisteten Speichermethoden (standardmäßig nur »ufs«).
- **–enable-heap-replacement** Dient nur der Kompatibilität zu älteren Squid/configure-Versionen.
  Nutzen Sie stattdessen `--enable-removal-policies`.
- **–enable-removal-policies="list of policies"** Die Unterstützung für die aufgelisteten *removal policies* (Methode zum Entfernen alter Objekte aus dem Cache) wird installiert (standardmäßig wird nur »lru« unterstützt).
- **–enable-icmp** Die Unterstützung für *ICMP pinging* wird eingeschaltet.
- **–enable-delay-pools** Die Unterstützung für Delay-Pools wird eingeschaltet (Bandbreitensteuerung).
- **–enable-mem-gen-trace** Die Protokollierung von Speicherzugriffen wird eingeschaltet.
- **–enable-useragent-log** Das Protokollieren der *User-Agents* (Browsertyp und Betriebssystem der Clients) wird eingeschaltet.
- **–enable-referer-log** Das Protokollieren des *Referer Header* (Verweisseiten) wird eingeschaltet.
- **–disable-wccp** WCCP (Web Cache Coordination Protocol) wird abgeschaltet.
- **–enable-kill-Parent-hack** Auch der *Parent*-Prozess von Squid wird beim Shutdown beendet.
- **–enable-snmp** *SNMP Monitoring* wird eingeschaltet.
- **–enable-time-hack** Interne Zeitstempel werden nur im Sekundentakt vergeben (Sekundenbruchteile werden unterdrückt).
- **–enable-cachemgr-hostname[=hostname]** In `cachemgr.cgi` wird *hostname* als Standardvorgabe eingetragen.
- **–enable-arp-acl** ARP-ACL-Listen (Ethernet-(MAC-)Adressen) werden aktiviert (siehe 6.)
- **–enable-htcp** Die HTCP-Unterstützung wird aktiviert.
- **–enable-forw-via-db** Forward/Via Datenbank wird aktiviert.
- **–enable-cache-digests** Cache-Digests werden eingeschaltet.
- **–enable-err-language=*lang*** Die Sprachversion der Fehlermeldungen wird eingestellt (German für Deutsch). Die verfügbaren Sprachen finden Sie im Verzeichnis »errors/« im Quellpfad.
- **–with-coss-membuf-size** Die »COSS membuf«-Größe wird festgelegt (Standard: 1048576 Byte).

–enable-poll Normalerweise wird poll() verwendet. Das Configure-Skript kennt jedoch einige Plattformen, bei denen »poll()« fehlerhaft arbeitet; hier wird auf select() umgeschaltet. Wenn Sie es besser wissen, können Sie hiermit die Verwendung von poll() erzwingen.

–disable-poll Hiermit wird poll() ausdrücklich abgeschaltet.

–disable-http-violations Hiermit werden alle Funktionen von Squid, die gegen die HTTP-Spezifikation verstoßen, abgeschaltet.

–enable-ipf-transParent Die *TransParent Proxy*-Unterstützung wird eingeschaltet (»IP-Filter Network Address Redirection« des Betriebssystems wird unterstützt).

–enable-linux-netfilter Die *TransParent Proxy*-Unterstützung für Linux 2.4 wird eingeschaltet.

–enable-leakfinder Diese Funktion unterstützt in Verbindung mit einigen Modifikationen am Quellcode das Finden von Speicherlecks (nur für Programmierer).

–disable-ident-lookups *Ident Lookups* (RFC 931) werden abgeschaltet.

–disable-internal-dns Schaltet den internen DNS ab und nutzt stattdessen den alten externen »dnsserver«, wie in der Konfigurationsdatei angegeben.

–enable-truncate Es wird die Funktion truncate() statt unlink() für das Entfernen von Cache-Objekten verwendet. truncate() ist etwas performanter als unlink(), jedoch problematisch in Verbindung mit *async I/O* und verwendet mehr Inodes des Dateisystems.

–enable-underscores Squid weist standardmäßig Host-Namen mit enthaltenem Unterstrich (_) als fehlerhaft zurück. Mit dieser Option werden auch Unterstriche (_) in Host-Namen akzeptiert.

–enable-auth-modules="*list of modules*" Die angegebene Liste von Authentifizierungsmodulen wird mit Squid zusammen übersetzt und installiert.

–disable-unlinkd Der *Unlink*-Dämon wird abgeschaltet.

–enable-stacktraces Ein automatischer *Call Backtrace* wird bei Ausnahmefehlern (Fatal Errors) eingeschaltet.

–disable-dependency-tracking Abhängigkeiten werden schneller geprüft.

–enable-dependency-tracking Abhängigkeiten werden immer vollständig geprüft.

–enable-maintainer-mode erlaubt unvollständige und unlogische Abhängigkeiten.

–with-aufs-threads=N_THREADS legt die Zahl der Threads für das Speicherschema »aufs« fest.

–with-aio POSIX AIO wird verwendet.
–with-dl »Dynamic Linking« wird verwendet.
–enable-ssl SSL-Unterstützung für eine Gateway-Funktion (SSL-Proxy) wird eingeschaltet. (Benutzt OpenSSL)
–with-openssl[=prefix] Der angegebene alternative Pfad zu den OpenSSL-Bibliotheken wird benutzt.
–enable-default-err-language=lang Die standardmäßig zu verwendende Sprache für Fehlermeldungen wird eingestellt (German für Deutsch).
–enable-err-languages="lang1 lang2 ..." Die zu installierenden alternativen Sprachen für Fehlermeldungen werden festgelegt (standardmäßig werden alle installiert).
–enable-pf-transParent Unterstützung für transParente Proxy-Funktion über die Adressumleitung der Paketfilter-Funktionalität.
–with-large-files Die Unterstützung für große Dateien (>2 GB) wird eingeschaltet.
–enable-large-cache-files Die Unterstützung für große Cache-Dateien (>2 GB) wird eingeschaltet.
ACHTUNG: Das Cache-Format wird damit verändert. Der Cache muss neu angelegt werden.
–with-build-environment=model Bestimmt mit *model* die zu verwendende Build-Umgebung. Gültige Werte sind:
POSIX_V6_ILP32_OFF32 32-Bit System.
POSIX_V6_ILP32_OFFBIG 32-Bit-System mit Unterstützung für große Dateien.
POSIX_V6_LP64_OFF64 64-Bit-System.
POSIX_V6_LPBIG_OFFBIG System mit großen Pointern und großen Dateien.
XBS5_ILP32_OFF32 32-Bit-System (legacy).
XBS5_ILP32_OFFBIG 32-Bit-System mit Unterstützung für große Dateien (legacy).
XBS5_LP64_OFF64 64-Bit-System (legacy).
XBS5_LPBIG_OFFBIG System mit großen Pointern und großen Dateien (legacy).
Standardwert ist der gültige Wert für das lokale Betriebssystem.
–disable-hostname-checks Squid führt standardmäßig eine strikte (RFC-konforme) Prüfung von Hostnamen durch. Hostnamen mit nicht RFC-konformen Zeichen (z. B. ein Unterstrich »_«) werden zurückgewiesen. Hiermit kann diese Prüfung abgeschaltet werden.
–enable-auth="Schemata-Liste" Bestimmt eine Liste von Authentifikationsschemata, die übersetzt werden sollen. Die

möglichen Schemata finden Sie im Quellpfad im Verzeichnis `./src/auth`.

–enable-auth-modules="Hilfsprogramm-Liste"
Kompatibilitätsschalter für ältere Konfigurationen. Die Funktion dieser Option entspricht der von `--enable-basic-auth-helpers`.

–enable-basic-auth-helpers="Hilfsprogramm-Liste" Bestimmt eine Liste mit externen Authentifizierungsprogrammen im Basic-Schema, die mit Squid zusammen erstellt und installiert werden sollen. Die möglichen Hilfsprogramme finden Sie im Quellverzeichnis unter `./helpers/basic_auth`.

–enable-ntlm-auth-helpers="Hilfsprogramm-Liste" Bestimmt eine Liste mit externen Authentifizierungsprogrammen im NTLM-Schema, die mit Squid zusammen erstellt und installiert werden sollen. Die möglichen Hilfsprogramme finden Sie im Quellverzeichnis unter `./helpers/ntlm_auth`.

–enable-digest-auth-helpers="Hilfsprogramm-Liste" Bestimmt eine Liste mit externen Authentifizierungsprogrammen im Digest-Schema, die mit Squid zusammen erstellt und installiert werden sollen. Die möglichen Hilfsprogramme finden Sie im Quellverzeichnis unter `./helpers/digest_auth`.

–enable-external-acl-helpers="Hilfsprogramm-Liste" Bestimmt eine Liste mit externen ACL-Hilfsprogrammen, die mit Squid zusammen erstellt und installiert werden sollen. Die möglichen Hilfsprogramme finden Sie im Quellverzeichnis unter `./helpers/external_acl`.

–with-samba-sources=/pfad/zum/samba-Quellverzeichnis Gibt den Pfad zu den Samba-Quellen auf Ihrem Server an. Dieser wird benötigt, wenn auch die Winbind-Hilfsprogramme mit übersetzt werden sollen.

–with-maxfd=N Überschreibt die ermittelte Anzahl der zur Verfügung stehenden Datei-Deskriptoren (Filedescriptors). Das ist z. B. nützlich, wenn Sie für das laufende System später andere Werte verwenden werden als jetzt beim Erstellen des Programms.

Erweiterungen in Squid 3

Im `configure`-Programm von Squid 3 stehen folgende zusätzliche Optionen zur Verfügung:

-h –help Die Ausgabe der Hilfeseite kennt jetzt auch zwei weitere Varianten:
–help=short Zeigt nur die für dieses Paket relevanten Optionen.

--help=recursive Zeigt zusätzlich auch die Optionen aller enthaltenen Pakete.
-C --config-cache Alias für »--cache-file=config.cache«.
--enable-shared[=PKGS] übersetzt die angegebenen Pakete als »shared libraries« (Standard: keine).
--enable-static[=PKGS] übersetzt die angegebenen Pakete als »static libraries« (Standard: alle).
--enable-fast-install[=PKGS] übersetzt die angegebenen Pakete im Modus »fast installation« (Standard: alle).
--enable-debug-cbdata Zusätzliche Debug-Informationen werden erzeugt.
--disable-carp Die CARP-Unterstützung ist jetzt standardmäßig eingeschaltet und kann hiermit abgeschaltet werden.
--enable-icap-client Die ICAP-Unterstützung wird aktiviert.
--enable-select Die Unterstützung für `select()` wird explizit eingeschaltet.
--disable-select Die Unterstützung für `select()` wird explizit ausgeschaltet.
--enable-kqueue Die Unterstützung für `kqueue()` wird explizit eingeschaltet.
--disable-kqueue Die Unterstützung für `kqueue()` wird explizit ausgeschaltet.
--enable-epoll Die Unterstützung für `epoll()` wird explizit eingeschaltet.
--disable-epoll Die Unterstützung für `epoll()` wird explizit ausgeschaltet.
--enable-hostname-checks Eine strikte (RFC-konforme) Prüfung von Hostnamen wird eingeschaltet. Hostnamen mit nicht RFC-konformen Zeichen (z. B. ein Unterstrich »_«) werden zurückgewiesen. (Bei Squid 2 war diese Prüfung standardmäßig eingeschaltet).
--enable-default-hostsfile=path Der Pfad für die zu verwendende hosts-Datei wird festgelegt. Siehe auch Konfigurationsoption `hosts_file` in der Datei squid.conf.
--disable-mempools Diese Option schaltet die Memory-Pools-Funktion von Squid ab.
--enable-win32-service Übersetzt Squid als WIN32-Service und ist damit unter Windows NT und Windows 2000 und folgenden lauffähig.
--with-gnu-ld Schaltet die Benutzung des »GNU ld« C-Compilers ein.
--with-filedescriptors=NUMBER Ersetzt die Option --maxfd.

F   SNMP-Daten

Vorab ein kurzes Zitat aus der Squid-Homepage zum Thema SNMP:

> »*Squid's SNMP support is old and poorly documented. We need someone to take a real interest in SNMP and fix and document a lot of things.*«

Zu Deutsch heißt das sinngemäß: Sie sollten in Sachen SNMP von Squid nicht zu viel erwarten. Für ein bisschen Betriebsstatistik ist es aber durchaus brauchbar.

Die erste Zeile im Klartext wurde mit folgendem Kommando erzeugt:

```
snmpwalk 127.0.0.1:3401 -m mib.txt -v2c -c public -IR squid
```

Die zweite Zeile (Maschinenschrift) wurde mit diesem Kommando erzeugt:

```
snmpwalk 127.0.0.1:3401 -OQn -m mib.txt -v2c -c public -IR squid
```

Die dritte Zeile (kursiv) enthält die originale Beschreibung aus der zugehörigen MIB-Datei:

```
$Id: mib.txt,v 1.25.4.3 2004/05/31 22:39:00 hno Exp $
```

Der Inhalt bezieht sich auf Squid ab Version 2.5 STABLE13/Squid 3. Frühere Versionen können geringe Abweichungen aufweisen. Bitte schauen Sie im Zweifel in die zugehörige MIB-Datei Ihrer Version.

Alle Versionen *vor* Squid 2.5 STABLE12 arbeiten nur mit SNMP Version 1. Die o.g. Befehlszeilen sind dann entsprechend anzupassen (-v1).

Gruppe cacheSystem

SQUID-MIB::cacheSysVMsize.0 = INTEGER: 1972
.1.3.6.1.4.1.3495.1.1.1.0 = 1972
Storage Mem size in KB
    SQUID-MIB::cacheSysStorage.0 = INTEGER: 3052
.1.3.6.1.4.1.3495.1.1.2.0 = 3052
Storage Swap size in KB

SQUID-MIB::cacheUptime.0 = Timeticks: (439391276) 50 days, 20:31:52.76
.1.3.6.1.4.1.3495.1.1.3.0 = 50:20:31:52.76
The Uptime of the cache in timeticks

Gruppe config

Contains configuration information including peers etc.
SQUID-MIB::cacheAdmin.0 = STRING: dit@squid-handbuch.de
.1.3.6.1.4.1.3495.1.2.1.0 = dit@squid-handbuch.de
Cache Administrator E-Mail address
SQUID-MIB::cacheSoftware.0 = STRING: squid
.1.3.6.1.4.1.3495.1.2.2.0 = squid
Cache Software Name
SQUID-MIB::cacheVersionId.0 = STRING: "2.5.STABLE10"
.1.3.6.1.4.1.3495.1.2.3.0 = "2.5.STABLE10"
Cache Software Version
SQUID-MIB::cacheLoggingFacility.0 = STRING: ALL,1
.1.3.6.1.4.1.3495.1.2.4.0 = ALL,1
Logging Facility. An informational string indicating logging info like debug level, local/syslog/remote logging etc

cacheStorageConfig

SQUID-MIB::cacheMemMaxSize.0 = INTEGER: 512
.1.3.6.1.4.1.3495.1.2.5.1.0 = 512
The value of the cache_mem parameter in MB
SQUID-MIB::cacheSwapMaxSize.0 = INTEGER: 165000
.1.3.6.1.4.1.3495.1.2.5.2.0 = 165000
The total of the cache_dir space allocated in MB
SQUID-MIB::cacheSwapHighWM.0 = INTEGER: 95
.1.3.6.1.4.1.3495.1.2.5.3.0 = 95
Cache Swap High Water Mark
SQUID-MIB::cacheSwapLowWM.0 = INTEGER: 90
.1.3.6.1.4.1.3495.1.2.5.4.0 = 90
Cache Swap Low Water Mark

Gruppe performance (Squid 3)

cacheSysPerf

SQUID-MIB::cacheSysPageFaults.0 = Counter32: 0
.1.3.6.1.4.1.3495.1.3.1.1.0 = 0
Page faults with physical i/o

SQUID-MIB::cacheSysNumReads.0 = Counter32: 388200
.1.3.6.1.4.1.3495.1.3.1.2.0 = 388200
HTTP I/O number of reads
SQUID-MIB::cacheMemUsage.0 = INTEGER: 2553
.1.3.6.1.4.1.3495.1.3.1.3.0 = 2553
Total memory accounted for KB
SQUID-MIB::cacheCpuTime.0 = INTEGER: 69
.1.3.6.1.4.1.3495.1.3.1.4.0 = 69
Amount of cpu seconds consumed
SQUID-MIB::cacheCpuUsage.0 = INTEGER: 0
.1.3.6.1.4.1.3495.1.3.1.5.0 = 0
The percentage use of the CPU
SQUID-MIB::cacheMaxResSize.0 = INTEGER: 0
.1.3.6.1.4.1.3495.1.3.1.6.0 = 0
Maximum Resident Size in KB
SQUID-MIB::cacheNumObjCount.0 = Gauge32: 480
.1.3.6.1.4.1.3495.1.3.1.7.0 = 480
Number of objects stored by the cache
SQUID-MIB::cacheCurrentLRUExpiration.0 = Timeticks: (0) 0:00:00.00
.1.3.6.1.4.1.3495.1.3.1.8.0 = 0:0:00:00.00
Storage LRU Expiration Age
SQUID-MIB::cacheCurrentUnlinkRequests.0 = Counter32: 0
.1.3.6.1.4.1.3495.1.3.1.9.0 = 0
Requests given to unlinkd
SQUID-MIB::cacheCurrentUnusedFDescrCnt.0 = Gauge32: 8167
.1.3.6.1.4.1.3495.1.3.1.10.0 = 8167
Available number of file descriptors
SQUID-MIB::cacheCurrentResFileDescrCnt.0 = Gauge32: 100
.1.3.6.1.4.1.3495.1.3.1.11.0 = 100
Reserved number of file descriptors

cacheProtoStats

cacheProtoAggregateStats
SQUID-MIB::cacheProtoClientHttpRequests.0 = Counter32: 63995
.1.3.6.1.4.1.3495.1.3.2.1.1.0 = 63995
Number of HTTP requests received
SQUID-MIB::cacheHttpHits.0 = Counter32: 1624
.1.3.6.1.4.1.3495.1.3.2.1.2.0 = 1624
Number of HTTP Hits

SQUID-MIB::cacheHttpErrors.0 = Counter32: 0
.1.3.6.1.4.1.3495.1.3.2.1.3.0 = 0
Number of HTTP Errors
SQUID-MIB::cacheHttpInKb.0 = Counter32: 10562
.1.3.6.1.4.1.3495.1.3.2.1.4.0 = 10562
Number of HTTP KB's recieved
SQUID-MIB::cacheHttpOutKb.0 = Counter32: 220300
.1.3.6.1.4.1.3495.1.3.2.1.5.0 = 220300
Number of HTTP KB's transmitted
SQUID-MIB::cacheIcpPktsSent.0 = Counter32: 0
.1.3.6.1.4.1.3495.1.3.2.1.6.0 = 0
Number of ICP messages sent
SQUID-MIB::cacheIcpPktsRecv.0 = Counter32: 0
.1.3.6.1.4.1.3495.1.3.2.1.7.0 = 0
Number of ICP messages received
SQUID-MIB::cacheIcpKbSent.0 = Counter32: 0
.1.3.6.1.4.1.3495.1.3.2.1.8.0 = 0
Number of ICP KB's transmitted
SQUID-MIB::cacheIcpKbRecv.0 = Counter32: 0
.1.3.6.1.4.1.3495.1.3.2.1.9.0 = 0
Number of ICP KB's recieved
SQUID-MIB::cacheServerRequests.0 = INTEGER: 62739
.1.3.6.1.4.1.3495.1.3.2.1.10.0 = 62739
All requests from the client for the cache server
SQUID-MIB::cacheServerErrors.0 = INTEGER: 0
.1.3.6.1.4.1.3495.1.3.2.1.11.0 = 0
All errors for the cache server from client requests
SQUID-MIB::cacheServerInKb.0 = Counter32: 211987
.1.3.6.1.4.1.3495.1.3.2.1.12.0 = 211987
KB's of traffic recieved from servers
SQUID-MIB::cacheServerOutKb.0 = Counter32: 16776
.1.3.6.1.4.1.3495.1.3.2.1.13.0 = 16776
KB's of traffic sent to servers
SQUID-MIB::cacheCurrentSwapSize.0 = Gauge32: 3052
.1.3.6.1.4.1.3495.1.3.2.1.14.0 = 3052
Storage Swap size
SQUID-MIB::cacheClients.0 = Gauge32: 0
.1.3.6.1.4.1.3495.1.3.2.1.15.0 = 0
Number of clients accessing cache

cacheProtoMedianSvcStats group   *This is a table, indexed by the interval we want statistics for Example: cacheDnsSvcTime.10 gives 10-min medians for Dns Service Time*

```
     SQUID-MIB::cacheMedianTime.1 = INTEGER: 1
.1.3.6.1.4.1.3495.1.3.2.2.1.1.1 = 1
```
The value used to index the table 1/5/60
```
     SQUID-MIB::cacheMedianTime.5 = INTEGER: 5
.1.3.6.1.4.1.3495.1.3.2.2.1.1.5 = 5
```
The value used to index the table 1/5/60
```
     SQUID-MIB::cacheMedianTime.60 = INTEGER: 60
.1.3.6.1.4.1.3495.1.3.2.2.1.1.60 = 60
```
The value used to index the table 1/5/60
```
     SQUID-MIB::cacheHttpAllSvcTime.1 = INTEGER: 0
.1.3.6.1.4.1.3495.1.3.2.2.1.2.1 = 0
```
HTTP all service time
```
     SQUID-MIB::cacheHttpAllSvcTime.5 = INTEGER: 1
.1.3.6.1.4.1.3495.1.3.2.2.1.2.5 = 1
```
HTTP all service time
```
     SQUID-MIB::cacheHttpAllSvcTime.60 = INTEGER: 1
.1.3.6.1.4.1.3495.1.3.2.2.1.2.60 = 1
```
HTTP all service time
```
     SQUID-MIB::cacheHttpMissSvcTime.1 = INTEGER: 0
.1.3.6.1.4.1.3495.1.3.2.2.1.3.1 = 0
```
HTTP *miss service time*
```
     SQUID-MIB::cacheHttpMissSvcTime.5 = INTEGER: 1
.1.3.6.1.4.1.3495.1.3.2.2.1.3.5 = 1
```
HTTP miss service time
```
     SQUID-MIB::cacheHttpMissSvcTime.60 = INTEGER: 1
.1.3.6.1.4.1.3495.1.3.2.2.1.3.60 = 1
```
HTTP miss service time
```
     SQUID-MIB::cacheHttpNmSvcTime.1 = INTEGER: 0
.1.3.6.1.4.1.3495.1.3.2.2.1.4.1 = 0
```
HTTP near miss service time
```
     SQUID-MIB::cacheHttpNmSvcTime.5 = INTEGER: 0
.1.3.6.1.4.1.3495.1.3.2.2.1.4.5 = 0
```
HTTP near miss service time
```
     SQUID-MIB::cacheHttpNmSvcTime.60 = INTEGER: 0
.1.3.6.1.4.1.3495.1.3.2.2.1.4.60 = 0
```
HTTP near miss service time
```
     SQUID-MIB::cacheHttpHitSvcTime.1 = INTEGER: 0
.1.3.6.1.4.1.3495.1.3.2.2.1.5.1 = 0
```
HTTP hit service time
```
     SQUID-MIB::cacheHttpHitSvcTime.5 = INTEGER: 0
.1.3.6.1.4.1.3495.1.3.2.2.1.5.5 = 0
```
HTTP hit service time

SQUID-MIB::cacheHttpHitSvcTime.60 = INTEGER: 0
.1.3.6.1.4.1.3495.1.3.2.2.1.5.60 = 0
HTTP hit service time
SQUID-MIB::cacheIcpQuerySvcTime.1 = INTEGER: 0
.1.3.6.1.4.1.3495.1.3.2.2.1.6.1 = 0
ICP query service time
SQUID-MIB::cacheIcpQuerySvcTime.5 = INTEGER: 0
.1.3.6.1.4.1.3495.1.3.2.2.1.6.5 = 0
ICP query service time
SQUID-MIB::cacheIcpQuerySvcTime.60 = INTEGER: 0
.1.3.6.1.4.1.3495.1.3.2.2.1.6.60 = 0
ICP query service time
SQUID-MIB::cacheIcpReplySvcTime.1 = INTEGER: 0
.1.3.6.1.4.1.3495.1.3.2.2.1.7.1 = 0
ICP reply service time
SQUID-MIB::cacheIcpReplySvcTime.5 = INTEGER: 0
.1.3.6.1.4.1.3495.1.3.2.2.1.7.5 = 0
ICP reply service time
SQUID-MIB::cacheIcpReplySvcTime.60 = INTEGER: 0
.1.3.6.1.4.1.3495.1.3.2.2.1.7.60 = 0
ICP reply service time
SQUID-MIB::cacheDnsSvcTime.1 = INTEGER: 0
.1.3.6.1.4.1.3495.1.3.2.2.1.8.1 = 0
DNS service time
SQUID-MIB::cacheDnsSvcTime.5 = INTEGER: 0
.1.3.6.1.4.1.3495.1.3.2.2.1.8.5 = 0
DNS service time
SQUID-MIB::cacheDnsSvcTime.60 = INTEGER: 0
.1.3.6.1.4.1.3495.1.3.2.2.1.8.60 = 0
DNS service time
SQUID-MIB::cacheRequestHitRatio.1 = INTEGER: 0
.1.3.6.1.4.1.3495.1.3.2.2.1.9.1 = 0
Request Hit Ratios
SQUID-MIB::cacheRequestHitRatio.5 = INTEGER: 0
.1.3.6.1.4.1.3495.1.3.2.2.1.9.5 = 0
Request Hit Ratios
SQUID-MIB::cacheRequestHitRatio.60 = INTEGER: 0
.1.3.6.1.4.1.3495.1.3.2.2.1.9.60 = 0
Request Hit Ratios
SQUID-MIB::cacheRequestByteRatio.1 = INTEGER: 0
.1.3.6.1.4.1.3495.1.3.2.2.1.10.1 = 0
Byte Hit Ratios

        SQUID-MIB::cacheRequestByteRatio.5 = INTEGER: 0
.1.3.6.1.4.1.3495.1.3.2.2.1.10.5 = 0
Byte Hit Ratios
        SQUID-MIB::cacheRequestByteRatio.60 = INTEGER: 4
.1.3.6.1.4.1.3495.1.3.2.2.1.10.60 = 3
Byte Hit Ratios

Gruppe cacheNetwork

This material is probably best suited elsewhere, however for now it will reside here until the both the Proxy and Squid MIBs are implimented.

cacheIpCache

SQUID-MIB::cacheIpEntries.0 = Gauge32: 42
.1.3.6.1.4.1.3495.1.4.1.1.0 = 42
IP Cache Entries
        SQUID-MIB::cacheIpRequests.0 = Counter32: 198793
.1.3.6.1.4.1.3495.1.4.1.2.0 = 198793
Number of IP Cache requests
        SQUID-MIB::cacheIpHits.0 = Counter32: 177803
.1.3.6.1.4.1.3495.1.4.1.3.0 = 177803
Number of IP Cache hits
        SQUID-MIB::cacheIpPendingHits.0 = Gauge32: 0
.1.3.6.1.4.1.3495.1.4.1.4.0 = 0
Number of IP Cache pending hits
        SQUID-MIB::cacheIpNegativeHits.0 = Counter32: 616
.1.3.6.1.4.1.3495.1.4.1.5.0 = 616
Number of IP Cache negative hits
        SQUID-MIB::cacheIpMisses.0 = Counter32: 5169
.1.3.6.1.4.1.3495.1.4.1.6.0 = 5169
Number of IP Cache misses
        SQUID-MIB::cacheBlockingGetHostByName.0 = Counter32: 0
.1.3.6.1.4.1.3495.1.4.1.7.0 = 0
Number of blocking gethostbyname requests
        SQUID-MIB::cacheAttemptReleaseLckEntries.0 = Counter32: 0
.1.3.6.1.4.1.3495.1.4.1.8.0 = 0
Number of attempts to release locked IP Cache entries

cacheFqdnCache

SQUID-MIB::cacheFqdnEntries.0 = Gauge32: 9
.1.3.6.1.4.1.3495.1.4.2.1.0 = 9
FQDN Cache entries

SQUID-MIB::cacheFqdnRequests.0 = Counter32: 731
.1.3.6.1.4.1.3495.1.4.2.2.0 = 731
Number of FQDN Cache requests
SQUID-MIB::cacheFqdnHits.0 = Counter32: 360
.1.3.6.1.4.1.3495.1.4.2.3.0 = 360
Number of FQDN Cache hits
SQUID-MIB::cacheFqdnPendingHits.0 = Gauge32: 0
.1.3.6.1.4.1.3495.1.4.2.4.0 = 0
Number of FQDN Cache pending hits
SQUID-MIB::cacheFqdnNegativeHits.0 = Counter32: 261
.1.3.6.1.4.1.3495.1.4.2.5.0 = 261
Number of FQDN Cache negative hits
SQUID-MIB::cacheFqdnMisses.0 = Counter32: 110
.1.3.6.1.4.1.3495.1.4.2.6.0 = 110
Number of FQDN Cache misses
SQUID-MIB::cacheBlockingGetHostByAddr.0 = Counter32: 0
.1.3.6.1.4.1.3495.1.4.2.7.0 = 0
Number of blocking gethostbyaddr requests

cacheDNS

SQUID-MIB::cacheDnsRequests.0 = Counter32: 14
.1.3.6.1.4.1.3495.1.4.3.1.0 = 14
Number of external dnsserver requests
SQUID-MIB::cacheDnsReplies.0 = Counter32: 14
.1.3.6.1.4.1.3495.1.4.3.2.0 = 14
Number of external dnsserver replies
SQUID-MIB::cacheDnsNumberServers.0 = Counter32: 0
.1.3.6.1.4.1.3495.1.4.3.3.0 = 0
Number of external dnsserver processes

Gruppe cacheMesh

This table contains an enumeration of the peer caches, complete with info
SQUID-MIB::cachePeerName.192.168.0.1 = STRING: fw.squid-handbuch.de
.1.3.6.1.4.1.3495.1.5.1.1.1.192.168.0.1 = fw.squid-handbuch.de
The FQDN name or internal alias for the peer cache
SQUID-MIB::cachePeerAddr.192.168.0.1 =   IpAddress: 192.168.0.1
.1.3.6.1.4.1.3495.1.5.1.1.2.192.168.0.1 = 192.168.0.1
The IP Address of the peer cache

SQUID-MIB::cachePeerPortHttp.192.168.0.1 = INTEGER: 8080
.1.3.6.1.4.1.3495.1.5.1.1.3.192.168.0.1 = 8080
The port the peer listens for HTTP requests
SQUID-MIB::cachePeerPortIcp.192.168.0.1 = INTEGER: 7
.1.3.6.1.4.1.3495.1.5.1.1.4.192.168.0.1 = 7
The port the peer listens for ICP requests should be 0 if not configured to send ICP requests
SQUID-MIB::cachePeerType.192.168.0.1 = INTEGER: 2
.1.3.6.1.4.1.3495.1.5.1.1.5.192.168.0.1 = 2
Peer Type
SQUID-MIB::cachePeerState.192.168.0.1 = INTEGER: 1
.1.3.6.1.4.1.3495.1.5.1.1.6.192.168.0.1 = 1
The operational state of this peer
SQUID-MIB::cachePeerPingsSent.192.168.0.1 = Counter32: 0
.1.3.6.1.4.1.3495.1.5.1.1.7.192.168.0.1 = 0
Number of pings sent to peer
SQUID-MIB::cachePeerPingsAcked.192.168.0.1 = Counter32: 0
.1.3.6.1.4.1.3495.1.5.1.1.8.192.168.0.1 = 0
Number of pings received from peer
SQUID-MIB::cachePeerFetches.192.168.0.1 = Counter32: 0
.1.3.6.1.4.1.3495.1.5.1.1.9.192.168.0.1 = 0
Number of times this peer was selected
SQUID-MIB::cachePeerRtt.192.168.0.1 = INTEGER: 0
.1.3.6.1.4.1.3495.1.5.1.1.10.192.168.0.1 = 0
Last known round-trip time to the peer (in ms)
SQUID-MIB::cachePeerIgnored.192.168.0.1 = Counter32: 0
.1.3.6.1.4.1.3495.1.5.1.1.11.192.168.0.1 = 0
How many times this peer was ignored
SQUID-MIB::cachePeerKeepAlSent.192.168.0.1 = Counter32: 0
.1.3.6.1.4.1.3495.1.5.1.1.12.192.168.0.1 = 0
Number of keepalives sent
SQUID-MIB::cachePeerKeepAlRecv.192.168.0.1 = Counter32: 0
.1.3.6.1.4.1.3495.1.5.1.1.13.192.168.0.1 = 0
Number of keepalives received

```
End of MIB
```

G Debug-Sektionen

Die folgende Tabelle enthält eine Auflistung der Squid-Debug-Sektionen, die mit der Option debug in der Datei squid.conf angegeben werden können.

Die Erläuterungen wurden hier nicht übersetzt, da es sich größtenteils um Eigennamen handelt, deren Übersetzung nur zu mehr Verwirrung als Verständlichkeit führen würde.

Die für Ihre Squid-Version aktuelle Tabelle finden Sie in den Sourcen unter ./doc/debug-sections.txt.

Sec	Beschreibung
0	Announcement Server
0	CGI Cache Manager
0	Client Database
0	Debug Routines
0	DNS Resolver
0	WWW Client
1	Startup and Main Loop
2	Unlink Daemon
3	Configuration File Parsing
4	Error Generation
5	Socket Functions
6	Disk I/O Routines
7	Multicast
8	Swap File Bitmap
9	File Transfer Protocol (FTP)
10	Gopher

Tabelle G.1
Debug-Sektionen

Fortsetzung auf den folgenden Seiten

Sec	Beschreibung
11	Hypertext Transfer Protocol (HTTP)
12	Internet Cache Protocol (ICP)
13	High Level Memory Pool Management
14	IP Cache
15	Neighbor Routines
16	Cache Manager Objects
17	Request Forwarding
18	Cache Manager Statistics
19	Store Memory Primitives
20	Storage Manager
21	Misc Functions
22	Refresh Calculation
23	URL Parsing
24	WAIS Relay
25	MIME Parsing
26	Secure Sockets Layer Proxy
27	Cache Announcer
28	Access Control
29	Authenticator
30	Ident (RFC 931)
31	Hypertext Caching Protocol
32	Asynchronous Disk I/O
33	Client-side Routines
34	Dnsserver interface
35	FQDN Cache
36	Cache Directory Cleanup
37	ICMP Routines
38	Network Measurement Database
39	Cache Array Routing Protocol

Sec	Beschreibung
40	User-Agent and Referer logging
41	Event Processing
42	ICMP Pinger program
43	AIOPS
44	Peer Selection Algorithm
45	Callback Data Registry
46	Access Log
47	Store Directory Routines
48	Persistent Connections
49	SNMP
50	Log file handling
51	Filedescriptor Functions
52	URN Parsing
53	AS Number handling
54	Interprocess Communication
55	HTTP Header
56	HTTP Message Body
57	HTTP Status-line
58	HTTP Reply (Response)
59	auto-growing Memory Buffer with printf
60	Packer: A uniform interface to store-like modules
61	Redirector
62	Generic Histogram
63	Low Level Memory Pool Management
64	HTTP Range Header
65	HTTP Cache Control Header
66	HTTP Header Tools
67	String
68	HTTP Content-Range Header
69	HTTP Header: Extension Field

Sec	Beschreibung
70	Cache Digest
71	Store Digest Manager
72	Peer Digest Routines
73	HTTP Request
74	HTTP Message
75	WHOIS protocol
76	Internal Squid Object handling
77	Delay Pools
78	DNS lookups
79	Lowlevel store I/O
80	WCCP (ab Squid 2.3)
81	Cache Store (ab Squid 2.4)
82	External ACL (ab Squid 2.5)
83	SSL accelerator support
84	Helper process maintenance
85	Client side request management - after parsing, before caching (ab Squid 2.6)
86	N/A
87	Client side stream management
88	Client side reply management - from store to stream
89	NAT / IP Interception
90	Store Client

H MIME-Typen

MIME (Multipurpose Internet Mail Extensions) stammt aus dem E-Mail-Bereich und spezifiziert Anhangtypen.

Da sich das System als sehr nützlich erwies, wurde es auch für andere Dienste (z. B. das WWW) übernommen. Sowohl Browser als auch Webserver unterstützen MIME-Typen zum Aushandeln des Datentyps. Die aktuellen definierten MIME-Typen finden Sie im IANA-Verzeichnis der Media-Typen.

Ein MIME-Type besteht aus zwei Teilen, dem Medientyp und dem Subtyp. Beide Typen werden durch einen Schrägstrich getrennt. Beispiele sind `text/html` und `image/gif`

Tabelle H.1 listet die bisher definierten Medientypen auf.

Tabelle H.1 *Medientypen*

Medientyp	Bedeutung
application	für Dateien, die an ein bestimmtes Programm gebunden sind
audio	für Sounddateien
image	für Grafikdateien
message	für Nachrichten
model	für Dateien, die mehrdimensionale Strukturen repräsentieren
multipart	für mehrteilige Daten
text	für Textdateien
video	für Videodateien

Das Schema der MIME-Typen wird in RFC 2045, 2046 und 2077 definiert.

Die Tabelle H.2 listet gängige MIME-Typen für Webanwendungen auf.

MIME-Typ	Endung	Bedeutung
application/acad	*.dwg	AutoCAD-Dateien (nach NCSA)
application/applefile		AppleFile-Dateien
application/astound	*.asd *.asn	Astound-Dateien
application/dsptype	*.tsp	TSP-Dateien
application/dxf	*.dxf	AutoCAD-Dateien (nach CERN)
application/futuresplash	*.spl	Flash-Futuresplash-Dateien
application/gzip	*.gz	GNU-Zip-Dateien
application/listenup	*.ptlk	Listenup-Dateien
application/mac-binhex40	*.hqx	Macintosh-Binär-Dateien
application/mbedlet	*.mbd	Mbedlet-Dateien
application/mif	*.mif	FrameMaker-Interchange-Format-Dateien
application/msexcel	*.xls *.xla	Microsoft-Excel-Dateien
application/mshelp	*.hlp *.chm	Microsoft-Windows-Hilfe-Dateien
application/mspowerpoint	*.ppt *.ppz *.pps *.pot	Microsoft-Powerpoint-Dateien
application/msword	*.doc *.dot	Microsoft-Word-Dateien
application/octet-stream	*.bin *.exe *.com *.dll *.class	Ausführbare Dateien
application/oda	*.oda	Oda-Dateien
application/pdf	*.pdf	Adobe-PDF-Dateien
application/postscript	*.ai *.eps *.ps	Adobe-Postscript-Dateien
application/rtc	*.rtc	RTC-Dateien
application/rtf	*.rtf	Microsoft-RTF-Dateien
application/studiom	*.smp	Studiom-Dateien
application/toolbook	*.tbk	Toolbook-Dateien
application/vnd.wap.wmlc	*.wmlc	WMLC-Dateien (WAP)
application/vnd.wap.wmlscriptc	*.wmlsc	WML-Script-C-Dateien (WAP)
application/vocaltec-media-desc	*.vmd	Vocaltec-Mediadesc-Dateien
application/vocaltec-media-file	*.vmf	Vocaltec Media-Dateien

Tabelle H.2
MIME-Typen
(Fortsetzung auf den folgenden Seiten)

MIME-Typ	Endung	Bedeutung
application/x-bcpio	*.bcpio	BCPIO-Dateien
application/x-compress	*.z	Compress-Dateien
application/x-cpio	*.cpio	CPIO-Dateien
application/x-csh	*.csh	C-Shellscript-Dateien
application/x-director	*.dcr *.dir *.dxr	Macromedia-Director-Dateien
application/x-dvi	*.dvi	DVI-Dateien
application/x-envoy	*.evy	Envoy-Dateien
application/x-gtar	*.gtar	GNU-tar-Archiv-Dateien
application/x-hdf	*.hdf	HDF-Dateien
application/x-httpd-php	*.php *.phtml	PHP-Dateien
application/x-javascript	*.js	serverseitige JavaScript-Dateien
application/x-latex	*.latex	Latex-Quelldateien
application/x-macbinary	*.bin	Macintosh-Binärdateien
application/x-mif	*.mif	FrameMaker-Interchange Format Dateien
application/x-netcdf	*.nc *.cdf	Unidata-CDF-Dateien
application/x-nschat	*.nsc	NS-Chat-Dateien
application/x-sh	*.sh	Bourne-Shellscript-Dateien
application/x-shar	*.shar	Shell-Archiv-Dateien
application/x-shockwave-flash	*.swf *.cab	Flash-Shockwave-Dateien
application/x-sprite	*.spr *.sprite	Sprite-Dateien
application/x-stuffit	*.sit	Stuffit-Dateien
application/x-supercard	*.sca	Supercard-Dateien
application/x-sv4cpio	*.sv4cpio	CPIO-Dateien
application/x-sv4crc	*.sv4crc	CPIO-Dateien mit CRC
application/x-tar	*.tar	tar-Archivdateien
application/x-tcl	*.tcl	TCL Scriptdateien
application/x-tex	*.tex	TEX-Dateien
application/x-texinfo	*.texinfo *.texi	TEXinfo-Dateien
application/x-troff	*.t *.tr *.roff	TROFF-Dateien (Unix)

MIME-Typ	Endung	Bedeutung
application/x-troff-man	*.man *.troff	TROFF-Dateien mit MAN-Makros (Unix)
application/x-troff-me	*.me *.troff	TROFF-Dateien mit ME-Makros (Unix)
application/x-troff-ms	*.me *.troff	TROFF-Dateien mit MS-Makros (Unix)
application/x-ustar	*.ustar	tar-Archivdateien (Posix)
application/x-wais-source	*.src	WAIS-Quelldateien
application/x-www-form-urlencoded		HTML-Formulardaten an CGI
application/zip	*.zip	ZIP-Archivdateien
audio/basic	*.au *.snd	Sound-Dateien
audio/echospeech	*.es	Echospeed-Dateien
audio/tsplayer	*.tsi	TS-Player-Dateien
audio/voxware	*.vox	Vox-Dateien
audio/x-aiff	*.aif *.aiff *.aifc	AIFF-Sound-Dateien
audio/x-dspeeh	*.dus *.cht	Sprachdateien
audio/x-midi	*.mid *.midi	MIDI-Dateien
audio/x-mpeg	*.mp2	MPEG-Dateien
audio/x-pn-realaudio	*.ram *.ra	RealAudio-Dateien
audio/x-pn-realaudio-plugin	*.rpm	RealAudio-Plugin-Dateien
audio/x-qt-stream	*.stream	Stream-Dateien
audio/x-wav	*.wav	Wav-Dateien
image/cis-cod	*.cod	CIS-Cod-Dateien
image/cmu-raster	*.ras	CMU-Raster-Dateien
image/fif	*.fif	FIF-Dateien
image/gif	*.gif	GIF-Dateien
image/ief	*.ief	IEF-Dateien
image/jpeg	*.jpeg *.jpg *.jpe	JPEG-Dateien
image/tiff	*.tiff *.tif	TIFF-Dateien
image/vasa	*.mcf	Vasa-Dateien
image/vnd.wap.wbmp	*.wbmp	Bitmap-Dateien (WAP)

MIME-Typ	Endung	Bedeutung
image/x-freehand	*.fh4 *.fh5 *.fhc	Freehand-Dateien
image/x-portable-anymap	*.pnm	PBM-Anymap-Dateien
image/x-portable-bitmap	*.pbm	PBM-Bitmap-Dateien
image/x-portable-graymap	*.pgm	PBM-Graymap-Dateien
image/x-portable-pixmap	*.ppm	PBM-Pixmap-Dateien
image/x-rgb	*.rgb	RGB-Dateien
image/x-windowdump	*.xwd	X-Windows Dump
image/x-xbitmap	*.xbm	XBM-Dateien
image/x-xpixmap	*.xpm	XPM-Dateien
message/external-body		Nachricht mit externem Inhalt
message/http		HTTP-Header-Nachricht
message/news		Newsgroup-Nachricht
message/partial		Nachricht mit Teilinhalt
message/rfc822		Nachricht nach RFC 822
model/vrml	*.wrl	Visualisierung virtueller Welten
multipart/alternative		mehrteilige Daten gemischt
multipart/byteranges		mehrteilige Daten mit Byte-Angaben
multipart/digest		mehrteilige Daten / Auswahl
multipart/encrypted		mehrteilige Daten verschlüsselt
multipart/form-data		mehrteilige Daten aus HTML-Formular (z. B. File-Upload)
multipart/mixed		mehrteilige Daten gemischt
multipart/parallel		mehrteilige Daten parallel
multipart/related		mehrteilige Daten / verbunden
multipart/report		mehrteilige Daten / Bericht
multipart/signed		mehrteilige Daten / bezeichnet
multipart/voice-message		mehrteilige Daten / Sprachnachricht
text/comma-separated-values	*.csv	Komma-separierte Datendateien
text/css	*.css	CSS Stylesheet-Dateien

MIME-Typ	Endung	Bedeutung
text/html	*.htm *.html *.shtml	HTML-Dateien
text/javascript	*.js	JavaScript-Dateien
text/plain	*.txt	reine Textdateien
text/richtext	*.rtx	Richtext-Dateien
text/rtf	*.rtf	Microsoft-RTF-Dateien
text/tab-separated-values	*.tsv	Tabulator-separierte Datendateien
text/vnd.wap.wml	*.wml	WML-Dateien (WAP)
text/ vnd.wap.wmlscript	*.wmls	WMLScript-Dateien (WAP)
text/xml-external-parsed-entity		extern geparste XML-Dateien
text/x-setext	*.etx	SeText-Dateien
text/x-sgml	*.sgm *.sgml	SGML-Dateien
text/x-speech	*.talk *.spc	Speech-Dateien
video/mpeg	*.mpeg *.mpg *.mpe	MPEG-Dateien
video/quicktime	*.qt *.mov	Quicktime-Dateien
video/vnd.vivo	*viv *.vivo	Vivo-Dateien
video/x-msvideo	*.avi	Microsoft-AVI-Dateien
video/x-sgi-movie	*.movie	Movie-Dateien

I Glossar

An dieser Stelle einige wichtige (Fach-)Ausdrücke und Abkürzungen, wie sie in diesem Buch verwendet werden, noch einmal kurz erläutert. Die Erklärungen beziehen sich in erster Linie auf die Verwendung der Begriffe in diesem Buch und stellen nicht in jedem Fall eine allgemein gültige Definition dar.

Accelerator
: (= Beschleuniger). Der Proxy arbeitet in diesem Fall »rückwärts« vor einem Webserver. Er arbeitet dabei stellvertretend für den Webserver und beschleunigt damit i.d.R. dessen Antworten.

ACL
: Access Control List. Liste mit Elementen gleichen Typs, die zur Definition von Zugriffsrechten benutzt werden.

ARP
: Address Resolution Protocol. Netzwerkprotokoll für die physikalische Kommunikation (Layer 2) auf der Grundlage von MAC-Adressen.

Anfrage
: Anfrage eines Clients nach einem Objekt oder einem Status. Auch Request genannt.

Anonymous FTP
: Anonyme FTP-Verbindung für öffentliche FTP-Server, bei der als Benutzer der Name »anonymous« und als Passwort eine (beliebige) gültige E-Mail-Adresse verwendet wird.

Apache
: Freier und weit verbreiteter Webserver.

Browser
: Programm zur Anfrage von Webservern und Anzeige von Webinhalten (die Benutzerschnittstelle des WWW).

Cache
: Zwischenspeicher eines Proxys oder Browsers, in dem Objekte für eine ggf. spätere Wiederverwendung abgelegt werden.

Client
: Rechner, der über eine Kommunikationsverbindung einen Dienst (meist auf einem anderen Rechner) in Anspruch nimmt.

Delay Pool
: Squid-Modul zur Bandbreitensteuerung für Clients oder Clientgruppen.

DNS
: Domain Name System. Dienst, der Auskunft über die Zuordnung von Domainnamen und IP-Adressen gibt.

FTP
: File Transfer Protocol. Kommunikationsprotokoll für die Übertragung von Dateien.

Firewall
: Rechner zur Absicherung von Netzen gegen unbefugten Zugriff oder gegen Angriffe von außen.

FQDN
: Fully Qualified Domain Name. Vollständiger DNS-Name eines Rechners im Netz.

Gateway
: Rechner (Router), der eine Verbindung zu anderen Netzen herstellt.

Host
: Bezeichnung für einen Rechner.

HTCP
: HyperText Cache Protocol. Protokoll zur Kommunikation zwischen Cache-Proxys.

HTML
: HyperText Markup Language. Textbeschreibungssprache für die Formatierung von Webdokumenten.

HTTP
: HyperText Transfer Protocol. Kommunikationsprotokoll für die Übertragung von Webinhalten.

HTTPS
: Um eine Verschlüsselung erweitertes HTTP.

ICAP
: Internet Content Adaptation Protocol. Ein Protokoll, das die Kommunikation zwischen Informations-Infrastruktur (z. B. Proxyserver, Gateways usw.) und Informationsfiltern (z. B. Webfilter, Virenscanner usw.) regelt.

ICP
: Internet Cache Protocol. Protokoll zur Kommunikation zwischen Cache-Proxys.

IP
: Internet Protocol. Protokoll für die logische Kommunikation auf der Grundlage von IP-Adressen.

IPv4
: Internet Protocol Version 4. Aktuelle Protokollversion des Internets, auf der Basis von vier Byte langen Adressen (Beispiel: 192.168.10.8)

IPv6
: Internet Protocol Version 6. Zukünftige Protokollversion des Internets, auf der Basis von acht Byte langen Adressen (Beispiel: 2001:0638:0606:0001:0202:E3FF:FE1D:B750)

ISP
: Internet Service Provider. Anbieter für Internetzugänge.

LDAP
: Lightweight Directory Access Protocol. Kommunikationsprotokoll für den Zugriff auf Verzeichnisdienste.

Linux
: Unix-ähnliches Betriebssystem, das von Linus Torvalds entwickelt wurde.

MAC
: Media Access Control. Protokoll für die Nutzung des Übertragungsmediums durch die Netzwerkkarte.

MAC-Adresse
: Physikalische Adresse der Netzwerkkarte auf dem Übertragungsmedium.

MINE
: Multimedia Internet Mail Extensions. Standard für den Umgang mit Anhängen, die nicht reiner Text sind. Kommt ursprünglich aus dem Bereich E-Mail, wurde aber auch für HTTP und andere Dienste übernommen.

NAT
: Network Address Translation. Umsetzung von IP-Adressen, z. B. von privaten Adressen auf offizielle Internet-Adressen.

Netzadresse
: IP-Adresse eines Netzwerks (IP-Adresse ohne Host-Anteil).

Netzmaske
: Bitkodierte Maske, die den jeweiligen Anteil der Netzadresse und der Hostadresse einer IP-Adresse festlegt.

Objekt
: Bestandteil einer Webseite, in der Regel eine HTML- oder Grafikdatei.

Parent
　Übergeordneter Nachbarproxy. Dieser beantwortet i.d.R. alle Anfragen.

Peer
　Ein Nachbar, zu dem Kommunikationsbeziehungen bestehen.

Port
　Logischer Kommunikationsanschluss eines Rechners für einen bestimmten Dienst.

Proxy
　Stellvertreter für einen Client. Ein Proxy kommuniziert stellvertretend für einen oder mehrere Clients.

Request
　Anfrage eines Clients nach einem Objekt oder einem Status.

Resolver
　DNS-Client. Stellt Anfragen an ein DNS und liefert einem Client oder einer Anwendung die Zuordnung von Domainname zur IP-Adresse zurück.

Response
　Antwort eines Servers auf einen Request.

Root
　Oberste Ebene eines Verzeichnisbaums oder erster Benutzer eines Unix-Systems, mit allen Rechten über das System.

Router
　Rechner, der mehrere Netze miteinander verbindet.

Server
　Rechner, der Dienste im Netz zur Verfügung stellt.

Sibling
　Gleichgestellter Nachbarproxy. Dieser beantwortet i.d.R. nur Anfragen, deren Objekte er selbst im Cache vorhält.

SNMP
　Simple Network Management Protocol. Protokoll zum Überwachen von Netzwerkgeräten.

TCP
　Transmission Control Protocol. Transportprotokoll, das verbindungsorientiert eine gesicherte Datenübertragung in einem Netzwerk ermöglicht.

TCP/IP
　TCP auf der Basis von IP. Allgemeine Bezeichnung der im Internet üblichen Datenübertragungsprotokolle.

UDP
　User Datagram Protocol. Transportprotokoll, das eine schnelle, verbindungslose (ungesicherte) Datenübertragung in einem Netzwerk ermöglicht.

URI
 Uniform Resource Identifier. Ein Namensschema, mit dem allen Ressourcen im Internet ein eindeutiger Name zugewiesen wird.
URL
 Uniform Resource Locator. Ein Namensschema, das basierend auf URI das Zugriffsprotokoll und den Standort eines Objekts im Internet festlegt.
Web
 Abkürzung für das World Wide Web (WWW).
Webserver
 Ein Dienst, der Webinhalte zur Verfügung stellt.
WWW
 World Wide Web. Weltweiter Verbund von Webservern im Internet.

Literaturverzeichnis

[1] T. Berners-Lee, R. Fielding, und H. Frystyk. *RFC 1945: Hypertext Transfer Protocol — HTTP/1.0*, May 1996. Status: INFORMATIONAL.

[2] T. Berners-Lee, L. Masinter, und M. McCahill. *RFC 1738: Uniform Resource Locators (URL)*, December 1994. Updated by RFC1808, RFC2368. Status: PROPOSED STANDARD.

[3] R. T. Braden. *RFC 1123: Requirements for Internet hosts — application and support*, October 1989. See also STD0003. Updates RFC0822. Updated by RFC2181. Status: STANDARD.

[4] R. Fielding, J. Gettys, J. Mogul, H. Frystyk, L. Masinter, P. Leach, und T. Berners-Lee. *RFC 2616: Hypertext Transfer Protocol – HTTP/1.1*, June 1999. Status: DRAFT STANDARD.

[5] M. St. Johns. *RFC 931: Authentication server*, January 1985. Obsoleted RFC1413. Obsoletes RFC0912. Status: UNKNOWN.

[6] P. V. Mockapetris. *RFC 1035: Domain names — implementation and specification*, November 1987. Obsoletes RFC0973, RFC0882, RFC0883. See also STD0013. Updated by RFC1101, RFC1183, RFC1348, RFC1876, RFC1982, RFC1995, RFC1996, RFC2065, RFC2181, RFC2136, RFC2137, RFC2308. Status: STANDARD.

[7] K. Nichols, S. Blake, F. Baker, und D. Black. *RFC 2474: Definition of the Differentiated Services Field (DS Field) in the IPv4 and IPv6 Headers*, December 1998.

[8] D. Wessels und K. Claffy. *RFC 2186: Internet Cache Protocol (ICP), version 2*, September 1997. Status: INFORMATIONAL.

[9] D. Wessels und K. Claffy. *RFC 2187: Application of Internet Cache Protocol (ICP), version 2*, September 1997. Status: INFORMATIONAL.

[10] D. Wessels und K. Claffy. *RFC 2187: Application of Internet Cache Protocol (ICP), version 2*, September 1997. Status: INFORMATIONAL.

Index

A
Accelerator, 133
    Konfiguration, 135
access.log, 156
Accounting, 213
    Logauswertung, 213, 228
ACL
    Aufbau, 95
    Beispiele, 106
    Logik, 104
    Regeltypen, 101, 102
    Standard-ACLs, 100
    Typen, 96
acl, 68
ACLs, 95
allow (ACL), 101
always_direct, 77, 103
announce_file, 71
announce_host, 71
announce_period, 71
announce_port, 71
anonymize_headers, 78
append_domain, 73
arp (ACL), 96
as_whois_server, 81
auth_param, 58
authenticate_cache_garbage_interval, 61
authenticate_ip_ttl, 61
authenticate_ttl, 61
Authentifizierung, 109

B
balance_on_multiple_ip, 88
Bandbreiten (Delay-Pools), 137
Bandbreitenumrechnung, 141
basic (Authentifikation), 58
Beispiele, 167
broken_posts, 85, 103
Browser, 6, 255
    Konqueror, 259
    Lynx, 263
    Mozilla, 256
    MS Internet Explorer, 255
browser (ACL), 98
buffered_logs, 77

C
Cache
    Vor-/Nachteile, 13
Cache-Digest, 20
Cache-Manager, 177
cache.log, 154
cache_access_log, 52
cache_dir, 50, 163
cache_dns_program, 56
cache_effective_group, 70
cache_effekctive_user, 70
cache_log, 52
cache_mem, 47
cache_mgr, 70
cache_peer, 43
cache_peer_access, 69, 102
cache_peer_domain, 45
cache_replacement_policy, 49
cache_store_log, 52
cache_swap_log, 52
cache_swap_low, cache_swap_high, 48
cachemgr_passwd, 75
Cacheverhalten, 24
calamaris, 228
CARP, 21
chroot, 88
client_db, 76
client_lifetime, 67
client_netmask, 54
client_persistent_connections, 88
Clients, 255
CMI, 177
connect_timeout, 66
coredump_dir, 86

Index

D

Datenschutz, 199
Datensicherheit, 199
dead_peer_timeout, 46
debug_options, 54
Debugging, 189
Delay Class, 139
Delay-Pools, 137
    Bandbreitenumrechnung, 141
    Funktion, 137
    Installation, 138
    Klassen, 139
    Konfiguration, 139
    Parameter, 140
    Zugriffsregelung, 140
delay_access, 83, 103, 140
delay_class, 82
delay_initial_bucket_level, 83
delay_parameters, 83
delay_pools, 82
deny (ACL), 101
deny_info, 74
detect_broken_pconn, 88
digest (Authentifikation), 59
digest_bits_per_entry, 87
digest_generation, 87
digest_rebuild_chunk_percentage, 87
digest_rebuild_period, 87
digest_rewrite_period, 87
digest_swapout_chunk_size, 87
diskd_program, 57
DNS
    für Accelerator, 135
dns_children, 56
dns_defnames, 56
dns_nameservers, 56
dns_retransmit_interval, 56
dns_testnames, 73
dns_timeout, 56
dst (ACL), 96
dst_as (ACL), 98
dstdom_regex (ACL), 97
dstdomain (ACL), 97

E

echoping, 223
emulate_httpd_log, 53
err_html_text, 74
error_directory, 80
Explorer, 255
extension_methods, 88

external_acl_type, 62

F

Fehlermeldungen anpassen, 144
Fehlersuche, 183
Festplattenbedarf, 32
forward_log, 89
forward_timeout, 66
forwarded_for, 74
fqdncache_size, 49
ftp_list_width, 55
ftp_passive, 55
ftp_sanitycheck, 55
ftp_telnet_protocol, 56
ftp_user, 55

G

GDSF, 49
Gesetze, 200
global_internal_statistic, 80

H

half_close_clients, 67
Hardware, 31
header_access, 78
header_replace, 79
hierarchy_stoplist, 46
high_memory_warning, 89
high_page_fault_warning, 89
high_response_time_warning, 88
Hilfsprogramme, 219
host_file, 57
hostname, 143
hostname_aliases, 70
HTCP, 22
htcp_port, 42
HTTP
    Kommunikation, 8
    Protokoll, 4, 7
http_access, 68, 102
http_anonymizer, 78
http_port, 40
http_reply_access, 102
http_reply_acess, 68
HTTPD-Accelerator, 133
    Konfiguration, 135
httpd_accel_host, 72
httpd_accel_no_pmtu_disc, 72
httpd_accel_port, 72
httpd_accel_single_host, 72
httpd_accel_uses_host_header, 72
httpd_accel_with_proxy, 72

Index

https_port, 40

I
icap_access, 91
icap_class, 91
icap_default_options_ttl, 90
icap_enable, 90
icap_persistent_connections, 90
icap_preview_enable, 90
icap_preview_size, 90
icap_send_client_ip, 90
icap_send_client_username, 90
icap_service, 91
icon_directory, 80
ICP, 19
icp_access, 68, 102
icp_hit_stale, 75
icp_port, 42
icp_query_timeout, 46
ident (ACL), 98
ident_lookup_access, 69, 103
ident_regex (ACL), 98
ident_timeout, 67
ie_refresh, 89
ignore_unknown_nameservers, 87
incoming_dns_average, 84
incoming_http_average, 84
incoming_icp_average, 84
Internet Explorer, 255
ipcache_low, ipcache_high, 49
ipcache_size, 48

K
Klassen (Delay-Pools), 139
Konfiguration, 39, 219
Konqueror, 259

L
LFUDA, 49
log_fqdn, 54
log_icp_queries, 75
log_ip_on_direct, 53
log_mime_hdrs, 53
Logauswertung, 213, 228
logfile_rotate, 73
LRU, 49
Lynx, 263

M
mail_from, 70
mail_program, 70
max_open_disk_fds, 84, 165
maxconn (ACL), 99
maximum_icp_query_timeout, 46
maximum_object_size_in_memory, 48
maximum_objekt_size, 48
maximum_single_addr_tries, 80
mcast_groups, 43
mcast_icp_query_timeout, 46
mcast_miss_addr, 85
mcast_miss_encode_key, 85
mcast_miss_port, 85
mcast_miss_ttl, 85
memory_pool_limit, 74
memory_pools, 74
memory_replacement_policy, 49
method (ACL), 98
Microsoft Internet Explorer, 255
mime_table, 53
min_dns_poll_cnt, 84
min_http_poll_cnt, 84
min_icp_poll_cnt, 84
minimum_direct_hops, 75
minimum_direct_rtt, 75
minimum_objekt_size, 48
minimum_retry_timeout, 80
miss_access, 68, 102
Mozilla, 256
myip (ACL), 96
myport (ACL), 98

N
negative_dns_ttl, 65
negative_ttl, 65
neighbor_type_domain, 45
netdb_high, 76
netdb_low, 76
netdb_ping_period, 77
never_direct, 77, 103
no_cache, 47
no_cache (ACL), 103
nonhierarchical_direct, 85
NTLM (Authentifikation), 60

O
offline_mode, 84
Operating, 147
Optimierung, 159

P

PAC, 263
Parent, 18
pconn_timeout, 67
peer_connection_timeout, 66
persistent_request_timeout, 67
pid_filename, 54
pinger_program, 57
pipeline_prefetch, 88
port (ACL), 97
positive_dns_ttl, 65
prefer_direct, 86
proto (ACL), 98
Proxy
    Autoconfiguration, 263
    Betrieb, 147
    Cacheproxy, 12
    Erweiterungen, 219
    Installation, 29
    praktischer Nutzen, 11
    Prinzip, 11
    Verbund, 17
    Wortbedeutung, 11
proxy_auth (ACL), 99
proxy_auth_regex (ACL), 99
Prozessorlast, 32, 152, 159
purge, 227

Q

query_icmp, 77
quick_abort_max, 65
quick_abort_min, 64
quick_abort_pct, 65

R

range_offset_linit, 65
read_timeout, 66
redirect_children, 57
redirect_program, 57
redirect_rewrites_host_header, 57
Redirector, 230
redirector_access, 57, 103
redirector_bypass, 86
referer_log, 53
refresh_pattern, 64
Reguläre Ausdrücke, 100
relaxed_header_parser, 90
reload_into_ims, 77
reply_body_max_size, 69
reply_header_max_size, 69
req_mime_type (ACL), 99

request_body_max_size, 63
request_header_max_size, 63
request_timeout, 67
retry_on_error, 80
Reverse Proxy, 133
    Konfiguration, 135

S

server_persistent_connections, 88
short_icon_urls, 80
shutdown_lifetime, 67
Sibling, 18
sleep_after_fork, 90
snmp_access, 81, 103
snmp_community (ACL), 99
snmp_incoming_address, 81
snmp_outgoing_address, 81
snmp_port, 80
Speicher, 33
Squid, 23
    CPU-Auslastung, 152
    CPU-Last, 159
    Festplatten, 161
    Hardwareanforderungen, 31
    Installation, 29
    Kommandozeilenoptionen, 148
    Optimierung, 159
    Plattenplatz, 154
    Quellen, 34
    Speicher, 153, 160
    Start, 150
    update, 191
Squid-vscan, 231
squid.conf, 39
    Minimalkonfiguration, 92
squid.out, 154
squidclient, 222
SquidGuard, 230
src (ACL), 96
src_as (ACL), 98
srcdom_regex (ACL), 97
srcdomain (ACL), 96
ssl_engine, 41
ssl_unclean_shutdown, 41
sslpassword_program, 42
sslproxy_cafile, 42
sslproxy_capath, 42
sslproxy_cipher, 42
sslproxy_client_certificate, 41
sslproxy_client_key, 41
sslproxy_flags, 42

Index

sslproxy_options, 41
sslproxy_version, 41
Statistik, 213
    Logauswertung, 213, 228
store.log, 155
store_avg_object_size, 76
store_dir_select_algorithm, 89
store_objects_per_bucket, 76
strip_query_terms, 86

T

tcp_outgoing_address, 69
tcp_outgoing_tos, 69
tcp_recv_bufsize, 73
test_reachability, 77
Testmöglichkeiten, 184
time (ACL), 97
transparenter Proxy, 129
    Konfiguration, 133

U

udp_incoming_address, 43
udp_outgoing_address, 43
unique_hostname, 70
unlinkd_program, 57
uri_whitespace, 84
URL, 7
url_regex (ACL), 97
urlpath_regex (ACL), 97
useragent.log, 155
useragent_log, 53

V

vary_ignore_expire, 89
Virenscanner, 231
visible_hostname, 70
vscan, 231

W

wais_relay_host, 63
wais_relay_port, 63
WCCP, 22
wccp_incoming_address, 81
wccp_outgoing_address, 81
wccp_router, 81
wccp_version, 81
Web, 3
webalizer, 229
Webclients, 255
Webfilter, 230
Webserver, 6
wget, 225

**Ralf Hildebrandt
Patrick Ben Koetter**

Postfix

Einrichtung, Betrieb und Wartung

Ralf Hildebrandt und Patrick Ben Koetter sind in der deutschen und internationalen Postfix-Szene als kompetente Fachleute bekannt. Ihre Erfahrungen haben sie in einem umfassenden Buch zusammengestellt, von der Postfix-Installation bis hin zum kompletten Unternehmens-Mailserver. Tutorials schaffen die Grundlagen für das Verständnis der Materie. In Theoriekapiteln wird gezeigt, wie Postfix mit bestimmten Situationen umgeht. Die darauf folgenden Praxiskapitel bieten konkrete Lösungen und Implementierungen für die häufigsten Anwendungsbereiche von Postfix. Die beiden Autoren zeigen nicht nur, wie man Postfix schnell und sicher macht, sie zeigen auch, wie man sich effektiv gegen Spam schützt und wie man mobile Anwender sicher an einen Mailserver anbindet.

2006, 542 Seiten, Broschur
€ 44,00 (D)
ISBN 3-89864-350-6

Stimmen zur amerikanischen Originalausgabe:

»I highly recommend The Book of Postfix to anyone using Postfix and wanting to do more than the basics with it.«
—Slashdot.org, Juni 2005

»[This book] a spectacular resource for all manner of Postfix administrators. Whether it's for your job, your business, or your hobby, managing Postfix-based email server is best done with the aid of this book.«
—Linux.com, August 10, 2005

»Provided just the right amount of introductory material... loaded with information and examples that will help you quickly and easily implement a Postfix mail system.«
—Linux Magazine, August 2005

dpunkt.verlag

Ringstraße 19 · 69115 Heidelberg
fon 0 62 21/14 83 40
fax 0 62 21/14 83 99
e-mail hallo@dpunkt.de
http://www.dpunkt.de

Andreas Aurand

LAN-Sicherheit

Schwachstellen, Angriffe und Schutzmechanismen in lokalen Netzwerken – am Beispiel von Cisco Catalyst Switches

Dieses Buch zeigt die Schwachstellen von Ethernet-Netzwerken auf und beschreibt, wie man sich gegen entsprechende Angriffe schützen kann. Unter anderem werden folgende Angriffsarten behandelt: MAC Flooding und Spoofing, ARP Spoofing, VLANAngriffe, Spanning-Tree-Angriffe, DHCP-Angriffe oder IP-basierende-Angriffe. Ein eigenes Kapitel gibt eine kompakte Übersicht über Sicherheitslücken und Sicherheitsstandards in Wireless LANs.

Das Buch dient dem Administrator von lokalen Netzwerken als Nachschlagewerk, um sich einen Überblick über die Sicherheit von Ethernet-basierten Netzwerken zu verschaffen. Durch die vorgeschlagenen Konfigurationsänderungen kann er schon im Vorfeld Netzwerkausfälle durch Angriffe oder unsachgemäße Bedienung vermeiden.

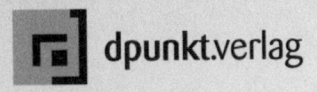

2004, 524 Seiten, gebunden
€ 59,– (D)
ISBN 3-89864-297-6

dpunkt.verlag

Ringstraße 19 • 69115 Heidelberg
fon 0 62 21/14 83 40
fax 0 62 21/14 83 99
e-mail hallo@dpunkt.de
http://www.dpunkt.de

Alexander Geschonneck

Computer-Forensik

Systemeinbrüche erkennen, ermitteln, aufklären

2., aktualisierte Auflage

Forensische Untersuchungen werden nach einem Systemeinbruch durchgeführt, um herauszufinden, ob ein Angreifer erfolgreich war, welchen Weg er genommen hat und welche Systemlücken zum Einbruch geführt haben.

Dieses Buch zeigt, wie sich Unternehmen auf einen Einbruch vorbereiten können, welche Maßnahmen währenddessen und danach zu ergreifen sind und wie man bei Bedarf Behörden einbezieht. Ausführlich beschrieben werden die Post-mortem-Analyse, Forensik- und Incident-Response-Toolkits, die forensische Analyse unter Unix und Windows sowie bei PDAs und Routern. Für die Neuauflage wurden Werkzeugbeschreibungen, Statistiken und rechtliche Hinweise aktualisiert. Zusätzlich wurden neue Werkzeuge aufgenommen.

Ein Buch für Administratoren, IT-Sicherheitsverantwortliche und Ermittler.

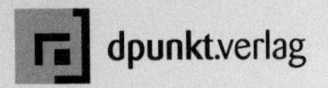

2., aktualisierte Auflage 2006,
281 Seiten, Broschur
€ 39,00 (D)
ISBN 3-89864-379-4

»Alexander Geschonnek, ..., liefert in seinem Buch ›Computer-Forensik‹ einen praktisch nutzbaren Leitfaden, was bei Systemeinbrüchen zu tun ist. ... Selbst wenn man nicht vorhat, auf Kriminellenjagd zu gehen, liefert das Buch interessante Einblicke in das Gebiet der Computerforensik. Der praktische Teil liefert genug Informationen, um als Anreiz für die Vertiefung zu dienen.«
(IT-Administrator – Dezember 2004)

»Für die Mitarbeiter von Polizei und Justiz, die sich – gelegentlich oder spezialisiert – mit der Verfolgung der IuK-Kriminalität befassen, wird Computer-Forensik von Geschonneck unentbehrlich sein.«
(Die Justiz, Dezember 2004)

dpunkt.verlag

Ringstraße 19 · 69115 Heidelberg
fon 0 62 21/14 83 40
fax 0 62 21/14 83 99
e-mail hallo@dpunkt.de
http://www.dpunkt.de

Sverre H. Huseby

Sicherheitsrisiko Web-Anwendung

Wie Web-Programmierer Sicherheitslücken erkennen und vermeiden

Anwendungssoftware, die eine Schnittstelle zum WWW bietet, stellt oft ein großes Sicherheitsrisiko dar und wird immer wieder von Hackern für Einbrüche genutzt. Web-Programmierer sollten daher so gut wie möglich darauf achten, ihre Applikationen nicht schon bei der Entwicklung mit gefährlichen Schwachstellen und Sicherheitslöchern zu versehen.

Dieses Buch zeigt Ihnen, wie das geht, ohne dass Sie selbst zum Sicherheitsspezialisten werden müssen. Umfangreiches Beispielmaterial hilft den Lesern sich u.a. gegen folgende Angriffe zu schützen: SQL Injection, Shell-Kommando-Injektion, falsche Eingaben und Cross-Site-Scripting. Außerdem zeigt das Buch, wie man mit Fehlerquellen umgeht, die man nur selten als solche wahrnimmt: schludriger Code, geringe Budgets, enge Zeitpläne oder die Kollegen von der Vertriebsabteilung.

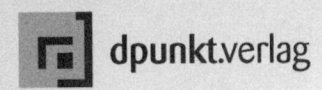

2004, 253 Seiten, Broschur
€ 34,00 (D)
ISBN 3-89864-259-3

»Dieses Buch ist eine Pflichtlektüre für alle Entwickler, die Websites bauen.«
(Mark Curphey, Leiter des Open Web Application Security Project)

»... eine ernsthafte Anleitung, was man tun und was man nicht tun soll, mit vielen gut gewählten Beispielen. Die aufgeführten Regeln für sichere Programmierung sind sehr praxisrelevant.«
(Peter G. Neumann, Autor von »Computer-Related Risks« und Moderator des Internet Risks Forum risks.org)

»Das Buch ist plattform- und applikationsunabhängig und so geschrieben, dass es jeder verstehen kann.«
(netsecurity.about.com)

dpunkt.verlag

Ringstraße 19 · 69115 Heidelberg
fon 0 62 21/14 83 40
fax 0 62 21/14 83 99
e-mail hallo@dpunkt.de
http://www.dpunkt.de

Chistopher Kunz · Peter Prochaska

PHP-Sicherheit

PHP/MySQL-Webanwendungen sicher programmieren

PHP gilt als die beliebteste Skriptsprache für Webanwendungen. Leider werden Sicherheitsaspekte bei der Implementierung von PHP-Skripten oft vernachlässigt. Wie man diese Risiken erkennen und abwehren kann, zeigt dieses Buch.

An nachvollziehbaren Beispielen lernen die Leser alle wichtigen Gefahren kennen, wie SQL-Injection, Cross Site Scripting oder Angriffe gegen Sessions. Darauf aufbauend vermitteln die Autoren effiziente Vorbeugungs- und Gegenmaßnahmen, z.B. die sichere Konfiguration von PHP oder das Filtern von Angriffen mit mod_security. Eine Sammlung von »Best Practices« und eine Checkliste im Anhang helfen außerdem, schnell und unkompliziert in die Fehlersuche einzusteigen, sowohl bei neu konzipierten als auch bei bereits fertig gestellten Programmen.

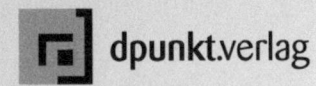

2006, 292 Seiten, Broschur
€ 36,00 (D)
ISBN 3-89864-369-7

»Nachvollziehbar, mit Codebeispielen versehen und bequem zu lesen: Dieser Titel bietet eine gründliche Abhandlung, die jeder gelesen haben sollte, bevor er PHP-Skripte auf öffentlichen Webservern installiert. Selbst erfahrene PHP-Programmierer finden hier noch wertvolle Hinweise und konkrete Lösungen. ... auch für Admins wertvoll, die selbst gar kein PHP programmieren.«
(Linux-Magazin 05/06)

»Ein ›Must-have‹ für alle PHP-Programmierer, die sich und ihre Arbeit ernst nehmen.«
(textico.de, 02.05.06)

»Ein Must-Have für Webdeveloper und solche, die es werden wollen«
(www.cm4u.net, Juni 2006))

dpunkt.verlag

Ringstraße 19 · 69115 Heidelberg
fon 0 62 21/14 83 40
fax 0 62 21/14 83 99
e-mail hallo@dpunkt.de
http://www.dpunkt.de

Jan Eric Hellbusch

Barrierefreies Webdesign

Praxishandbuch für Webgestaltung und grafische Programmoberflächen

Hrsg. von Christian Bühler, Abl

Das Buch bezieht sich auf die 2002 gesetzlich vorgeschriebenen Richtlinien der BITV (Internet, Barrierefreiheit, Barrierefreies Webdesign) und präsentiert eine Fülle von illustrierten Gestaltungs- und Programmierbeispielen. Es bietet technische Grundlagen und Arbeitshilfen zur praktischen Umsetzung der gesetzlichen Standards und richtet sich in erster Linie an Webprogrammierer, Programmierer und Informatiker, aber auch an Grafiker und Designer.

Bei den Lesern werden Kenntnisse aus dem Bereich des Webdesign: Html, CSS und PC vorausgesetzt. Das Buch basiert auf einer Vielzahl von Fortbildungsveranstaltungen und Beratungen der Autoren, die von den Partnern des Aktionsbündnis durchgeführt wurden. Das Buch dient den Lesern als Grundlagen- oder Nachschlagewerk sowie als praktisches Handbuch. Es wird außerdem durch eine Begleit-CD praktische Hilfe bieten.

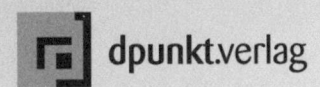

2004, 396 Seiten, Broschur mit CD, incl. Farbteil
€ 44,00 (D)
ISBN 3-89864-260-7

»Damit ist das Buch ein unverzichtbares Handbuch für jeden Webdesigner und Entwickler.«
(INTERNET PROFESSIONELL, Januar 2005)

dpunkt.verlag

Ringstraße 19 • 69115 Heidelberg
fon 0 62 21/14 83 40
fax 0 62 21/14 83 99
e-mail hallo@dpunkt.de
http://www.dpunkt.de

Rachel Andrew

Der CSS-Problemlöser

Über 100 häufige Probleme mit Cascading Stylesheets und wie man sie löst

Cascading Stylesheets sind der Standard für professionell gestaltete und barrierefreie Websites. Die Autorin Rachel Andrew gibt wertvolle Tipps, wie Sie CSS 2.1 in Ihrer täglichen Webdesignarbeit verwenden. Behandelt werden u.a. Textgestaltung, Navigation, Formulare, Benutzungsoberflächen mit unterschiedlichem »Look-and-Feel«, Browserkompatibilität und das Ersetzen von Tabellen durch CSS-Layout.

Sie können das Buch von vorne nach hinten lesen oder wie ein Kochbuch verwenden – mit mehr als 100 verschiedenen Rezepten für unterschiedliche Anwendungsfälle. Zahlreiche Codebeispiele erleichtern das Lernen und können auch gleich für die eigene Website verwendet werden. Das Buch wendet sich an Einsteiger in die Webentwicklung sowie an erfahrene Webdesigner, die ihre Arbeiten wirksam optimieren wollen.

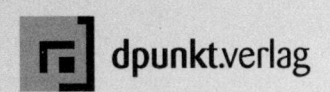

Übersetzt aus dem Englischen,
2005, 358 Seiten, Broschur
€ 35,00 (D)
ISBN 3-89864-348-4

Stimmen zur englischen Originalausgabe:
»All in all, it's a solid, professional no-B.S. way for someone with a code-oriented mind to get them up to speed, satisfactorily and quickly; a motivated reader could be churning out standards-compliant, bandwidth-friendly sites after a few hours' experimentation.«
(Bruce Lawson, Slashdot.org)Digital Web Magazine

»If you've been struggling with building Web sites using Web standards and CSS, you really must buy this book. It's packed full with useful, real-life advice, hints and tips, clearly laid out and carefully explained.«
(Tony Crockford, Digital Web Magazine)

»I'd recommend this book to anyone who wants an up to date reference for CSS.«
(Elizabeth Krumbach, pleia2's book reviews)

dpunkt.verlag

Ringstraße 19 · 69115 Heidelberg
fon 0 62 21/14 83 40
fax 0 62 21/14 83 99
e-mail hallo@dpunkt.de
http://www.dpunkt.de